Los misterios del cristianismo

Vincent Allard y Éric Garnier

Los misterios del cristianismo

Grandes personajes, simbolismos, profecías

AGRADECIMIENTOS

Deseamos expresar nuestro más sincero agradecimiento a Sophie Verdier, nuestra editora. Ha estado presente en los momentos más complicados y siempre ha sabido escucharnos.

También queremos agradecer a Philippe Lamarque, Guy les Baux y Hélène Kyo su colaboración y la atención que nos han prestado.

Igualmente deseamos expresar nuestro reconocimiento a nuestras respectivas madres.

Traducción de J. Lalarri Estiva.

Diseño gráfico de la cubierta: © YES.

Fotografías de la cubierta: © Vladimir Godnik/Getty Images y Thomas Stüber/Fotolia.com.

© Editorial De Vecchi, S. A. U. 2009
Balmes, 114 - 08008 Barcelona
Depósito Legal: B. 10.122-2009
ISBN: 978-84-315-4040-1

Editorial De Vecchi, S. A. de C. V.
Nogal, 16 Col. Sta. María Ribera
06400 Delegación Cuauhtémoc
México

Impreso en España por
LIMPERGRAF, S.L.
Mogoda, 29-31
Polígon Can Salvatella
08210 Barberà del Vallés

Introducción

Recientemente han aparecido diferentes obras sobre Jesús: la visión teológica del papa Benedicto XVI en *Jésus de Nazareth*; *La tumba de Jesús y su familia* de Simcha Jacobovici y Charles Pellegrino; *La véritable histoire de Jésus: une enquête scientifique*, de James Tabor, editado por Robert Laffont; *Jésus*, de Alain Vircondelet, editado por Flammarion; *L'enfance de Jésus: évangiles apocryphes*, obra colectiva publicada por Rivages; *Les femmes de Jésus*, de Henri Froment-Meurice, editada por Le Cerf...

A la vista de los títulos de estas obras, nos podemos plantear algunas cuestiones: ¿existen pruebas arqueológicas sobre la vida de Jesús? Y por otra parte: ¿es esa una pregunta pertinente?

Desde los tiempos de Voltaire hasta el primer tercio del siglo XIX, y después con el teólogo protestante alemán Rudolf Karl Bultmann (1884-1976), es habitual, y con frecuencia evidente, oponer la fe cristiana a la historia. El estudio de los textos bíblicos, de los Evangelios, en su aspecto novelado, en sus contradicciones, en su heterogeneidad y en su(s) misterio(s) choca con el historicismo objetivo nacido del positivismo. Desde mediados del siglo XX, la rica tradición en la exégesis de los manuscritos y el estudio de los textos intertestamentarios, así como de la literatura rabínica, de los rollos de Qumran y de los manuscritos del mar Muerto, han modificado la información de la que disponíamos. El padre Lagrange escribió, en 1928, en el prólogo de su célebre obra *L'Évangile de Jésus-Christ*:

He renunciado a proponer una «vida de Jesús» siguiendo el modelo clásico porque confío mucho más en los cuatro Evangelios, aunque resulten insuficien-

tes como documentos históricos para escribir una historia de Jesús. Los Evange-
lios contienen la única información válida para escribir la historia de Jesús. Lo
único que debe hacerse es intentar comprenderlos lo mejor posible.

¿Es posible no suscribir un planteamiento tan claro? Evidentemente, pero resulta difícil de aceptar, porque se aleja de las pruebas materiales, es decir, del hecho arqueológico.

La historia no se compendia únicamente a base de los testimonios de la época, sino que se escribe a partir de documentos y mediante la lectura crítica y Cruzada de estos. Los cuatro Evangelios relatan la historia de un mismo hombre, por lo que, en realidad, son complementarios, aunque a menudo hacen afirmaciones diferentes y con frecuencia hasta opuestas entre sí. Esto fue lo que, a finales del siglo II, se esforzó en demostrar Santa Irene de Lyon. El padre Lagrange hizo una aproximación que creaba un nuevo género literario, el que corresponde a los Evangelios: textos que relatan la vida de un único hombre, «la relectura pascual por los primeros cristianos y la obra creadora propia de cada uno de los evangelistas», para retomar la expresión de Alain Marchadour en su artículo «Les Évangiles: survol d'un siècle de recherches» (publicado en *Études*, tomo 405/3, de septiembre de 2006).

En realidad, un examen historicista borra las diferencias, oculta las asperezas y nivela el discurso. Recordemos, si es necesario, que, sin estas cuatro relaciones evangélicas de estilos y verbos diversos, no habría aproximaciones religiosas diferentes. Como ocurre siempre en la historia, los textos relatan el pasado, pero siempre lo hacen de forma diferente (tanto Saint-Simon como la marquesa de Sévigné, por ejemplo, nos hablan de la corte de Versalles, es decir, de los mismos lugares y de las mismas personas, pero lo hacen con una visión distinta y complementaria). Lo importante es saber leer con sentido analítico y crítico.

El historiador no debe plantearse, en el caso que nos ocupa, la cuestión personal «soy o no soy creyente». La vida de Jesús es conocida a partir de los textos escritos por hombres que no veían en él sólo a un ser humano, sino a alguien vinculado con la tradición de los profetas. El historiador tiene derecho a rechazar todas las teorías que no se ajusten a sus planteamientos; sin embargo, debe reconocer que en Palestina se produjo, hace unos dos mil años, un acontecimiento de enorme importancia: un hombre fue crucificado y murió, y posteriormente otros hombres, siguiendo la búsqueda de un ideal, de una interioridad, de una espiritualidad, de un fervor compartido, se adentraron por la senda de sus doctrinas.

Cualquier estudio debe realizarse sin deseos de polemizar —con la mirada del creyente, si es el caso, o con una mirada distante si se participa de una opción espiritual ajena, indiferente o se carece de ella—, pero sin omitir las numerosas preguntas que la cuestión ha suscitado siempre.

La postura del historiador exige que se tenga en cuenta la verdad histórica contenida en los textos; la misma que obliga a contrastar las informaciones, a desarrollar nuevas investigaciones —indagaciones— arqueológicas y, más aún, a constatar que, en este caso, después de la muerte de Jesús el mundo ya no volvió a ser como había sido antes. Desde ese momento se fue organizando en torno a una vida y un mensaje.

¿Es posible desvelar el misterio?

¡Misterio eterno el de Jesús! ¡Eternos enigmas los del cristianismo! Cuestiones que han estado sometidas, hasta hoy día al menos, a todo tipo de interrogantes, porque Jesús y la religión cristiana siguen estando en el centro del humanismo occidental, incluyendo en ese concepto el pensamiento ateo, dado que el ateísmo se desarrolla en oposición a la existencia de cualquier movimiento religioso y rechaza la idea de Dios y del mensaje traído a la tierra por el hijo del Altísimo.

Si el mundo en tiempos de Jesús no era un mundo tranquilo, el que salió de su mensaje todavía lo fue menos… Con la preparación de este libro, ayudado por Éric Garnier, que ha dedicado un estudio a la investigación sobre el Grial, no hemos intentado seguir el camino de las suposiciones fáciles ni actuar en un sentido sistemáticamente crítico o sectario, como suele ocurrir a menudo en las obras de este género literario. Hemos querido explicar historias, ayudar a descubrir, animar al lector a ejercer su libre albedrío, a utilizar su espíritu crítico en relación con los hechos, a conocer la Antigüedad, la historia medieval y la historia de los hombres, la de aquellos a los que algunos han convertido en héroes y otros, los católicos, han beatificado y canonizado.

Numerosas preguntas se mantienen en el aire: ¿fue un milagro la concepción?, ¿fue el embarazo de María fruto de la intervención del Espíritu Santo o de una relación carnal?, ¿por qué Jesús nació en Belén cuando hubiera sido más lógico que lo hiciera en Nazaret?, ¿la espera escatológica que se impuso en el mundo judío de la Palestina de la época encontró una respuesta en el nacimiento de Jesús y en su predicación cuando fue adulto? ¡El Mesías prometido por Dios había llegado! Pero ¿por qué se escogió la fecha del 25 de diciembre? ¿Cuál es la realidad sobre los hermanos y hermanas de Jesús?

¿Qué nos revelan los Evangelios apócrifos y los manuscritos del mar Muerto? ¿No moriría Jesús en la Provenza… o en Srinagar? ¿Qué es la resurrección de entre los muertos? ¿Es la sábana santa de Turín un *acheiropoietos*, es decir, algo no hecho por la mano del hombre, un icono o una reliquia? ¿Qué papel desempeñaron las mujeres que estuvieron en torno a Jesús? ¿Por qué se desarrolló la Inquisición y cuál fue su terrible balance? ¿Por qué al lado de nuestro derecho positivo existe todavía un derecho canónico que es visto por el ciudadano e incluso, osamos decir, por el creyente, como abstruso y hasta desconocido? ¿Por qué fueron combatidas con tanto vigor y violencia las herejías? ¿Qué papel desempeñaron algunas órdenes: dominicos, jesuitas, etc.? Esas son algunas de las preguntas, entre otras muchas, a las que intentaremos dar respuesta en las páginas de este libro.

En una destacada obra, de reciente publicación, *Un candide en Terre Sainte* (Gallimard, 2008), Régis Debray escribe:

> *Sin el barniz de la autosugestión, sin todos esos regalos propios de la ternura y el deseo humanos, no es seguro que el Cristo de la fe se impusiera ni siquiera sobre el Yoshua de la historia, y que no nos aferráramos hoy día, en lugar de al primero, al rabino extravagante que algunos pasajes nos dejan entrever un poco imprudentemente…*

Salgamos al descubrimiento de un hombre llamado Jesús y de una religión —en sus diferentes versiones (católica, protestante, ortodoxa)— que está vinculada a su vida. Participemos, tanto autores como lectores, cada uno en su papel, en la tarea de desvelar el misterio.

El origen
de los monoteísmos

No se puede realizar una aproximación al cristianismo, una de las tres grandes religiones monoteístas, sin plantearse el asunto del origen de las religiones seguidoras de un solo Dios. Para hacerlo es necesario remontarse históricamente hasta la Persia de los tiempos de Ahura Mazda (también conocido como Ohrmazd —Ormuz—), principal dios de la religión persa. Se trataba de una divinidad positiva. Al adoptar la forma de cuerpo luminoso, era el Sol (su ojo) y proporcionaba la luz que ocultaba las tinieblas, facilitaba el fuego que calentaba y aportaba el agua creadora de la vida. Ahura Mazda, que concibió la Tierra de los hombres, era un dios de pureza y verdad. Sólo por ese llamativo planteamiento religioso, los persas ya fueron innovadores. Eran partidarios de tener un dios único, en cuyo nombre buscaban el bien. Por otro lado, Ahura significaba «el señor» y Mazda quería decir «el sabio».

Pero también existían los demonios malhechores, los devas. Estos eran los enemigos de Ahura. Tenían un jefe: Angra Mainyu (conocido también con el nombre de Arhiman). Los demonios querían llevar al hombre hacia el mal para hacer de él una criatura malvada, pérfida, traidora, felona, mentirosa, perezosa… Eso no significaba que la religión fuera dual, no, dado que, en efecto, sólo existía un único dios. El Dios superior, el Dios del bien: Ormuz.

La religión monoteísta nacida de las palabras de Zaratustra se basaba en dos principios básicos:

— no existen ni dioses antropomorfos ni sacrificios de animales ni templos ni altares ni estatuas. En la cima de la montaña se enciende un fuego simbólico, en el que se ofrece en sacrificio algunas ramas y plantas aromáticas, mientras se recitan oraciones y cánticos. Lo esencial pasa entonces a la categoría de secreto y se instala en el corazón del creyente;

— para satisfacer al dios, a Dios, es necesario vivir en el bien. Es necesario luchar contra el mal y hacerlo mientras dura la vida en la tierra.

Sin embargo, en esta religión, como en la que nacería posteriormente en torno a Jesús, el hombre escogía libremente la vida que deseaba seguir.

A partir del siglo v a. de C. y, sobre todo, después del siglo iv, el mazdeísmo, o religión de los magos, tomó el relevo. Se trataba de un planteamiento que estaba ya más próximo a los ritos mágicos y a los misterios. De la misma manera, el mitraísmo (o religión de Mitra) fue un serio rival del cristianismo naciente a partir del siglo ii d. de C. y especialmente en el iii.

Así se fueron poniendo las bases de la religión monoteísta.

Con Mitra ya se planteó la existencia de un Dios creador, un Dios redentor, un Dios que, al final de los tiempos, resucitaría a los muertos, un Dios que vivía en otro mundo (Julien, *Conviv.*). Su papel de *logos*, es decir, de «verbo», pasó a ser evidente.

El dios Mitra era festejado el 25 de diciembre en el solsticio de invierno. Para el nacimiento de Mitra, el Sol invicto(*Dies natalis solis invicti*), era sacrificado un toro joven. Esta religión iniciática, basada en misterios, ha sido comparada durante mucho tiempo —sin razón— con el cristianismo, con el que compitió hasta la época del emperador Teodosio (¡ya tenemos ahí un primer misterio!). Incluso llegó a convertirse en religión oficial en el Imperio romano, en el año 274, con el emperador Aurelio, que hizo construir en Roma un importante templo dedicado a la nueva divinidad, el *Sol invictus*. Sin embargo, Teodosio prohibió, en el año 391, el mitraísmo en todo el imperio… en beneficio del cristianismo, al que acabó por proclamar religión oficial.

Los cristianos creían en un solo Dios y profesaban una fe según la cual este se manifestaba en tres hipóstasis: el Dios Padre, el Dios Hijo y el Dios Espíritu Santo.

Diferentes tesis filosóficas fueron surgiendo a lo largo de los siglos:

— la tesis mitista, según la cual Jesús no ha existido. Ningún documento, ninguna prueba arqueológica testimonia la vida de un hombre llamado Jesús de Nazaret. Esta tesis plantea también la teoría según la cual numerosos indicios (especialmente basados en simbolismos) nos estarían diciendo que se trató de un personaje mítico: Jesús, personaje mítico convertido en arquetipo (es decir, referencia de un modelo general representativo de un personaje y organizador de la vida animal y espiritual del hombre, a la vez que estructurador de sus imágenes mentales) de la misma manera que los dioses Ahura Mazda, Atón, Mitra, *Sol invictus* ...;

— la tesis fideísta, una tesis voluntarista según la cual la fe es suficiente por sí misma y no es necesario, en consecuencia, que sea justificada de ninguna manera por la razón;

— la tesis teísta, que considera que la fe es errónea si no está legitimada por la razón. Esta tesis supone que es posible justificar a través de la razón la creencia en Dios;

— la tesis darwinista sobre el origen de las especies, la cual explica que la selección natural demuestra que la organización de las causas finales no es más que el resultado del azar...

Otras tesis filosóficas vinieron a complicar aún más la situación, pero también a hacer más apasionante la historia del cristianismo.

Sin perder de vista estos aspectos teológicos y filosóficos, intentaremos descubrir aquello que ha hecho que los misteriosos enigmas del cristianismo hagan de esta religión algo apasionante para unos, irritante para otros y fascinante para toda una sociedad.

Cuando el cristianismo emergió de la historia

Los manuscritos son curiosos. Circulan desde la Edad Media, han sido difundidos, interpretados, reescritos y, hoy día, en el siglo XXI, colgados en internet al alcance de todos para que se pueda acceder a ellos libremente... pero también con poco rigor. Por ello, el nacimiento del cristianismo no puede comprenderse mediante la simple lectura de manuscritos antiguos, de la interpretación del Nuevo Testamento ni de la historiografía sobre su propia difusión, ya sea a través de la traducción de Jerónimo, ya en alguna otra versión.

La obra de Jerónimo fue, por otra parte, de una gran importancia para la difusión de la religión cristiana a lo largo de la historia. Este vivió entre los años 340 y 420 d. de C. Era un buen letrado y hablaba correctamente latín y griego. Después de pasar una juventud tumultuosa, dedicó su vida, tras haber sido bautizado por el papa en el año 360, a la traducción del Nuevo Testamento, en primer lugar, y después, en la segunda parte de su obra, a la del Antiguo Testamento, creando así una obra fundamental tanto para el historiador como para el teólogo: la Vulgata. Este fue el texto de referencia de la Iglesia cristiana después del tan importante concilio de Trento... ¡once siglos más tarde! No obstante, a esta aproximación a través de los textos le falta una dimensión histórica.

Ese es justo el aspecto que queremos abordar en esta obra, partiendo del principio desarrollado por Oscar Handlin en *Truth in History* (Harvard University, 1979):

La historia es un concentrado de pruebas que han sobrevivido al paso del tiempo.

Durante los siglos que enmarcan los primeros tiempos del cristianismo, algunos imperios se constituyeron y se enfrentaron. Auténticos modelos se formaron en tiempos del Imperio romano...

Posteriormente, por los caprichos de la fortuna, unos desaparecieron y otros, de los cuales algunos todavía perduran, nacieron: Roma cedió la primacía a Bizancio, los persas sasánidas a los árabes...

A los imperios correspondieron nuevas ambiciones. Sin embargo, la decadencia tomó a veces formas barrocas. Las fuerzas que los apoyaban estaban en ocasiones marcadas por el signo de la intolerancia religiosa. Una gran primicia: asistimos al proceso inverso al que se dio antes del nacimiento de Cristo cuando, como escribió Philippe Valode en su obra *Historia de las civilizaciones*, (dedicada a la Roma antigua y publicada en Editorial De Vecchi):

> *...la acumulación de creencias había abocado [a los pueblos] a un sincretismo admirable. Se pudo ver en el Imperio persa, en el que las guerras religiosas fueron numerosas, al igual que en el Imperio romano, en el que los paganos fueron perseguidos...*

En el siglo III d. de C., el cristianismo había llegado ya a todas las capas de la sociedad romana, una situación que provocó una conmoción espiritual total. Persecuciones, intolerancia y divisiones ideológicas fragmentaron el mundo romano. La razón se enfrentó a un nuevo desafío ante el arraigo de la creencia en un Cristo resucitado. Tertuliano, en *La chair de Christ* (V, 4), lo expresó muy claramente:

> *¿El hijo de Dios ha sido crucificado? No siento vergüenza a pesar de que haya que sentirla. ¿El hijo de Dios ha muerto? Es necesario creerlo a pesar de que no sea razonable [«necio» en el texto]. Ha sido amortajado, ha resucitado: es cierto a pesar de que parezca imposible.*

El cristianismo se extendió hasta llegar a alcanzar los límites del imperio. En el año 290, el rey Tiridato II se convirtió a la nueva religión y dio al cristianismo el rango de religión de Estado. La dinastía arsácida continuó el mismo camino y con ella todo un pueblo entregado hasta entonces al paganismo. Las puertas del reconocimiento oficial se entreabrían.

La tetrarquía, como forma de gobierno, fue puesta en marcha por Diocleciano. Cayo Aurelio Valeriano (hacia 245-313), emperador romano (284-305), fue proclamado emperador por sus soldados después de la muerte de Numeriano y de Carino; gobernó ente los años 285 y 293, y confió Occidente a la autoridad de Maximiano. La tetrarquía acabó por estallar debido a los conflictos entre los hombres que detentaban el poder. Las persecuciones anticristianas perdurarían en Oriente bajo la dirección de Maximiano y de Cayo Galerio. En el año 310, el obispo Silvano de Gaza, que había sido enviado a las minas, fue ejecutado por su incapacidad para trabajar en ellas. Un año más tarde, Cayo Galerio reconocía el fracaso de la política de persecuciones. El cambio fue total. A partir de ese momento publicó un edicto en el que otorgaba a los cristianos tolerancia de culto y les pedía que rezaran por la integridad del Estado y por sus emperadores.

En el año 324, el hijo de Constancio Cloro, Constantino, restableció de nuevo la unidad del imperio en su propio beneficio y fundó una nueva Roma, a la que denominó «humildemente» Constantinopla... Deseoso de apoyarse en las coherentes y firmes estructuras episcopales de la Iglesia cristiana, se convirtió a la nueva religión. En el año 313, Constantino publicó el edicto de Milán, en el que instauraba la libertad de culto.

Constantino apoyó, además, la nueva religión y presidió, para manifestarlo, el concilio de Nicea, que condenó, en el año 325, el arrianismo (que consideraba que Jesús de Nazaret no era Dios o parte de él, sino su creación) y proclamó la nueva fe (véase G. Alberigo, *Historia de los concilios ecuménicos*):

Creemos en un solo Dios, Padre todopoderoso, creador de todos los seres visibles e invisibles; y en un solo Señor Jesucristo, Hijo de Dios, engendrado del Padre, único engendrado, es decir, de la sustancia del padre, Dios de Dios, luz de luz, verdadero Dios de verdadero Dios, engendrado y no creado, consustancial al Padre, para quien todo ha sido hecho, lo que está en el cielo y lo que está en la tierra, que por nosotros los hombres y por nuestro bienestar ha descendido y se ha encarnado, se ha hecho hombre, ha sufrido y ha resucitado al tercer día, ha subido a los cielos, desde donde vendrá a juzgar a los vivos y a los muertos; y en el Espíritu Santo...

A la muerte de Flavio Valerio Claudio Constantino, los cristianos llegaron a alcanzar los peldaños de la más alta administración imperial. Constantino situó entonces al Divino por encima de su papel de emperador, que hasta entonces había estado sacralizado.

Después de la reacción pagana del emperador Juliano el Apóstata —este, a pesar de su educación cristiana, rechazó el cristianismo y volvió al paganismo cuando llegó al poder en el año 361—, que consiguió expulsar a los germanos de la Galia el mismo año que logró el mando y amenazar el Imperio sasánida antes de su trágica desaparición, se asistió al triunfo definitivo del cristianismo con el emperador Teodosio.

En el año 379, Teodosio (Flavio Theodosio, hacia 346-395), el nuevo emperador, decidió que el cristianismo se convirtiera en la religión oficial del Estado.

Cerró entonces todos los templos paganos y prohibió los sacrificios. En el año 394 emitió el decreto que prohibía los juegos olímpicos porque eran vistos como un elemento de difusión del paganismo. Para solucionar el acceso a la jefatura del imperio, decidió dividirlo entre sus hijos —los que había tenido en su primer matrimonio con Aelia Flacilla— en el año 395:

— a Arcadio le concedió Oriente;
— a Honorio, Occidente.

Esta división fue definitiva: el Imperio romano moría por primera vez.

El cristianismo comenzó entonces a resplandecer gracias a la fuerza demostrada por los Padres de la Iglesia y al papel obtenido en esa dura lucha: Ambrosio (el muy influyente obispo de Milán entre los años 373 y 397), Agustín de Hipona (San Agustín es el único padre de la Iglesia cuyas obras, como *De la doctrina cristiana*, han dado lugar al nacimiento de un sistema de pensamiento) y Jerónimo (el traductor de la Biblia al latín), que trabajaron todos ellos para el reforzamiento de la doctrina… También el monaquismo comenzó a difundirse.

Finalmente, para combatir el asalto de los pueblos llamados *bárbaros* (aquellos situados más allá del *limes,* o sea, las fronteras), los emperadores intentaron aplicar soluciones aventuradas: confiaron la defensa de sus territorios a otros pueblos llegados antes, pero también de origen bárbaro; por ejemplo, el jefe vándalo Estilicón, a quien Teodosio confió su ejército.

En el año 325 (año de la celebración del concilio de Nicea), el emperador Constantino trasladó la capital del Imperio romano a Constantinopla, consolidando así el adelanto que Oriente tomaría sobre Occidente en el marco de la inmensa estructura política que dominaba la cuenca mediterránea. Setenta años más tarde, el emperador Teodosio dio oficialmente nacimiento al Imperio de Oriente al dividir el imperio entre sus dos hijos. Arcadio asumió la más alta magistratura.

Después de que se produjera la caída de Roma, que oficialmente tuvo lugar en el año 476 d. de C., Bizancio acogió a todas las fuerzas vivas del Imperio romano, del que aseguró su continuidad.

Hasta llegar a los tiempos de Heraclio, la lengua oficial continuó siendo el latín, mientras que el griego era la lengua hablada.

Fue también a partir de Heraclio cuando el emperador de Bizancio pasó a denominarse *basileus*, que en griego significaba «rey». Paulatinamente, el griego fue sustituyendo al latín en los textos grabados en las monedas y en los documentos oficiales.

Justino I, elegido por el Senado en el año 518, murió en 527. Justiniano, un romano nacido en la ciudad de Nis pero educado en Constantinopla y asociado al trono por su tío, fue su sucesor. Muy apoyado por Teodora (una antigua actriz muy ambiciosa), Justiniano comenzó por recuperar el orden perdido. Actuó, para lograrlo, en dos fases.

En primer lugar, buscó la reconciliación con el papa al poner fin al cisma provocado por el monofisismo (una doctrina que sólo reconocía la naturaleza divina de Cristo y no la humana, y fundía las dos naturalezas en una única de carácter divino) y recibirlo en Constantinopla.

En una segunda etapa, Justiniano reorganizó el ejército y la administración. En el año 532 ahogó la revuelta de Nika lanzada sobre Constantinopla por dos partidos, el de los Azules y el de los Verdes. El general Belisario fue el encargado de reprimirla con crudeza.

Justiniano dedicó todas sus energías a la restauración del Imperio romano, empeño en el que llegó incluso a molestar a la población bizantina en el plano interior y a agotar las fuerzas del imperio en un combate desproporcionado en el exterior. Sus sucesores padecerían las consecuencias.

Justiniano se enfrentó al Imperio sasánida hasta que llegó a un acuerdo de paz basado en el pago de un tributo, firmado con Cosroes I en el año 532.

Una vez solucionado este conflicto se dirigió hacia Occidente. Belisario desembarcó en el año 533 en el norte de África, donde derrotó a los vándalos, que estaban a las órdenes del rey Gelimer. En el año 535, Belisario también venció a los godos de Sicilia.

Posteriormente, en el año 536, atacó a los habitantes de Italia, los ostrogodos. No obstante, estos organizaron la resistencia y Belisario fue reemplazado por Narsés. En el año 552, los bizantinos se habían apoderado de la Península Italiana y habían hecho de Rávena su capital occidental, la cual embellecieron con numerosos edificios; esta ciudad que había sido fundada por colonos procedentes de Tesalia, fue posteriormente ocupada por los etruscos, los sabinos, los galos y los romanos.

En el año 534, los bizantinos llegaron hasta la Península Ibérica. Aquí ocuparon ciudades como Sevilla, Córdoba, Málaga y la provincia de Cartago Nova. De esa manera, la religión del imperio llegó a difundirse por toda la cuenca mediterránea. Sin embargo, el ejército bizantino se vio atrapado en Italia. En efecto, los persas rompieron la tregua e invadieron Siria y Armenia en el año 540, por lo que Justiniano se vio obligado a comprar la paz a un precio realmente elevado.

A continuación, los hunos, los avaros y los eslavos —nuevos *bárbaros* seguidores de otras religiones— asaltaron el imperio sin descanso entre los años 540 y 559. Grecia, Tracia e Iliria fueron invadidas una a una, aunque Belisario logró rechazar a los hunos que habían llegado hasta Constantinopla en el año 559.

A pesar de estas victorias, las conquistas de Belisario tuvieron un costo humano y financiero muy elevado. Además, los éxitos no le sobrevivieron: durante su vida tuvo que enfrentarse al ataque de los ostrogodos, que llegaron hasta Roma en dos ocasiones, en los años 547 y 550. Como recuerda Philippe Valode en la obra *Historia de las civilizaciones*, ya citada:

La antigua capital imperial no era más que un montón de ruinas después de haber soportado todos esos combates. Sin embargo, Teodorico había sabido darle una cierta prosperidad a comienzos del siglo VI... Después del año 568 (Justiniano murió en el año 565), Roma fue reconquistada por los lombardos. Por otra parte, el norte de África se vio sometido, mucho más tarde, a los árabes, exactamente en el año 647.

*Es cierto que a la muerte de Justiniano, en 565, el Imperio bizantino contro-
laba territorios de una extensión prácticamente equivalente a la que había tenido el Imperio romano de los Antoninos, que incluían, a excepción de la Galia,
el reino visigótico de la antigua Hispania y las marcas danubianas.*

Justiniano, que se presentaba como emperador romano, intentó llevar
adelante una drástica reforma administrativa y jurídica.

Preparó un código que recuperaba de manera jerarquizada las constitucio-
nes imperiales desde Adriano: fue publicado en el año 529 y ampliado en
534. Posteriormente, publicó los códigos *Digest* e *Institutes*.

El primero era una recopilación de jurisprudencia según las sentencias
emitidas por antiguos juristas. El segundo era un manual de derecho dirigido
a los estudiantes.

Justiniano también quiso avanzar en la cuestión religiosa. Por ello, se opuso al paganismo, todavía muy presente sobre todo en la alta sociedad y entre
los agricultores, y publicó dos edictos que privaban a los paganos de una parte significativa de sus derechos cívicos. En el año 529, suprimió también la
libertad de conciencia.

En el imperio, tanto si uno era cristiano como si no… sólo los judíos esca-
paban a esta regla.

Justiniano luchó por conseguir la unidad del cristianismo. Combatió las herejías con firmeza, tanto la maniquea como la arriana y la montanista. En contrapartida exigió a la Iglesia una fidelidad absoluta y se tomó la facultad para
intervenir en sus asuntos, especialmente en materia de nombramiento de clérigos, obispos y clero regular.

Philippe Valode explica en la misma obra ya citada:

*Las conclusiones del concilio de Calcedonia, celebrado en el año 451, fue-
ron estrictamente aplicadas hasta donde Justiniano estimó, con la intervención de su esposa, Teodora, que ciertas oposiciones doctrinales eran pe-
ligrosas. Finalmente, acabó por tolerar a los monofisitas antes de volver
a perseguirlos. Intentó reintegrarlos y para ello condenó los Tres Capítulos,
pero aquellos permanecieron insensibles a su política de gestos de seduc-
ción: Egipto y Siria continuaron siendo bastiones del monofisismo. Así la
política unificadora de Justiniano acabó siendo considerada un fracaso…*

El papa Vigilio se opuso a Justiniano. Este último quiso hacerse obedecer y por ello lo sustituyó… durante la celebración de la misa y lo hizo conducir hacia Constantinopla. Allí, Vigilio resistió las presiones intelectuales y teológicas a las que fue sometido. Pero, como explica Jean-Pierre Moisset en su obra *Histoire du Catholicisme*, publicada por Flammarion en 2006:

La cuestión continuaba pendiente cuando Justiniano convocó en el año 553 el quinto concilio ecuménico, en Constantinopla. Vigilio rechazó asistir, aunque finalmente tuvo que doblegarse ante la presión del emperador y aceptar las decisiones adoptadas por la asamblea conciliar.

Por otra parte, Justiniano fue un gran constructor que hizo levantar la iglesia de Santa Sofía de Constantinopla, que dedicó a la Sabiduría divina (*Sophia* en griego). Al querer recuperar la grandeza romana, Justiniano acabó, desgraciadamente, por agotar el Imperio bizantino. Los gastos en construcciones, la importancia del presupuesto militar y la intromisión en la vida de la Iglesia supusieron un incremento de la presión fiscal, la depreciación de la moneda, una crisis económica y el restablecimiento de la venalidad, es decir, la venta de los cargos públicos. ¡La revuelta no se haría esperar!

Medio siglo después de Justiniano, Heraclio el Joven tomó el poder en un momento en que el Imperio bizantino parecía extraviado, abandonado, aislado. Su padre, Heraclio, era exarca en el norte de África, donde disponía de una flota y de un ejército con los que derrotó a los bárbaros de las costas y obtuvo el respeto de los saharianos. Residía en Cartago. En Constantinopla, el emperador Mauricio tuvo que enfrentarse a los ataques de los bárbaros cerca del Danubio. Las legiones se sublevaron bajo la férula de Focas, su jefe militar, y marcharon sobre Constantinopla, que se encontraba desprovista de tropas. Aquellas masacraron al emperador y a su familia y el tesoro fue saqueado. Bizancio continuó su vida en un ambiente de profundo desorden. Los persas invadieron Siria como reacción frente a la política dominante de Bizancio, derrotaron a las tropas bizantinas y amenazaron la existencia del imperio.

Heraclio quiso plantar cara al desorden y, para ello, envió su flota de guerra dirigida por su hijo Heraclio el Joven. Este, una vez proclamado vencedor, fue coronado en Santa Sofía, en el año 610, por el patriarca Sergio. André Larané escribe en su *Chronologie universelle*, publicada por J'ai lu, en 2006:

El advenimiento de Heraclio —año 610— y la Hégira —año 622— marcan el verdadero final del Imperio romano y de la Antigüedad.

El renacimiento del Imperio bizantino tuvo lugar con los macedonios Tzimiskes y Basilio II (desde 867 hasta 1025). Refundado por un campesino zafio pero audaz y brillante, Basilio I, que reinó a partir de 867, el Imperio bizantino pudo rehacerse. Este emperador rechazó a los árabes y los expulsó parcialmente de Asia Menor. También atravesó el Mediterráneo y restableció la autoridad bizantina en el sur de Italia. No se opuso a la autoridad del papa en el concilio de Constantinopla y favoreció la evangelización de Rusia y Bulgaria. Desde el punto de vista teológico promovió la conversión y organizó debates públicos en los que, como dice Jean-Pierre Moisset en la obra citada anteriormente, los judíos debían especialmente:

[...] demostrar la legitimidad de sus convicciones. Si no conseguían convencer, entonces debían convertirse. Estos procedimientos coercitivos eran propios de un poder imperial y no los de un clero que lamentaba la ausencia de catequesis y temía los riesgos de apostasía que entrañaban las adhesiones superficiales.

Sus sucesores continuaron su obra de reconquista a expensas de los abasidas.

El hijo de Romano II, el futuro Basilio II, tenía seis años cuando se produjo la muerte de su padre. Corría el año 963 cuando, junto a su hermano Constantino VIII, se convirtió en coemperador. Durante su minoría de edad, el imperio fue gobernado por dos grandes generales, Nicéforo II Focas (que se casó con su madre, Teófano, tras enviudar y quedar como regente) y Juan Tzimiskes, del que hablaremos más adelante.

Nicéforo II recuperó Cilicia, y después tomó Antioquía. Financió, mostrando una actitud religiosa muy generosa, la construcción del monasterio del monte Athos, llamado de la Gran Laura (Lavra), que había sido fundado por Atanasio. Fue asesinado por Tzimiskes en el año 969. Una vez usurpado el poder, este último se casó con la emperatriz Teófano, que de nuevo se había quedado viuda. Posteriormente, después de hacerse con el trono,

25

la repudió. A continuación, se casó de nuevo con Teodora, la hermana de Romano II.

Tzimiskes consiguió, en el año 972, una importante victoria sobre los kievienos de Sviatoslav, en Dorostol. Estos, una vez vencidos, tuvieron que retirarse a los Balcanes. Tzimiskes se apoderó de Mesopotamia en el año 974, y conquistó Fenicia y Palestina. También se apropió de Jerusalén. En el año 976 murió envenenado durante el viaje de vuelta de esta campaña.

Basilio II pudo reinar, a la edad de dieciocho años, en compañía de su hermano Constantino VIII, que tenía una personalidad menos ambiciosa. Audaz jefe del ejército, Basilio II se transformó en el emperador más grande de la dinastía macedonia. Se enfrentó al Imperio búlgaro, que, convertido al cristianismo con una ambición mesiánica, intentaba someter a Bizancio.

Gobernó en solitario y se enfrentó a un intento de golpe de Estado en el año 988: en efecto, Bardas Focas se hizo proclamar emperador por el ejército de Oriente y marchó sobre Constantinopla. Fueron entonces los kievienos quienes sostuvieron a la nueva Bizancio y a la cristiandad. Basilio II acabó derrotando y matando a Bardas Focas en el año 989.

Liberado de toda la presión de sus opositores, Basilio II se volvió hacia la Bulgaria del zar Samuel. Cuando sus tropas venían de asolar Grecia, lanzó un primer ataque contra las Puertas Trajanas. La victoria fue absoluta y las murallas de Constantinopla fueron «decoradas» ¡con más de mil cabezas de búlgaros! A continuación se dirigió hacia Tesalónica y realizó, a partir de 1004, una campaña anual contra los búlgaros hasta lograr penetrar profundamente en su territorio. Adoptó su nombre, Basilio el Bulgaróctono, el 29 de julio de 1014 tras librar una batalla decisiva en los límites de Stroumitza, en la que el ejército búlgaro fue masacrado.

Basilio II hizo arrancar los ojos a quince mil supervivientes —explica Philippe Valode— y dejó a ciento cincuenta «sólo» tuertos para que pudieran conducir a este triste «rebaño» hasta su jefe Samuel. Bulgaria, completamente ocupada, fue anexionada en el año 1018. El prestigio del imperio alcanzó entonces su momento culminante. Las dos hermanas de Basilio II se casaron: Ana con Vladimir de Kiev y Teófano con Otón II, emperador de Occidente. Además, en 988, la Rusia kieviena tomó la decisión de adoptar como religión el cristianismo bizantino.

En el año 994, Basilio II había conseguido rechazar también el intento fatimí de invadir Siria. A su muerte, que se produjo en el año 1025, el imperio se extendía desde el Adriático hasta Armenia y desde el Danubio hasta el Éufrates. La primera potencia del mundo ya era cristiana. En el plano religioso, Basilio II había conseguido aumentar considerablemente el área de influencia de Bizancio gracias a la conversión de Rusia al rito griego. El Imperio bizantino había logrado, de paso, una gran influencia espiritual sobre el mundo eslavo.

La muerte de Basilio II, en el año 1054, vino seguida por la ruptura definitiva entre las Iglesias de Oriente y Occidente. Así salió reforzado el prestigio del patriarcado de Constantinopla. Tres años más tarde, el golpe de Estado de Isaac Comneno puso fin a la dinastía macedonia y con ello al periodo más brillante de la historia de Bizancio. El tiempo de desorden que siguió benefició a todos los adversarios del imperio. El declive fue inexorable.

Un imperio cristiano tan enorme, políticamente unido y poderoso no volvería a existir nunca. Así, los cristianos quedaron separados en dos Iglesias. Fue entonces cuando aparecieron las primeras herejías que conducirían a la crisis y la Reforma. Un nuevo periodo de la historia comenzaba.

Acabamos de ver la cronología de los hechos, que, no obstante, dejaremos a mano para poder revisarlos. Ello nos permitirá comprender mejor el desarrollo de un fenómeno filosófico, teológico y epistemológico. Como escribe Gérard Simon en *Sciencies et histoire* (Gallimard, 2008):

> *Los integrismos se cuajan en sus tradiciones dogmáticas y las ciencias se alimentan de su capacidad para abrirse a todo aquello que puede cuestionarlas.*

Si así ocurre con la historia general, más todavía con la historia de las religiones.

De la vida de Jesús
a los documentos del mar Muerto

Palestina bajo la dominación romana

A comienzos del siglo VI a. de C., los persas se apoderaron de Palestina en el marco de su gran ofensiva hacia el oeste de Asia Menor.

Fue un periodo afortunado para los ocupantes de estas tierras, que todavía no eran llamados judíos.

Los persas tenían una concepción muy descentralizada de la gestión de su imperio. A partir del año 333 a. de C., Alejandro se convirtió, después de la victoria de Iso, en el nuevo caudillo, seguido de Seleuco, uno de sus generales, cuando murió. Fundó la dinastía seléucida, que gobernó durante dos siglos. Antíoco IV de Siria prohibió, en el siglo II, la religión judía y sustituyó en el templo sagrado el altar de Yahvé por el de Zeus. Eso provocó, como reacción a esta sacrílega decisión, un amplio levantamiento dirigido por el sacerdote Matías y sus hijos. Se trató de la célebre revuelta de los macabeos, que, tras llamar a los romanos, acabó por triunfar. Jonatán, uno de los suyos, fue designado sumo sacerdote.

Desde el año 134 hasta el año 63, la dinastía asmonea reinó en Palestina, es decir, en Galilea. El hijo pequeño de Jonatán, Juan Hyrcan I, su más célebre soberano, anexionó Judea, Samaria e Idumea (el país de Edom, al sur de Judea). En el siglo I se produjo un grave conflicto entre los príncipes asmoneos Hyrcan II y Aristóbulo II.

El gobernador Antipater, partidario de Hyrcan II, se alió con Pompeyo, que penetró en Jerusalén en el año 63.

Mientras Hyrcan II, el gran sacerdote, y Antipater, su ministro, gobernaban el reino de Judea, comenzó a hablarse por primera vez de los judeos, que en la lengua hablada se convertirían, más sencillamente, en los judíos. En el año 47 a. de C., el reino quedó directamente sometido al Imperio romano: fue en ese momento cuando apareció el nombre de Palestina en recuerdo de sus primeros habitantes, los filisteos. El general Antipater se convirtió en gobernador y Judea fue anexionada a la provincia romana de Siria-Palestina.

En el año 37, Herodes el Grande, hijo de Antipater, rey de la Judea aliada de Roma, llevó adelante una ambiciosa política de conquistas: extendió sus campañas hasta el mar Muerto y la actual Transjordania. Todo ello supuso el gasto de importantes sumas en la edificación de teatros, piscinas, gimnasios y templos, así como en la construcción de dos poderosas fortalezas en Masada y en el monte Herodion, cerca de Belén. Sus sucesores continuaron su política expansionista y emprendieron la construcción de un nuevo templo de grandes dimensiones: comenzado en el año 20, fue acabado en 64. Herodes Antipas, el mismo que hizo decapitar a Juan Bautista, fue un déspota brutal. El procurador Poncio Pilatos le entregó a Jesús, probablemente en el año 30, si se acepta como verosímil la fecha de nacimiento de Cristo en el año 3 a. de C. El régimen procuratorial duró hasta la revuelta judía del año 66, marcada por una oposición real entre los judíos y los discípulos de Cristo. La prueba es que el primer obispo cristiano de Jerusalén tomó partido por los romanos y abandonó la Ciudad Santa cuando Vespasiano y Tito decidieron asediarla.

En el año 66, los romanos se apoderaron del tesoro del templo de Jerusalén, y muy pronto se extendió la agitación, atizada por los zelotes, nacionalistas enfrentados a Roma. Vespasiano, en primer lugar, y después su hijo Tito tardaron cuatro años en sofocar el movimiento, que acabó tras la toma de Jerusalén en el año 70 y el incendio del templo. En el año 73 ya había sido sofocado todo atisbo de resistencia tras la toma de Masada, ciudadela en la que todos los defensores decidieron suicidarse antes que caer en manos de los romanos.

En el año 72, la provincia de Judea fue separada —tras la fundación de Flavia Neapolis, la moderna Naplusa— de Siria y gobernada por un legado imperial.

En el año 115 comenzó una especie de pogromo contra la comunidad judía de Alejandría. Esta, formada por unos doscientos mil o trescientos mil miembros, fue diezmada por las tropas romanas y griegas bajo el mandato del emperador Trajano. Las masacres esporádicas duraron más de dos años.

En el año 132 se produjo una nueva revuelta bajo el emperador Adriano, después de la prohibición de practicar la circuncisión y, sobre todo, del comienzo de la reconstrucción de Jerusalén bajo el nombre de Aelia Capitolina. Las tropas de Simón Bar-Kokheba fueron aniquiladas y el conjunto del país, devastado. Los muertos se contaron por decenas de miles, quizá centenares de miles… Nadie lo sabe con certeza.

En 135, Judea fue integrada en la provincia de Siria-Palestina, y Jerusalén, convertida en ciudad romana, fue prohibida a los judíos. De esa manera, los judíos supervivientes se reagruparon en Galilea, cerca del lago Tiberíades.

La dominación romana se acabó en el año 324.

¿Existieron los hermanos y hermanas de Jesús? ¿Quiénes fueron?

Cuando la Iglesia católica intentó, varios siglos después, hacer de Jesucristo el «hijo único de Dios» y el único hijo de María y José, algunos Evangelios y determinados especialistas en la cuestión rechazaron esa teoría.

San Mateo (13, 55), San Lucas (8, 19) y San Marcos (6, 3) hablaron en sus Evangelios de hermanos y hermanas de Jesús. Y para profundizar más en el asunto, numerosos historiadores y teólogos han venido a reforzar esta posición al publicar las conclusiones de sus investigaciones. Jesucristo sería el miembro más destacado de una amplia familia compuesta por cinco hermanos: Santiago, José, Judas, Simón (y el propio Jesús), y dos hermanas: María y Salomé.

Por sorprendente que eso pueda parecer, el simple hecho de que todos estén de acuerdo en ese dato da un cierto crédito a esta afirmación. Ahora bien, dado que la cuestión se ha planteado y que es prácticamente seguro que no obtengamos nunca, ni de la Iglesia ni de otras fuentes oficiales, ninguna respuesta a este espinoso asunto, parece que no tenemos otra elección que tener en cuenta esa eventualidad, es decir, hacer una elección entre las hipótesis que se han formulado o crear nuestra propia opinión.

La explicación oficial, es decir, la «versión diplomática proporcionada por la Iglesia católica», es que «la confusión» se debe a un problema con la traducción. Es cierto que en las lenguas armenias y hebraicas no existe más que una única palabra para referirse a hermanos y a primos. A la vista de esa limitación, los pretendidos hermanos y hermanas de Jesús no serían más que primos y la Virgen sería la madre de un único hijo concebido por obra del Espíritu Santo. José no habría tenido nunca hijos. Es importante señalar que el mundo cristiano no es unánime en torno a esta cuestión.

Los ortodoxos creen que serían hermanastros de Jesús, es decir, hijos de José nacidos de un matrimonio anterior. En cuanto a los protestantes, estos creen que la Virgen no había perdido la virginidad antes del nacimiento de Jesús, pero que habría tenido otros hijos posteriormente.

La segunda hipótesis coincide plenamente con la doctrina católica. Esta se refiere al mensaje de Cristo, que toma al pie de la letra. Jesús decía: «Mis hermanos y hermanas son aquellos que siguen las enseñanzas que yo os transmito y que proceden de mi padre». Desde ese punto de vista, «todos los hombres son hermanos». No hay, por tanto, nada sorprendente en que los Evangelios hablen de hermanos y hermanas de Cristo.

Para acabar, es necesario abordar la tercera teoría, la más pragmática. Esta es, en definitiva, la que aparece despojada de toda creencia; sólo es el fruto de un análisis riguroso de los elementos históricos que conocemos, pero se ha ido reforzando gracias a los descubrimientos arqueológicos realizados a lo largo de los últimos siglos.

Antes de haber tomado conciencia del trabajo de los teólogos, cuya única preocupación era trasladar a Cristo del estatus de profeta al de hijo de Dios, los historiadores llamaron la atención sobre las dos hipótesis anteriores. Estos vieron evidente que los doctores de la fe no tenían otra elección, para realizar este milagro, que tomarse, frente a la verdad histórica, algunas libertades. Por esa razón no es imposible que algunas trazas o ciertos detalles «molestos», o tenidos como tales, hayan sido deliberadamente ocultados. Es probable que los escritos, como mínimo mesiánicos, de San Pablo, que, recordémoslo, era de cultura romana y, por ello, quizá más dado a elaborar una versión aceptable por sus conciudadanos, hayan sido privilegiados con relación a los Evangelios de Mateo, Lucas y Marcos.

Sea como sea, mientras no se pueda aportar realmente la prueba de que las teorías oficiales tienen poco que ver con la realidad histórica, los descubrimientos arqueológicos realizados desde hace años tienden a acreditar esta tercera tesis.

En efecto, parece bastante probable que Judas, Santiago, José, Simón, María y Salomé fueran hermanos y hermanas de Jesús. Más aún: Santiago, Simón, Judas Tadeo y José, llamado Mateo, los cuatro hermanos, figurarían entre los apóstoles.

Pero estas afirmaciones, al igual que las que plantean que Jesús fue el único hijo de José y María, no son más que simples especulaciones. Hoy día, la Iglesia sigue rechazando las teorías que hablan de los hermanos y hermanas de Cristo, como lo demuestran las propuestas del papa Benedicto XVI referidas por Peter Seewald en *Les entretiens sur la foi* (*Le Sel de la terre*, n.° 53), entrevistas que han sido recogidas por Vittorio Messori. En esta cuestión, él no ve más que un intento de confusión por parte de la prensa y de los escritores anticatólicos.

Se trata de un tema que ha hecho correr ríos de tinta y hará correr todavía más, a pesar de tratarse de un asunto que no tiene solución desde el punto de vista histórico, y que en el plano teológico sólo tiene un interés limitado. ¿Qué más da que Jesús haya tenido hermanastros o hermanos si lo esencial es que sea, aunque parezca imposible, el «hijo único de Dios»?

En los Evangelios

«¿No es el hijo del carpintero?, ¿no es María su madre?, ¿no son Santiago, José, Simón y Judas sus hermanos?» (Mateo, 13, 55).

«Su madre y sus hermanos fueron a buscarlo, pero no pudieron acercarse debido a la multitud» (Lucas, 8, 19).

«¿No es el hijo del carpintero, el hijo de María, el hermano de Santiago, José, Judas y Simón?, ¿no están también sus hermanas por aquí entre nosotros? Y se escandalizaban de él» (Marcos, 6, 3).

El bautismo de Jesús

El año 28-29, decimoquinto año del calendario de Tiberio (Lucas, 3, 1), poco antes del comienzo de su ministerio, Jesús pidió recibir el bautismo de manos de Juan Bautista. Sumergirse por primera vez en las aguas del Jordán no solamente tenía un valor simbólico muy fuerte, dado que fue entonces cuando por primera vez Juan reveló que Jesús era el hijo de Dios venido a la tierra para salvar a los hombres, sino que se trata, además, del único acontecimiento datado de la vida de este. Más que su nacimiento o su muerte, fue su bautismo el que introdujo a Jesús en la historia. Gracias a esa fecha, que nos revela Lucas, podemos deducir la cronología de la vida de Jesús, una información que deja en mal lugar las teorías generalmente admitidas. El año 15 del reinado de Tiberio es, por tanto, la única fecha citada en los Evangelios. Su importancia es capital en la historia del cristianismo. Aquel año, Juan, que era —según las leyes del sacerdocio legítimo— un sacerdote (Cohen) de nacimiento, dado que pertenecía a la tribu de los Levi, comenzó su predicación. En *Antigüedades judías* (18, V, 2, § 16-119), Flavio Josefo lo describe como un honesto hombre que exhortaba a los judíos a practicar la virtud, la justicia y la piedad, pero, sobre todo, que anunció la proximidad del Juicio Final e hizo una llamada a practicar la conversión interior simbolizada por el bautismo que él realizaba en las aguas del Jordán.

Y además, a la manera de un profeta, decía:

Yo te bautizo con el agua, pero vendrá él, aquel que es más poderoso que yo, tanto que no soy digno de desatar las correas de sus abarcas; él os bautizará en el Espíritu Santo y el fuego (Lucas, 3, 16).

Tal como Juan había dicho, el que era más poderoso que él había llegado hasta las orillas del Jordán, probablemente un día de primavera, es decir, cuando las aguas del río tenían una temperatura adecuada para que un hombre pudiera sumergirse. Aquel día, Juan intentó decirle que él no era digno de bautizarlo: «Soy yo el que debe ser bautizado por ti, y ¿eres tú el que vienes a mí?». Pero Jesús insistió: «No te preocupes por ahora, es así como debemos hacer justicia».

Entonces, él siguió adelante. En cuanto fue bautizado, Jesús salió del agua y vio que los ciegos abrieron los ojos y que el Espíritu Santo descendía del cielo en forma de paloma y se posaba sobre él. Una voz también procedente del cielo le decía: «Este es mi hijo muy amado en quien tengo depositada toda mi confianza» (Mateo, 3, 13-15).

Una vez bautizado, Jesús comenzó también a predicar. A partir de ese momento, empezó a anunciar: «El tiempo se ha cumplido y el reino de Dios está muy cerca: arrepentíos y creed en el Evangelio» (Marcos, 1, 15).

Como vemos, la ceremonia del bautismo de Cristo nos es bien conocida, así como su cronología. Recogida por los Evangelios, y especialmente el de Lucas, parece a priori bien fijada, dado que el contexto histórico de la época está bien documentado. Ahora bien, un estudio profundo y muy creíble que presenta fechas generalmente admitidas obliga a revisar un poco el contexto. La fecha de nacimiento de Jesús no fue probablemente la que creía el monje Dionisio el Pequeño (llamado así por su baja estatura) cuando estableció retrospectivamente el calendario cristiano en el año 532.

Primera constatación: Jesús no nació el 25 de diciembre del año cero. En efecto, Lucas nos dice que Juan comenzó a predicar durante el decimoquinto año del calendario de Tiberio y que bautizó a Jesús ese mismo año.

Por otra parte, sabemos, por la lectura de los Evangelios, que Jesús tenía treinta años cuando se sumergió en las aguas del Jordán. Ahora bien, conocemos que Tiberio ascendió al poder el año 14 de nuestra era. Así, el decimoquinto de su reinado correspondería al año 29 de nuestro calendario. En consecuencia, Jesús habría nacido el año 2 antes de la fecha señalada como la de su nacimiento.

Esta fecha, bien conocida, ha sido ampliamente validada por documentos procedentes de la época. Todos los historiadores de los seis primeros siglos están de acuerdo en esta fecha. No obstante, los historiadores que han estudiado la cuestión a lo largo de los últimos años no parecen completamente seguros con esta hipótesis. La mayor parte de ellos se basan en el hecho de que Jesús habría nacido antes de la muerte de Herodes, y data el nacimiento de Cristo en el año 4 antes de nuestra era. Otros, en cambio, prefieren pensar que Jesús habría nacido el año 6 de nuestra era, dado que habría sido inscrito, según ellos, en el censo de Quirino efectuado precisamente ese año.

Sin embargo, aunque parece que pronto conoceremos bien la fecha exacta del nacimiento de Jesús, dado que los espectaculares progresos realizados por los astrónomos durante los últimos años están en fase de dárnosla, gracias a la datación de eventos astronómicos que aparecen relatados en los Evangelios, ¿qué importancia tiene, finalmente? Además, a fin de cuentas, ¿no nació el cristianismo el año en que Jesús comenzó su ministerio?

Los enigmas de los milagros

Por su naturaleza divina y como hijo de Dios que era, Jesús realizó numerosos milagros. Con sus hechos fue el testimonio del amor misericordioso del Padre, de su compasión ilimitada y de su fuerza bienhechora.

El primer milagro de Jesús fue el de transformar el agua en vino. Después curó al hijo de un oficial y sanó a un lisiado de Betesda y a un leproso. Logró una pesca milagrosa, curó al sirviente de un centurión, hizo resucitar al hijo de una viuda en Naín, sanó a la suegra de Pedro, calmó la tempestad y recuperó a un paralítico. Hizo resucitar a la hija de Jairo, curó a una mujer que había perdido sangre y a un hombre que tenía una mano paralizada, alimentó a cinco mil personas, sanó a una mujer encorvada, hizo que se recobrara un hombre hidrópico, a la hija de una mujer cananea y a un sordo, dio de comer a cuatro mil personas, hizo resucitar a Lázaro, liberó a un niño poseído por el demonio, repuso a dos ciegos, recuperó a diez leprosos, reinsertó una oreja cortada y realizó una segunda pesca milagrosa.

La vida de Jesús estuvo marcada por la realización de numerosos milagros que son un testimonio de su esencia divina y de su amor universal por todos los hombres. Los evangelistas no los relatan de la misma manera o no explican los mismos milagros en sus Evangelios:

Curación de dos ciegos (Mateo, 9, 27-31)
Cuando Jesús se fue lo siguieron dos ciegos gritando: «Ten piedad de nosotros, Hijo de David».

Al llegar a la casa, los ciegos se le acercaron y él les preguntó: «¿Creéis que yo puedo hacerlo?». Ellos le respondieron: «Sí, Señor».

Entonces, Jesús les tocó los ojos, diciendo: «Que suceda como habéis creído».

Y se les abrieron sus ojos. Entonces, Jesús les dijo: «¡Cuidado!, que nadie lo sepa».

Pero ellos, en cuanto salieron, difundieron su nombre por todas partes.

Ciego de nacimiento (Mateo, 9, 1-7)
Jesús vio, al pasar, a un hombre que era ciego de nacimiento.

Sus discípulos le preguntaron: «Señor, ¿quién ha pecado, este hombre o sus padres, para que haya nacido ciego?».

(Continúa)

Jesús les respondió: «Ni él ni sus padres han pecado; es ciego para que las obras de Dios puedan manifestarse en él.

»Es necesario que, mientras dure el día, yo haga las obras para las que he sido enviado; la noche está al caer y nadie podrá trabajar.

»Mientras esté en el mundo yo seré la luz del mundo».

Después de haber pronunciado estas palabras, escupió en la tierra e hizo una bola de lodo con su saliva, que aplicó sobre los ojos del ciego, diciéndole: «Ve y lávate en el estanque de Siloé» [nombre que significaba «enviado»]. El ciego fue, se lavó y volvió viendo con claridad.

Ciegos y paralíticos en el templo
(Mateo, 21, 14)
Varios ciegos y paralíticos se le acercaron en el templo y él los curó.

Curación de un ciego de Jericó
(Marcos, 10, 46-53)
Llegaron a Jericó. Y cuando Jesús salía, acompañado de sus discípulos y de una gran muchedumbre, el hijo de Timeo, Bartimeo, un mendigo ciego, estaba sentado junto al camino.

Al enterarse de que era Jesús de Nazaret, se puso a gritar: «¡Hijo de David, Jesús, ten compasión de mí!».

Muchos le increpaban para que se callara. Pero él gritaba mucho más: «¡Hijo de David, ten compasión de mí!».

Jesús se detuvo y entonces dijo: «Llamadle».

Llamaron al ciego, diciéndole: «¡Ánimo, levántate! Él te llama».

Entonces, quitándose su manto, dio un salto y fue hasta Jesús.

Jesús, dirigiéndose a él, le dijo: «¿Qué quieres que te haga?».

«Rabbuní —le dijo el ciego—, ¡que recobre la vista!».

Y Jesús le dijo: «Vete, tu fe te ha salvado».

Al instante recobró la vista y siguió a Jesús por el camino.

Cananea (Mateo, 15, 22-28)
Y he aquí que una mujer cananea que había llegado de aquella región lo llamaba, diciéndole: «¡Señor, Hijo de David, ten piedad de mí!, mi hija es cruelmente atormentada por el demonio».

Pero Jesús no le respondió nada. Entonces, acercándose sus discípulos, le hablaron, diciéndole: «Despídela, porque va dando voces tras nosotros».

Él respondió: «No he sido enviado más que para las ovejas perdidas de la casa de Israel».

(Continúa)

Entonces ella se acercó y se postró ante él, diciendo: «¡Señor, socórreme!».

Él le respondió: «No está bien tomar el pan de los hijos y echarlo a los perros».

Ella dijo: «Sí, Señor, pero hasta los perros comen las migajas que caen de la mesa de sus amos».

Entonces, Jesús le respondió: «¡Mujer, grande es tu fe!, hágase contigo como quieres». Y su hija fue sanada a aquella misma hora.

Demonios enviados a los puercos
(Lucas, 8, 26-36)
Llegaron a la región de los gerasenos, que está frente a Galilea.

Al saltar a tierra, vino a su encuentro desde la ciudad un hombre poseído por los demonios que hacía mucho tiempo que no llevaba vestido ni moraba en una casa, sino en los sepulcros.

Al ver a Jesús, cayó ante él, gritando con gran voz: «¿Qué tengo yo contigo, Jesús, Hijo del Dios Altísimo? Te suplico que no me atormentes».

Jesús había mandado al espíritu inmundo que saliera de aquel hombre, pues en muchas ocasiones se apoderaba de él; entonces lo sujetaban con cadenas y grillos para custodiarlo, pero rompiendo las ataduras era empujado por el demonio al desierto.

Jesús le preguntó: «¿Cuál es tu nombre?». El contestó: «Legión», porque muchos demonios habían entrado en él.

Estos le suplicaban continuamente que no los mandara al abismo.

Había allí, junto a la montaña, una gran piara de puercos que pastaban en el monte. Los demonios suplicaron a Jesús que les permitiera entrar en ellos. Jesús se lo permitió.

Los demonios salieron de aquel hombre y entraron en los puercos, entonces la piara se arrojó al lago desde lo alto del precipicio y se ahogó.

Viendo los porqueros qué había pasado, huyeron y lo explicaron por toda la ciudad y por las aldeas.

Las gentes salieron, pues, a ver qué había ocurrido y, llegando hasta Jesús, encontraron al hombre del que habían salido los demonios, sentado, vestido y en su sano juicio a los pies de Jesús. Se llenaron de temor.

Los que lo habían visto les contaron cómo había sido salvado el endemoniado.

Niño lunático (Lucas, 9, 37-42)
Ocurrió que al día siguiente, cuando bajaron del monte, mucha gente salió al encuentro de Jesús.

(Continúa)

En esto, un hombre empezó a gritar entre la gente: «Maestro, te suplico que mires a mi hijo, porque es el único que tengo.

»Y un espíritu se apodera de él y de pronto empieza a dar gritos, le hace agitarse con violencia y echar espuma, y difícilmente se aparta de él hasta dejarlo quebrantado.

»He pedido a tus discípulos que lo expulsaran, pero no han podido».

Jesús le respondió: «¡Oh, generación incrédula y perversa!, ¿hasta cuándo estaré con vosotros y habré de soportaros?, ¡trae aquí a tu hijo!».

Cuando se acercaba, el demonio lo tiró al suelo y lo agitó violentamente, pero Jesús amenazó al espíritu inmundo, curó al niño y luego lo devolvió a su padre.

Mujer encorvada (Lucas, 13, 10-13)
Estaba Jesús un sábado enseñando en una sinagoga.

Allí había una mujer a la que un espíritu mantenía enferma desde hacía dieciocho años; estaba encorvada y no podía en modo alguno enderezarse.

Al verla, Jesús la llamó y le dijo: «Mujer, quedas libre de tu enfermedad».

Y le impuso las manos. Al instante se enderezó y glorificó a Dios.

Hidrópico (Lucas, 14, 1-6)
Y sucedió que, habiendo ido Jesús en sábado a casa de uno de los jefes de los fariseos para comer, estos lo estaban observando.

Había allí, delante de él, un hombre hidrópico.

Entonces, Jesús tomó la palabra y preguntó a los legisladores y a los fariseos: «¿Está permitido curar en sábado?».

Ellos guardaron silencio.

Entonces le acercó su mano, lo curó, y lo despidió.

Y a los fariseos les dijo: «¿Quién de vosotros, si se le cae un hijo o un buey a un pozo en sábado, no lo saca al momento?».

Y no pudieron contestar nada.

Mano paralizada (Lucas, 6, 6-10)
Sucedió que entró Jesús otro sábado en la sinagoga y se puso a enseñar. Había allí un hombre al que la mano derecha se le había paralizado.

Los escribas y fariseos observaban a Jesús por si curaba en sábado, a fin de tener algo de qué acusarlo.

Pero él, conociendo sus pensamientos, le dijo al hombre que tenía la mano paralizada: «Levántate y ponte ahí en medio». Él, levantándose, así lo hizo.

(Continúa)

Entonces Jesús les dijo: «Yo os pregunto si es lícito hacer el bien en sábado en vez de hacer el mal, salvar una vida en vez de matar».

Luego, mirándolos a todos, dijo al hombre: «Extiende tu mano». Él lo hizo, y su mano se curó.

Enfermo en la piscina (Juan, 5, 2-9)
Había en Jerusalén, cerca de la Probática, una piscina que se llamaba en hebreo Betesda y tenía cinco pórticos.

En estos pórticos yacían numerosos enfermos, ciegos, cojos y paralíticos que esperaban el movimiento del agua, porque el Ángel del Señor bajaba de vez en cuando a la piscina y agitaba el agua.

El primero que entraba en ella después de ser agitada quedaba curado de cualquier mal que tuviera.

Allí se encontraba un hombre que llevaba treinta y ocho años enfermo.

Jesús, al verlo tendido y sabiendo que llevaba así mucho tiempo, le dijo: «¿Quieres curarte?».

El enfermo le respondió: «Señor, no tengo a nadie que me meta en la piscina cuando se agita el agua y, por tanto, cuando yo llego, otro ha entrado antes que yo».

Jesús le dijo: «Levántate, toma tu camilla y anda».

Al instante, el hombre quedó curado completamente, tomó su camilla y se puso a andar.

Jesús camina sobre el agua (Mateo, 14, 22-32)
Entonces obligó a sus discípulos a subir a la barca y a pasar antes que él a la otra orilla, mientras despedía a la multitud.

Después, subió a la montaña para rezar a solas, pero al atardecer todavía estaba allí, solo.

La barca ya estaba en medio del mar, sacudida por las olas, porque tenía el viento en contra.

De madrugada, Jesús fue hacia ellos, caminando sobre las aguas.

Los discípulos, al verlo caminar sobre el mar, se asustaron. «Es un fantasma», dijeron, y atemorizados se pusieron a gritar.

Pero Jesús les dijo: «Tranquilizaos, soy yo; no temáis».

Entonces, Pedro le respondió: «Señor, si eres tú, mándame ir a tu encuentro sobre el agua».

Jesús le dijo: «Ven». Y Pedro, bajando de la barca, comenzó a caminar sobre el agua en dirección a él.

Pero, al notar la fuerza del viento, tuvo miedo y, cuando empezaba a hundirse, gritó: «Señor, sálvame».

(Continúa)

Enseguida, Jesús le tendió la mano y, mientras lo sostenía, le dijo: «Hombre de poca fe, ¿por qué has dudado?».

En cuanto subieron a la barca, el viento se calmó.

Primera multiplicación de los panes (Marcos, 6, 35-44)

Como ya se había hecho tarde, sus discípulos se acercaron y le dijeron: «Este es un lugar desértico y ya es muy tarde, despide a la gente para que vaya a los campos y pueblos cercanos a comprar algo para comer».

Él respondió: «Dadles de comer». Pero ellos le dijeron: «Habría que comprar pan por valor de doscientos denarios para dar de comer a todos».

Jesús les dijo: «Mirad cuántos panes tenéis». Después de averiguarlo, le contestaron: «Cinco panes y dos peces».

Él les ordenó que hicieran sentar a todos en grupos, sobre la hierba verde, y la gente se sentó en grupos de cien y de cincuenta.

Tomó entonces los cinco panes y los dos peces y, levantando los ojos al cielo, pronunció la bendición, partió los panes y los fue entregando a sus discípulos para que los distribuyeran. También repartió los dos peces entre la muchedumbre.

Todos comieron hasta saciarse y se recogieron doce canastas llenas de trozos de pan y de pescado sobrante.

Los que habían comido fueron cinco mil hombres.

Segunda multiplicación de los panes (Mateo, 15, 29-38)

Desde allí, Jesús llegó a orillas del mar de Galilea y, habiendo subido a la montaña, se sentó.

Una gran multitud acudió a él, llevando paralíticos, ciegos, lisiados, mudos y muchos otros enfermos. Los pusieron a sus pies y él los sanó.

La multitud se mostraba admirada al ver que los mudos hablaban, los inválidos quedaban curados, los paralíticos andaban y los ciegos recobraban la vista. Todos glorificaban al Dios de Israel.

Jesús llamó entonces a sus discípulos y les dijo: «Siento compasión por esta multitud que hace tres días que están conmigo y no tienen qué comer. No quiero despedirlos en ayunas, porque podrían desfallecer en el camino de vuelta».

Los discípulos le dijeron: «¿Y dónde podríamos conseguir en este lugar despoblado pan para saciar a tanta gente?».

(Continúa)

Jesús les dijo: «¿Cuántos panes tenéis?». A lo que ellos respondieron: «Siete y algunos peces».

Entonces ordenó a la multitud que se sentara en el suelo; después, tomó los siete panes y los peces, dio gracias, los partió y los dio a sus discípulos. Ellos los distribuyeron entre la muchedumbre.

Todos comieron hasta saciarse, y con los pedazos que sobraron se llenaron siete cestos.

Los que comieron eran cuatro mil hombres, sin contar a las mujeres ni a los niños.

Las bodas de Caná (Juan, 2, 1-11)

Tres días después se celebraba una boda en Caná de Galilea. La madre de Jesús estaba allí.

También Jesús, junto a sus discípulos, había sido invitado a la boda.

Como faltaba vino, porque se había acabado, la madre de Jesús le dijo: «No tienen vino».

Jesús le respondió: «¿Qué quieres de mí, mujer?, todavía no ha llegado mi hora».

Su madre les dijo a los sirvientes: «Haced lo que él os diga».

Había allí seis tinajas de piedra, de dos o tres medidas cada una, preparadas para que los judíos hicieran las purificaciones.

Jesús les dijo: «Llenad las tinajas de agua».

Y las llenaron hasta arriba.

«Sacadla ahora, les dijo, y llevádsela al maestresala». Y así lo hicieron.

Cuando aquel probó el agua convertida en vino, dado que ignoraba de dónde procedía (los sirvientes que habían sacado el agua sí que lo sabían), llamó al novio, y le dijo: «Todos sirven primero el vino más bueno y, cuando los invitados ya se han saciado, sirven el inferior. Pero tú has guardado el vino bueno hasta ahora».

Así, en Caná de Galilea, Jesús comenzó a mostrar sus poderes. De esta manera manifestó su gloria y creyeron en él sus discípulos.

Curación de un paralítico (Mateo, 9, 2-7)

He aquí que le presentaron a un paralítico tendido en una camilla. Al ver la fe de esos hombres, Jesús dijo al paralítico: «Ten confianza, hijo mío, tus pecados te han sido perdonados».

Algunos escribas pensaron: «Este hombre blasfema».

Jesús, adivinando sus pensamientos, les dijo: «¿Por qué pensáis mal?

»¿Qué es más fácil decir: "Tus pecados te son perdonados", o "Levántate y anda"?

(Continúa)

»Para que sepáis que el Hijo del hombre tiene sobre la tierra el poder de perdonar los pecados: "Levántate —dijo al paralítico—, toma tu camilla y vete a tu casa"».

Él se levantó y se fue a su casa.

Primera pesca milagrosa (Lucas, 5, 1-7)

Estaba Jesús en la orilla del lago Genesaret y la gente se agolpaba junto a él para oír la Palabra de Dios.

Entonces vio dos barcas que estaban en la orilla del lago. Los pescadores habían bajado de ellas y lavaban las redes.

Subiendo a una de las barcas, que era de Simón, le rogó que se alejara un poco de la orilla; después, sentándose, enseñaba desde la barca a la muchedumbre.

Cuando acabó de hablar, dijo a Simón: «Boga mar adentro y echa las redes para pescar».

Simón le respondió: «Maestro, hemos estado bregando toda la noche y no hemos pescado nada, pero seguiré tu palabra y echaré las redes».

Haciéndolo así, pescaron gran cantidad de peces, de modo que las redes amenazaban con romperse.

Hicieron señales a sus compañeros de la otra barca para que vinieran en su ayuda. Vinieron, pues, y llenaron tanto las dos barcas que casi se hundían.

Segunda pesca milagrosa (Juan, 21, 2-11)

Estaban juntos Simón, llamado Pedro, y Tomás, denominado Dídimo, «el mellizo», Natanael, el de Caná de Galilea, los hijos de Zebedeo y otros dos de sus discípulos.

Simón Pedro les dijo: «Voy a pescar». Ellos le contestaron: «También nosotros vamos contigo». Todos juntos subieron a la barca, pero aquella noche no pescaron nada.

Cuando ya había amanecido, Jesús estaba en la orilla sin que los discípulos supieran que era él.

Jesús les preguntó: «¿No habéis pescado nada?». Ellos le contestaron: «No».

Él les dijo: «Echad la red a la derecha de la barca y pescaréis». La echaron, y casi no pudieron arrastrarla por la abundancia de peces.

El discípulo, a quien Jesús amaba, le dijo entonces a Pedro: «¡Es el Señor!». Simón Pedro se puso el vestido y su cinto en cuanto oyó que era el Señor —pues estaba desnudo— y se lanzó al mar.

Los demás discípulos vinieron en la barca, arrastrando la red cargada

(Continúa)

de peces, pues sólo distaban de tierra unos doscientos codos.

Nada más saltar a tierra, vieron preparadas unas brasas y sobre ellas un pez y pan.

Jesús les dijo: «Traed algunos de los peces que acabáis de pescar».

Subió Simón Pedro a la barca y sacó a tierra la red llena de peces grandes: ciento cincuenta y tres. Y, aun siendo tantos, la red no se rompió.

Curación de un endemoniado
(Marcos, 1, 23-28)

Había en la sinagoga un hombre poseído de un espíritu impuro que comenzó a gritar:

«¿Qué quieres de nosotros, Jesús de Nazaret?, ¿has venido para acabar con nosotros? Ya sé quién eres: el Santo de Dios».

Pero Jesús lo increpó, diciéndole: «Cállate y sal de este hombre».

El espíritu impuro salió de ese hombre sacudiéndolo violentamente y dando un gran alarido.

Todos quedaron asombrados y se preguntaban entre sí: «¿Qué es esto?, ¡una nueva doctrina llena de autoridad!, da órdenes a los espíritus impuros y estos le obedecen».

Y su fama se extendió rápidamente por todas partes en la región de Galilea.

Resurrección de la hija de Jairo
(Lucas, 8, 41-56)

He aquí que llegó un hombre, llamado Jairo, que era jefe de la sinagoga. Este, cayendo a los pies de Jesús, le suplicaba que entrara en su casa, porque tenía una sola hija, de unos doce años, que estaba muriéndose. Mientras iba hacia allí, las gentes le seguían.

[...]

Estaba todavía hablando cuando alguien de la casa del jefe de la sinagoga llegó diciendo: «Tu hija ha muerto. No molestes al Maestro».

Jesús, que lo oyó, le dijo: «No temas; solamente ten fe y ella se salvará».

Cuando llegaron a la casa, sólo permitió que entraran con él Pedro, Juan Santiago, el padre y la madre de la niña.

Todos la lloraban y se lamentaban, pero él dijo: «No lloréis, no ha muerto, sólo está dormida».

Pero todos se burlaban de él, pues sabían que estaba muerta.

Él, tomándola de la mano, le dijo en voz alta: «Niña, levántate».

Entonces, el espíritu retornó a ella y al momento se levantó. Él mandó que le dieran de comer.

Sus padres quedaron absolutamente sorprendidos, pero él les ordenó

(Continúa)

que no dijeran a nadie lo que allí había pasado.

Resurrección de Lázaro (Juan, 11, 1-44)

Había un hombre enfermo, Lázaro de Betania, pueblo de María y de Marta, su hermana.

María era la que ungió al Señor con perfumes y le secó los pies con sus cabellos; su hermano Lázaro era el enfermo.

Las hermanas pidieron que le dijeran a Jesús: «Señor, aquel a quien tú quieres está enfermo».

Después de oírlo, Jesús dijo: «Esta enfermedad no es de muerte, es para la gloria de Dios, para que el Hijo de Dios sea glorificado por ella».

Jesús amaba a Marta, a su hermana y a Lázaro.

Por eso, cuando se enteró de que estaba enfermo, permaneció dos días más en el lugar donde se encontraba.

Al cabo de ellos, dijo a sus discípulos: «Volvamos de nuevo a Judea».

Sus discípulos le dijeron: «Rabbí, hace poco los judíos querían apedrearte ¿y aún quieres volver allí?».

Jesús respondió: «¿No son doce las horas del día?

»Si uno anda de día, no tropieza, porque ve la luz de este mundo; pero si uno anda de noche, tropieza, porque no está la luz en él».

Dijo esto y añadió: «Nuestro amigo Lázaro duerme y yo voy a despertarlo».

Le dijeron sus discípulos: «Señor, si duerme, se curará».

Jesús había hablado de muerte, pero ellos creyeron que hablaba del sopor del sueño.

Entonces Jesús les dijo abiertamente: «Lázaro ha muerto.

»Y por vosotros me alegro de no haber estado allí, para que creáis. Pero vayamos hacia él».

Entonces Tomás, llamado «el mellizo», dijo a los otros discípulos: «Vayamos también nosotros a morir con él».

Cuando llegó Jesús, se encontró con que Lázaro llevaba ya cuatro días en el sepulcro.

Como Betania estaba cerca de Jerusalén, a sólo unos quince estadios, muchos judíos habían venido a casa de Marta y María para consolarlas por la muerte de su hermano.

Cuando Marta supo que había venido Jesús, salió a su encuentro mientras María permanecía en casa.

Marta le dijo a Jesús: «Señor, si hubieras estado aquí, mi hermano no habría muerto.

(Continúa)

»Pero aun ahora yo sé que cuanto pidas a Dios, este te lo concederá».

Jesús le dijo: «Tu hermano resucitará».

Marta le respondió: «Ya sé que resucitará en la resurrección del último día».

Jesús le respondió: «Yo soy la resurrección y la vida. El que cree en mí vivirá, aunque muera; y todo el que vive y cree en mí no morirá jamás. ¿Crees esto?».

Ella le dijo: «Sí, Señor, yo creo que tú eres el Cristo, el Hijo de Dios, el que iba a venir al mundo».

Dicho esto, fue a buscar a su hermana María y le dijo al oído: «El Maestro está ahí y te llama».

Ella se levantó rápidamente en cuanto lo oyó y se fue hacia donde estaba él.

Jesús todavía no había llegado al pueblo, sino que seguía en el lugar donde Marta lo había encontrado.

Los judíos que estaban con María consolándola en su casa, al ver que se levantaba y salía rápidamente, la siguieron pensando que iba al sepulcro para llorar allí.

Cuando María llegó al lugar donde estaba Jesús, cayó a sus pies al verle y le dijo: «Señor, si hubieras estado aquí, mi hermano no habría muerto».

Jesús, al verla llorar y ver que también lloraban los judíos que la acompañaban, se conmovió interiormente y se turbó.

Jesús le dijo: «¿Dónde lo habéis puesto?» Le respondieron: «Señor, ven y lo verás».

Jesús se echó a llorar.

Los judíos entonces decían: «Mirad cómo lo quería».

Pero algunos de ellos dijeron: «Este, que abrió los ojos del ciego, ¿no podía haber hecho que Lázaro no muriera?».

Entonces, Jesús se conmovió de nuevo en su interior y fue hasta el sepulcro. Era una cueva y tenía puesta encima una losa.

Dijo entonces Jesús: «Quitad la losa». Marta, la hermana del muerto, le respondió: «Señor, ya es el cuarto día y saldrá un fuerte hedor».

Jesús le dijo: «¿No te he dicho que si crees verás la gloria de Dios?».

Quitaron, pues, la losa del sepulcro. Y entonces Jesús levantó los ojos al cielo y dijo: «Padre, te doy gracias por haberme escuchado.

»Ya sabía que tú siempre me escuchas; pero lo he dicho por estos que me rodean, para que crean que tú me has enviado».

Dicho esto, gritó con voz fuerte: «¡Lázaro, sal!».

(Continúa)

Y el muerto salió, atado con vendas de pies y manos y envuelto el rostro en un sudario. Jesús les dijo: «Liberadlo y dejadlo andar».

Curación del sirviente del centurión (Lucas, 7, 1-10)

Cuando hubo acabado de dirigir todas estas palabras al pueblo, entró en Cafarnaúm.

El siervo de un centurión, muy querido de este, se encontraba mal y a punto de morir.

Habiendo oído hablar de Jesús, aquel envió hasta él a unos judíos ancianos para rogarle que viniera y salvara a su siervo.

Estos, llegando hasta donde estaba Jesús, le suplicaron insistentemente, diciéndole: «Merece que se lo concedas, porque ama a nuestro pueblo, y él mismo nos ha edificado la sinagoga».

Iba Jesús con ellos cuando, no estando ya muy lejos de la casa, el centurión envió a unos amigos a decirle: «Señor, no te molestes, porque no soy digno de que entres en mi casa.

»Por eso ni siquiera me consideré digno de salir a tu encuentro. Di una sola palabra y mi criado quedará sano.

»Porque también yo, que estoy sometido a mis superiores, tengo soldados a mis órdenes, y digo a este: "¡Vete!", y va; y a otro: "¡Ven!", y viene; y a mi siervo: "¡Haz esto!", y lo hace».

Al oír estas palabras Jesús quedó admirado de él y, volviéndose, dijo a la muchedumbre que iba tras él: «Os digo que ni en Israel he encontrado una fe tan grande».

Cuando los enviados del centurión volvieron a la casa hallaron curado al siervo que estaba enfermo.

Calmó la tempestad (Mateo, 8, 23-27)

Jesús subió después a la barca y sus discípulos lo siguieron.

De pronto se desató en el mar una tormenta tan grande que las olas cubrían la barca. Mientras tanto, Jesús dormía.

Acercándose a él, sus discípulos lo despertaron, diciéndole: «¡Sálvanos, Señor, nos hundimos!».

Él les respondió: «¿Por qué tenéis miedo, hombres de poca fe?».

Y, entonces, levantándose, habló al viento y al mar, y sobrevino una gran calma.

Los hombres, llenos de admiración, se decían entonces: «¿Quién es este que hasta el viento y el mar le obedecen?».

Jesús y Judas: nuevas revelaciones

Según los Evangelios canónicos, Judas Iscariote, nacido en Palestina y falleci-do en el año 30 d. de C., fue uno de los doce apóstoles y cumplía la función de tesorero.

Judas es conocido por haber vendido a Jesús a los grandes sacerdotes de Jerusalén, que le habían ofrecido treinta monedas de plata. Jesús se encontra-ba en el huerto de Getsemaní cuando Judas, frente a la muchedumbre, se acercó a él y lo señaló a los soldados dándole un beso:

Todavía estaba hablando cuando se presentó un grupo de hombres; uno de ellos, llamado Judas, que era uno de los doce apóstoles, iba el primero y se acer-có a Jesús para darle un beso. Jesús le dijo: «¿Judas, con un beso entregas al Hijo del hombre?» (Lucas, 22, 47-48).

Los sacerdotes llevaron enseguida a Jesús ante Poncio Pilatos, entonces gobernador romano de Judea.

Judas Iscariote era un conocido ejemplo de persona poseída por Satanás, tal como explica el Evangelio según San Lucas: «Satanás entró entonces en Judas». La acción de Judas habría sido, según eso, el resultado de una inter-vención diabólica. Se considera pues que Satanás entró en el alma de Judas para llevarlo a cometer la traición:

Durante la cena, cuando el diablo ya había puesto en el corazón de Judas Is-cariote, hijo de Simón, el deseo de entregarlo, Jesús, que sabía que el Padre lo había dejado todo en sus manos y que había salido de Dios y a Dios volvería, se levantó de la mesa, se quitó sus vestidos y, tomando una toalla, se la ciñó. A continuación, echó agua en un lebrillo y comenzó a lavar los pies de sus discí-pulos y a secárselos con la toalla que se había ceñido. Llegó hasta Simón Pedro y este le dijo: «Señor, ¿lavarme tú a mí los pies?». Jesús le respondió: «Lo que hago no lo entiendes ahora, pero lo comprenderás más adelante». Pedro le dijo: «No me lavarás los pies jamás». Jesús le respondió: «Si no te los lavo, no tienes nada que ver conmigo». Simón Pedro le dijo: «Señor, no sólo los pies, sino hasta las manos y la cabeza». Jesús le dijo: «El que se ha lavado no necesita lavarse los pies porque está completamente limpio. Y vosotros estáis limpios, aunque no todos». Sabía quién le iba a entregar y por eso dijo: «No estáis limpios todos». Después de lavarles los pies, tomó sus vestidos, volvió a la mesa, y les dijo: «¿Comprendéis qué he hecho con vosotros? Me llamáis "el Maestro" y "el Señor", y decís bien, porque lo soy. Pues si yo, el Señor y el Maestro, os he lavado los pies, vosotros también debéis lavaros los pies unos a otros, porque os he dado ejemplo para que también vosotros hagáis como yo he hecho con vosotros. En verdad, en verdad os digo que no es más importante el siervo que su amo, ni el apóstol más que el que lo envía. Sabiendo estas cosas, dichosos seréis si las cumplís. No me refiero a todos vosotros; yo conozco a los que he elegido, pero tiene que cumplirse la Escritura cuando dice: "El que come mi pan ha alzado contra mí su talón". Por eso os lo digo ahora, antes de que suceda, para que cuando ocurra, creáis que Yo Soy. En verdad, en verdad os digo: quien acoja al que yo envíe me acoge a mí, y quien me acoja a mí, acoge a aquel que me ha enviado». Cuando dijo estas palabras, Jesús se turbó en su interior y declaró: «En verdad, en verdad os digo que uno de vosotros me entregará». Los discípulos se miraban unos a otros, sin saber de quién hablaba. Uno de sus discípulos, al que Jesús amaba, estaba en la mesa a su lado. Simón Pedro le hizo una señal y le dijo: «Pregúntale de quién está hablando». Este, recostándose sobre el pecho de Jesús, le dijo: «Señor, ¿quién es?». Jesús le respondió: «Es aquel a quien dé el bocado que voy a mojar». Y, mojándolo, lo cogió y se lo dio a Judas, hijo de Simón el Iscariote. Y entonces, tras el bocado, entró en él Satanás. Jesús le dijo: «Lo que vas a hacer, hazlo pronto». (Juan, 13, 2-27).

Cuando fue arrestado en el huerto de Getsemaní, Jesús afirmó que la hora de «las tinieblas» había llegado:

Estando en el templo con vosotros todos los días, no me pusisteis las manos encima; pero esta es vuestra hora y el poder de las tinieblas (Lucas, 22, 53).

Judas se suicidó poco tiempo después, atormentado por la desesperanza y víctima de profundos remordimientos. Decidió colgarse, aunque no sin haber arrojado antes las treinta monedas de plata al interior del templo:

Entonces Judas, que lo había entregado, al ver que Jesús había sido condenado devolvió, lleno de remordimiento, las treinta monedas de plata a los sumos sa-

cerdotes y a los ancianos, diciendo: «He pecado entregando sangre inocente».
Ellos le respondieron: «¿Qué nos importa? Eso es asunto tuyo». Entonces él,
arrojando las monedas en el templo, salió y se ahorcó (Mateo, 27, 3-5.)

Para los católicos, Judas desempeña un papel determinante en el proceso
de redención del hombre, porque sin él no habría crucifixión, es decir, no
habría muerte, sepultura y resurrección de entre los muertos ni redención de
los pecados. ¿Y cuál ha sido su castigo?, ¿se condenó a los infiernos?, ¿fue
perdonado por Dios? Si él fue al infierno, fue especialmente él, y no Jesús,
quien más sufrió para asegurarse el proceso de redención (si se cree en la visión tradicional del infierno), lo que plantea a los teólogos complejas preguntas de tipo escatológico y metafísico.

El tema teológico de Judas es complejo. Numerosos escritores se han acercado a él:

• En una novela corta, *Tres versiones de Judas*, Jorge Luis Borges creó la figura
de un teólogo danés del siglo XIX cuya tesis «era que Dios se había hecho
hombre hasta la infamia y Judas era de hecho el hijo de Dios». La fantasía de
Borges se apoyaba en argumentos y contraargumentos teológicos que demuestran la complejidad simbólica de la figura de Judas.

• En el *Evangelio según Pilatos*, Eric-Emmanuel Schmitt abordó la tesis según
la cual Judas habría traicionado a Jesús a petición de este para que se cumpliera su destino. La «traición» sería un sacrificio. Puede analizarse el Evangelio
de Judas, que fue recuperado gracias al descubrimiento del texto de interpretación gnóstica encontrado por el profesor Rodolphe Kasser.

• En *Un homme trahi: le roman de Judas* (Albin Michel), Jean-Yves Leloup recuerda de manera precisa y equilibrada:

Judas y Yeshoua somos las dos mitades de un ser humano. Judas y Yeshoua
somos los dos caminos que nos revelan sin duda un Dios más divino...

El análisis del Evangelio de Judas, recientemente descubierto, pone en
duda la teoría de la traición. Se libera del tufo sulfuroso. ¿Y si la Iglesia hubie-

ra mentido? Pero no todas las preguntas tienen respuesta y los Evangelios apócrifos no dan la solución a todas las cuestiones.

El exegeta, Alain Merchadour, recordaba en *La Croix* del 11 de abril de 2006 que:

Los apócrifos nos transmiten en clave alguna cosa de la conciencia que la Iglesia primitiva sentía de sí misma.

Estos nos muestran un misterio maravilloso, en medio de un fárrago simbólico, que las pruebas no llegan a poner de manifiesto. Pero es cierto que el Evangelio de Judas no nos deja indiferentes, sin duda porque nos habla de la traición última, la de los hijos de Dios, la de la confianza que Dios depositó en los hombres al enviarles a su hijo.

Herbert Krosney, en *El Evangelio perdido: la búsqueda del Evangelio de Judas Iscariote*, investigó sobre este manuscrito apócrifo milagroso. Y nos explica que:

Los manuscritos descubiertos cerca de El-Minya, tres décadas después de Nag Hammadi, examinados apresuradamente en la habitación de un hotel genovés, contenían un evangelio que abordaba una dimensión completamente original de la Revelación. Redactados en lengua copta y gnósticos en sus formulaciones, planteaban, en una primera lectura, una especie de recelo. El hombre al que, después, fueron confiados para su restauración y traducción, Rodolphe Kasser, nos describe sus sentimientos en caliente: «Era prácticamente increíble. Nunca hubiéramos esperado encontrar un texto desaparecido. Me quedé petrificado...».

También nos describe la indecisión del sabio:

Desde su primer contacto, Kasser, ansioso por conocer el texto, vio un significado excepcional que todavía incrementaba la expresión del cristianismo diversificado y transmitido por los manuscritos de Nag Hammadi. «La importancia de este texto no se debe a que se trate de un nuevo manuscrito, sino de un nuevo tipo de documento. Más que interesantes, los textos gnósticos se parecen unos a otros, y con frecuencia presentan los argumentos de la misma manera.»

Además, nos explica las intenciones de Kasser, que eran bastante reveladoras de un contexto y de un contenido:

> *«Los gnósticos tropezaban con los cristianos católicos porque representaban al Dios del Antiguo Testamento como al Diablo (contrariamente a lo que sostenía la Biblia). Con el Evangelio de Judas, es el Nuevo Testamento el que se ve contestado, y en esta cuestión importante, por un documento más contemporáneo (sólo un poco más reciente). Alguien eligió defender a Judas».*

Sí, pero ¿quién?

Rodolphe Kasser describe la obra y sitúa el Evangelio en el campo de lo secreto. Veamos qué escribe en su obra *El Evangelio de Judas: del códice Tchacos.* Él insiste en un punto determinado:

> *Desde las primeras palabras de este Evangelio recientemente descubierto, queda claro que la imagen de Judas no tendría nada que ver con la encontrada en el Nuevo Testamento, y que el relato que seguía describiría su acción desde el punto de vista gnóstico. Al principio del texto, se escribe que se trata del «relato de la Revelación hecha por Jesús cuando hablaba con Judas Iscariote».*

Así, el texto fue revelado a aquellos que estaban en el secreto: los gnósticos. Y lo sabían explicar: «Judas aparecía enseguida cuando Jesús retó a los doce discípulos a mostrar si llevaban en su interior el "hombre perfecto" (dispuesto para la salvación)», y si estaban preparados para ponerse a su disposición. Todos los discípulos pretendían tener la fuerza necesaria, pero sólo Judas lo consiguió (aunque sin poder mirar a Jesús a la cara). Eso significaba que Judas llevaba en sí mismo el brillo de lo divino, de manera que se encontró, por así decirlo, en un plano de igualdad con Jesús. Pero como él no alcanzaba a comprender, todavía, el verdadero secreto que Jesús estaba a punto de revelar, se vio obligado a apartar la vista. Sin embargo, Judas conocía la verdadera identidad de Jesús —ante la que los demás se mostraban completamente ignorantes— porque él proclamó que «Jesús no es un simple mortal que vive en este mundo...». En el contexto de la Iglesia primitiva, la tesis resulta interesante. Por nuestra parte, deseamos ir más lejos con el planteamiento de

Jean-Yves Leloup en *Un homme trahi*. Es más humano y se acerca a la Revelación.

> *El asunto que plantea el «relato de Judas» no es únicamente: «Caín, ¿qué has hecho con tu hermano?», sino también: «Abel, ¿qué has hecho con tu hermano?». Esto no quiere decir solamente: «¿Judas, ¿qué has hecho con Yeshoua?», sino también: «Yeshoua, ¿qué has hecho con Judas?».*

La historia de Judas y de Jesús es una llamada de atención para recordar que todos los hombres serán salvados, tanto los buenos como los malos, para vivir una vida liberada del mal, de la culpabilidad, de la mentira y de las parejas binarias del mundo terrenal, en el que viven en reciprocidad verdad y mentira, amor y violencia, guerra y paz, orden y desorden, felicidad e infelicidad...

El Evangelio de Judas

El jueves 6 de abril de 2006 se produjo un hecho rarísimo: Judas Iscariote, el traidor más célebre de la historia, el apóstol que vendió a Jesucristo a los sacerdotes del templo, aparecía en los periódicos en grandes titulares diecinueve siglos después de haber muerto. En efecto, ese día, *National Geographic* publicaba la traducción de un texto titulado «El Evangelio de Judas» y aportaba un enfoque nuevo a la relación entre Jesús y su discípulo, y al papel que tuvo este último en la detención de Cristo.

«El Evangelio de Judas» es un manuscrito sobre papiro compuesto por veintisiete páginas y redactado en lengua copta (dialecto egipcio de los primeros siglos de nuestra era). Este evangelio, del que se conocía su existencia gracias al tratado *Adversus haereses* («Contra las herejías»), que había sido escrito a principios del siglo III por San Ireneo, obispo de Lyon, pero que se creía definitivamente perdido, fue descubierto en 1978 en el Egipto Medio. Como parte integrante de un códice formado por papiros, conocido como *Tchacos* por el nombre de su propietario, que agrupa cuatro obras de carácter religioso escritas probablemente en el siglo IV de la era cristiana, el Evangelio de Judas habría sido finalmente autentificado, después de numerosas investigaciones arqueológicas y comerciales, y, posteriormente, examinado y traducido por un equipo dirigido por el coptólogo Rodolphe Kasser, especialista en la materia.

Aunque es extremadamente raro encontrar un códice tan antiguo, su autenticidad no ofrece ninguna duda desde un punto de vista arqueológico. La parte que nos interesa es sobre todo la traducción en copto del Evangelio de Judas, originalmente redactado en griego en el siglo I de nuestra era y al que San Ireneo hacía mención en su obra. Aunque el manuscrito ha estado sometido, desgraciadamente, a pésimas condiciones de conservación, y pese a la manera en que arqueólogos poco escrupulosos lo arrancaron de las arenas de Egipto, ha permanecido suficientemente completo al margen del tiempo transcurrido y hoy tres cuartas partes del texto son todavía susceptibles de ser leídas.

Su título ya plantea ciertos problemas. El mismo Rodolphe Kasser ya lo debió encontrar blasfemo. En efecto, ¿cómo se podía atribuir un evangelio a Judas?, «traidor de los traidores», el mismo que entregó a Cristo a sus verdugos. Pero, de hecho, no hay nada sorprendente en eso: se trata evidentemente de un texto que el autor simplemente decidió atribuir a Judas Iscariote para darle un cierto valor, elección evidentemente acertada dado que el título le confiere un aura muy especial incluso casi dos mil años mas tarde.

En realidad, es la misma existencia de este escrito la que parece enigmática. ¿A qué se debe que existan otros evangelios más allá de los cuatro oficiales? Y, sobre todo, ¿por qué no hemos conocido su existencia antes? La razón es, en este caso, puramente histórica. Se sabe que, durante el siglo posterior a la Pasión de Cristo, numerosos grupúsculos cristianos aparecían y desarrollaban sus propias corrientes de fe. En esta época todavía eran perseguidos, lo que explicaría el fraccionamiento de su comunidad. Además, Judea vivió en esa época un periodo de gran efervescencia intelectual y sobre todo espiritual. Surgieron entonces epístolas, leyendas, textos sobre el Apocalipsis y otros escritos religiosos, entre ellos dieciséis evangelios (entre los que están los de Mateo, Lucas, Marcos y Juan, que en apariencia no tienen más valor que los demás, si no fuera porque parecen ser los únicos coherentes). De hecho, las prohibiciones establecidas en torno al cristianismo en los primeros tiempos impedían que se lograse cualquier unidad, razón por la que cada grupo de fieles acabó desarrollando su propia corriente de fe.

Habría que esperar hasta el siglo IV de nuestra era para que las cosas cambiaran. Constantino, el nuevo emperador de Roma, se convirtió entonces al cristianismo y, después de establecer la libertad de culto, impuso la nueva religión en todo el imperio. A la vez, a la vista de la gran cantidad de corrientes que iban surgiendo, convocó el primer concilio ecuménico de la historia para dar una cierta unidad al culto cristiano. En efecto, en el año 325, instituyó en Nicea, Turquía, los cánones del catolicismo e impuso los cuatro Evangelios anteriormente citados como los únicos textos aceptables. Todos los demás resultaban demasiado místicos, legendarios o gnósticos —como se verá a continuación— y fueron desde entonces rechazados e incluso tenidos por heréticos. He ahí las razones por las que estos textos, ya ocultos al conocimiento de los fieles, fueron poco a poco desapareciendo, víctimas de destrucciones o, como en el caso del Evangelio de Judas, del olvido de los hombres. Hoy día son calificados como *apócrifos* (del griego que significa «mantenido en secreto»). Desgraciadamente, la política de universalización llevada a cabo por las autoridades eclesiásticas de la época arrojó un velo de secretismo sobre los inicios del cristianismo.

Los descubrimientos arqueológicos que se han realizado en los últimos sesenta años, y especialmente los referidos al Evangelio de Judas, han venido a llenar de manera significativa estas lagunas. En efecto, si algunos han pretendido obtener rápidamente con el estudio de este texto una hipotética rehabilitación de Judas, conviene profundizar un poco más en el estudio de este documento para extraer su quintaesencia. Tras una lectura rápida se puede ver que Jesús quiso transmitir a sus discípulos una enseñanza gnóstica que sólo Judas, su preferido, era capaz de comprender.

Por ello, Jesús decidió separar del grupo a Judas, para que, estando ambos solos, pudiera iniciarlo. Después de un amplio intercambio, Jesús pidió a Judas que lo entregara a los romanos a fin de sacrificar al hombre que se servía del envoltorio carnal, para poder recuperar, de esa manera, su estado divino. Para ello le dijo: «Tú los superarás a todos, porque sacrificarás al hombre que me sirve de envoltura». Por supuesto que este texto se puede interpretar a primera vista como un testimonio histórico y una respuesta a las preguntas que están planteadas desde esa época: ¿por qué Judas entregó a Jesús a sus captores abrazándolo?, ¿por qué recibió inmediatamente los treinta denarios de recompensa, incluso antes de prenderlo? Contentarse con una respuesta sencilla sería un error. En efecto, es imprescindible situar este evangelio en su contexto.

San Ireneo, que fue el primero en censurar este evangelio apócrifo, lo atribuía, con razón, a la secta gnóstica de los cainitas. Como sabemos, los adeptos del conocimiento, la *gnosis* en griego, muy influidos por los filósofos griegos, reinterpretaban a su manera el cristianismo. Creían que el verdadero Dios permanecía oculto ante los ojos de los hombres por la acción de una divinidad malhechora: el Dios bíblico. Así, el mundo era un lugar poseído por el mal del que sólo conseguirían escapar aquellos que fueran capaces de identificar y desenmascarar la superchería. Únicamente estos podrían alcanzar la perfección y llegar hasta el verdadero Dios.

A la luz de todos estos conocimientos, el Evangelio de Judas adquiere otro sentido, sin perder por ello su interés. En efecto, hasta ahora sólo habíamos tenido a disposición para comprender la doctrina gnóstica textos hostiles redactados antes del siglo IV, que las instancias católicas se mostraban deseosas de hacer desaparecer para siempre. Sin embargo, sin el descubrimiento de este evangelio y de los otros textos apócrifos de Nag Hammadi (una biblioteca gnóstica fue descubierta allí en el año 1945) quizá nunca habríamos tenido la ocasión de hacernos una idea de lo que representó esta corriente de pensamiento ni de cómo fueron los primeros tiempos de la religión cristiana.

Hoy día, el texto es fácilmente accesible a todos y cada uno puede hacer su propia lectura.

Jesús y los Evangelios apócrifos

A pesar de que, realmente, no es nada sorprendente, y mucho menos extraño, que otros contemporáneos de los cuatro evangelistas (llamados canónicos) escribieran sobre Jesús y los comienzos de la Iglesia cristiana, los Evangelios apócrifos suscitan un interés especialmente llamativo.

Oficialmente rechazados por sus orígenes dudosos, los Evangelios apócrifos, que ofrecen un mensaje a menudo diferente, cuando no contrario, al de los cuatro evangelistas, son también distintos por su contenido.

A pesar de todo, si bien esta literatura extracanónica no parece aportar nada interesante desde un punto de vista espiritual, resulta de una importancia capital en términos de investigación histórica. ¿Qué es un evangelio apócrifo?, ¿cuáles son sus orígenes?, ¿en qué resultan diferentes y sobre todo intrigantes tanto para los enemigos de la religión cristiana como para los mismos fieles?

El término griego *apócrifos*, que significa «retirado de la vista, oculto, secreto, disimulado», ya califica estos escritos no reconocidos por los cánones del Antiguo y el Nuevo Testamento.

Estos textos apócrifos —no existen más que los evangelios— han existido, con toda probabilidad, siempre. En todo caso, todo parece indicar que estos escritos ya circulaban por las iglesias en tiempos de los apóstoles. Los apócrifos, textos pseudoepigráficos, es decir, que utilizan el nombre de otro, parecen adquirir autoridad por sus propios títulos (Evangelios, Hechos, Apocalipsis) o por sus autores (San Juan, Santo Tomás...). La mayor parte fueron redactados en copto y ampliamente utilizados por los movimientos gnósticos, entonces muy presentes en Egipto.

Parece que los Evangelios apócrifos y canónicos habrían sido escritos en la misma época, es decir, durante los primeros siglos de nuestra era. En todo caso, la mayor parte de los especialistas confirman que el conjunto de los escritos del Nuevo Testamento fue completamente redactado a finales del siglo I y que fue a partir del siglo II cuando las autoridades eclesiásticas decidieron establecer un canon.

Desde ese mismo instante, todos los escritos de los que no se podía probar que hubieran sido redactados por un apóstol, aunque no contradijeran la palabra de Cristo, fueron rechazados por las autoridades religiosas. Es más que probable, incluso, que el fuerte desarrollo de los grupos gnósticos en aquella época animara a los llamados Padres de la Iglesia a promulgar estos conocidos cánones de la Iglesia.

Son buenas esas diferencias que suscitan tanto interés. No solamente los apócrifos pueden contradecir algunos puntos de vista del Antiguo Testamento, sino que, sobre todo, bajo el paraguas de haber sido escritos por personajes importantes de la época, pueden tratar temas que los Evangelios canónicos no abordaron.

Se trata, por otra parte, de los únicos textos conocidos que difunden teorías sobre la infancia y la vida sentimental de Jesús. Estos dos temas no son, por supuesto, más que dos ejemplos, aunque los hechos narrados no son, según los cánones de la Iglesia, más que puras invenciones. Los textos apócrifos lo tienen todo para despertar la curiosidad, tanto si hablamos del Protoevangelio de Santiago (siglos I y II d. de C.), del Evangelio de pseudo-Mateo (siglo III), de la historia de José el carpintero (copto y árabe del siglo IV) o del Evangelio de Tomás (siglo V)... Aunque muy parecidos, relato a relato, a los Evangelios canónicos, acaban sembrando el desconcierto en torno a la vida de Jesús. También contribuyen a acreditar la tesis según la cual los propios Padres de la Iglesia habrían conspirado para ocultar a los fieles algunas verdades molestas sobre la vida de Jesús.

Naturalmente, cada uno es libre, sin duda, de formarse su propia opinión, pero ninguna prueba histórica ha venido nunca a apuntalar esta teoría. En realidad, muchos hechos parecen ir «contra» los propósitos de los Evangelios apócrifos. Entonces, podemos preguntarnos: ¿cuál es la naturaleza del cuestionamiento? Es doble:

• A pesar de sus esfuerzos, es obligado constatar que los autores de estos textos no han conseguido nunca que se tambaleasen las creencias fundamentales del cristianismo.

• En cambio, su existencia y su contenido aportan a los historiadores un cierto número de informaciones desconocidas sobre lo que fue el movimiento gnóstico.

Apócrifos sobre la vida de Cristo

• *El Evangelio de Santiago*
Evangelio del «hermano del Señor», que parece ser el más antiguo. Escrito en griego, se remonta a la segunda mitad del siglo II y habla de lo que precedió a la Natividad de Cristo; insiste en el carácter divino de Jesús, hijo de la Virgen, mujer escogida entre las mujeres.

• *El Evangelio de Tomás*
Mencionado en el siglo II, no disponemos más que de fragmentos de logia *o «palabras desnudas». Comienza con la huida a Egipto de la Sagrada Fami-*

(Continúa)

lia y explica la infancia de Jesús: su carácter difícil, sus enfados, el miedo que le inspiraban sus poderes especiales utilizados con malos propósitos... Hallado en la biblioteca de Nag Hammadi y redactado en copto, comienza con la siguiente frase: «He aquí las palabras secretas que Jesús vivo dijo y que escribió Dídimo Judas Tomás». Desde su publicación en 1956 ha sido objeto de numerosos estudios en los que se destaca claramente, aunque sea desde un punto de vista estadístico, que la mitad de las logia de Tomás se encuentran en los Evangelios canónicos. En lo que concierne a la otra mitad, esta lleva la marca innegable del gnosticismo.

• El Evangelio de María Magdalena, conocida también con el nombre de Miriam de Magdala
Primer testigo de la Resurrección, María Magdalena había seguido a Jesús hasta la tumba. Este evangelio, escrito en copto, se remontaría al siglo II. Copiado a comienzos del siglo V, es el único evangelio inspirado por una mujer, privilegiado testigo diario de la vida de Cristo.

Presenta, sobre todo, los diálogos entre Miriam de Magdala y los apóstoles. Las discusiones espirituales están muy influidas por el gnosticismo. Contiene dieciocho páginas (faltan las seis primeras y las que van de la once a la catorce), que fueron descubiertas por el doctor Reinhardt en 1896, aunque no fue publicado hasta el año 1956 junto a la biblioteca de Nag Hammadi.

• El Evangelio del pseudo-Mateo
Redactado en latín, data del siglo IV. Reforma el Protoevangelio de Santiago y relata más pormenorizadamente la historia anterior al nacimiento de Jesús, la infancia de María y de su hijo, y después cuenta anécdotas en la que Jesús niño es el protagonista.

• El Evangelio árabe de la infancia
Traducido al latín por Tischendorf, este curioso texto relata la infancia de Jesús desde su nacimiento hasta que tuvo doce años. El autor, se supone que fue un egipcio, retomó los pasajes del pseudo-Mateo y de Lucas, y mezcló relatos y leyendas de Oriente. Está constituido por una acumulación de anécdotas y milagros, tan pron-

(Continúa)

to encantadores como crueles, que le dan el carácter de ser una simple recopilación de cuentos, sin que sea absolutamente posible calificarlo de cristiano.

• *El Evangelio de la Natividad de María*
Los exegetas sitúan la redacción de este evangelio en el siglo IV. Influido por la cultura mariana, explica el misterio de la Encarnación y termina con la huida a Egipto después del nacimiento de Jesús. Más allá de lo inverosímiles que resultan los relatos que transmite, esta obra, que podría ser calificada de novela piadosa, disfrutó de una influencia excepcional, pero fue prohibida en Occidente a finales del siglo V por un decreto de Gelasio. Constituye, como poco, un sorprendente testimonio de la piedad mariana.

Estos textos han sido ignorados por la Iglesia porque daban una imagen poco conforme a la que ella quería transmitir, y porque planteaban cuestiones complejas:

• ¿Fue Jesús un niño dotado de omnisciencia, pero problemático y cruel hasta el punto de que María y José lo reprendían con temor y prudencia?

• El Evangelio de Tomás y el de María Magdalena revelan que Jesús reservaba sus enseñanzas esotéricas a algunos iniciados y que, entre la Resurrección y la Ascensión, prodigó todavía durante doce años sus dogmas esotéricos.

• Con el Evangelio de María Magdalena, la Iglesia se enfrentó a la cuestión de la sexualidad de Jesús. Según la profesora Anne Pasquier, se enfrentaron dos concepciones:

La primera, encarnada por Pedro, fue la tradición ortodoxa o la que se orientaba hacia el futuro. Esta tradición denigraba la autoridad de las revelaciones recibidas por las visiones y prohibía a las mujeres toda participación activa en el interior de la Iglesia. La otra, en la que María era la figura simbólica, estaba legitimada ante todo por las revelaciones secretas o las visiones y por una posible igualdad entre los hombres y las mujeres.

Estas tradiciones tienen también aproximaciones teológicas diferentes, especialmente en el tema de la androginia de Dios, que Anne Pasquier presenta en *El Évangile selon Marie*, Biblioteca copta de Nag Hammadi, 1983:

[...] *como una de las importantes creencias de algunas comunidades gnósticas, y que es puesta en evidencia.*

Sabemos por los textos que había mujeres que seguían a Jesús y a sus discípulos.

Estos textos dan a entender que estas mujeres eran las encargadas de la intendencia.

María Magdalena ocupaba un lugar privilegiado, dado que fue a ella a quien se apareció Jesús en primer lugar. Los apócrifos nos hablan del enfado de Andrés y de Pedro, celosos al ver que Jesús hablaba más con María Magdalena que con ellos mismos.

Ante las quejas de los discípulos, Jesús les dijo: «No me preguntéis por qué la amo [a Magdalena] más que a vosotros, preguntaros más bien por qué os amo menos que a ella».

¿Era Jesús, nacido hombre, capaz de buscar intimidad y sentir deseo sexual? ¿Tenía, quizá, preferencias por una mujer?

Otros textos afirmaban que Jesús rechazó bautizarse y que sólo aceptó hacerlo tras las presiones de su madre y de sus hermanos. Ahora bien, dado que el bautismo es el centro del mensaje, la Iglesia no podía admitir esta pseudorrevelación.

Otra cuestión de fondo es: ¿cómo podemos aceptar la Asunción de María cuando los apócrifos nos hablan de su muerte?

Según el libro de San Juan Evangelista, María fue colocada en un sepulcro y, cuando Tomás se dirigió hasta allí para rezar, la piedra había sido desplazada y el cuerpo de aquella había desaparecido; más aún, se dijo que María se apareció a Tomás y le dejó el sudario de su embalsamamiento antes de desaparecer.

Cuestión compleja, sin duda.

Todo ello no era aceptable por la Iglesia, pero a la vista de cómo funcionan los sentimientos humanos, hasta puede parecer plausible.

Los apóstoles

La palabra *apóstol*, del griego *apostolos*, supone una misión.

Como subraya el historiador Philippe Lamarque en las entrevistas que nos ha concedido:

La versión de la Biblia de los Setenta personaliza esta misión al traducir el hebreo Shaliah *(es decir, «enviado plenipotenciario»). Este término fundamenta la doctrina de Alcuino aplicada a la personalidad soberana por delegación divina. Esta misión apostólica fue confiada a un grupo de doce encargados de evangelizar por sucesión apostólica hasta la Parusía.*

Así:

Jesús les respondió: «En verdad os digo que cuando el Hijo del hombre, en la renovación de todas las cosas, estará sentado en el trono de su gloria, vosotros que me habéis seguido también estaréis sentados en doce tronos y juzgaréis a las doce tribus de Israel» (Mateo, 19, 28).

Y añadió:

Este derecho divino se aplica a San Pablo, que lo asume en la carta a los Gálatas. Esto permitió a esta inteligencia incomparable e inspirada denunciar a los falsos apóstoles (II Corintios, 11, 13) *a la vez que recomendaba las misiones itinerantes.*

Fue San Hipólito de Roma el que, en el siglo III, definió la tradición apostólica que se extendía por todo el Imperio romano e incluso más allá de sus fronteras. Entonces se planteó la necesidad de establecer una jerarquía episcopal, si bien más tarde sería contestada por Calvino, que invocó un hipotético ministerio paleocristiano.

Si bien algunos han sostenido tardíamente la existencia de otros apóstoles más allá de los Doce, estos formaron un cenáculo en todos los sentidos del término.

Por otra parte, son lo que aparecen destacados en los textos:

Estos son los nombres de los doce apóstoles: en primer lugar, Simón, llamado Pedro, y Andrés, su hermano; después, Santiago, hijo de Zebedeo, y Juan, su hermano; Felipe y Bartolomé; Tomás y Mateo, el Publicano; Santiago, hijo de Alfeo, y Tadeo; Simón, el Cananeo, y Judas Iscariote, el que entregó a Jesús. Estos son los doce que Jesús envió después de haberles dado las siguientes instrucciones: «No vayáis hacia los paganos ni entréis en las ciudades de los samaritanos; id bien pronto hacia los corderos perdidos de la casa de Israel. Id, predicad y decidles: "El reino de los cielos está cerca"» (Mateo, 10, 2).

La muralla de la ciudad se asienta sobre doce piedras que llevan los nombres de los doce apóstoles del Cordero (Apocalipsis, 21, 14).

Y especialmente en los Hechos de los apóstoles (Hechos, 1, 26). A propósito de la «salida de Judas», Philippe Lamarque decía en el marco de nuestras conversaciones:

Como prueba de la necesidad gemátrica de ser doce, los once sustituyeron a Judas por Matías, lo que el Espíritu de Pentecostés validó en derecho divino. Después, ya no había razones de peso para seguir siendo doce, dado que su papel era el de evangelizar a los gentiles: ¿no estuvo ya ausente Tomás en la Dormición? En lo sucesivo, los obispos ya no fueron los doce, sino los sucesores apostólicos.

Simón Pedro

Primer obispo de Antioquía, y después de Roma, el papa Benedicto XVI es su actual sucesor. Portador de las llaves de oro y plata, símbolo clavicular heredado de Salomón, pero también de los grandes y pequeños misterios antiguos, es conocido como Pedro debido a *kepha* (Juan, 1, 42; Marcos, 3, 16), palabra aramea que significa «roca», que en griego era *petroz* y en latín *petrus*. Cristo le confió el magisterio: «Tú eres Pedro y sobre esa piedra edificaré mi Iglesia» (Mateo, 18). Su entusiasmo y sus debilidades han quedado reflejadas en la vida de la Iglesia durante sus veinte siglos de historia. Fue el primero en entrar en la tumba vacía, al que Juan le cedió el paso (Juan, 20, 5); también fue el primer favorecido con una aparición (I Corintios, 15, 5): «Y él se apareció a Cefas ["piedra"], y después a los Doce». Acogió de buena gana a los circuncisos a pesar de las reticencias de Santiago, aunque Pablo le reprochó demasiada consideración (I Corintios, 7, 18-20): «Alguien ha sido llamado para que siendo circunciso permanezca siempre circunciso; alguien ha sido llamado siendo no circunciso para que no se haga circuncidar. La circuncisión no es nada y la no circuncisión no es nada, pero la observación de las indicaciones de Dios lo es todo. Que cada uno permanezca en el estado en el que se encontraba cuando fue llamado». Martirizado bajo el reinado de Nerón, habría pedido ser crucificado cabeza abajo (según un apócrifo). Su tumba habría sido identificada en las criptas del Vaticano; sin embargo, Carcopino se muestra escéptico al respecto.

Andrés

Nacido en Betsaida, junto a las orillas del lago Tiberiades, vivió de la pesca como su hermano Simón. Discípulo de Juan el Bautista, escuchó el primer *Ecce Agnus Dei* (Juan, 1, 29-40). Fue el primero en ser llamado (en griego, *proklite*) por Cristo, él le presentó al niño de los cinco panes y los dos peces, y a continuación los griegos. Marchó a evangelizar Bitinia, Éfeso, Mesopotamia, los pueblos ribereños del mar Negro y, después, Tracia hasta el mar de Azov. Fue martirizado en Patrás, en el año 60, sobre una cruz en forma de X. Toda la cristiandad le rinde un culto muy ferviente.

Santiago, hijo de Zebedeo

Llamado el Mayor, era hijo de María Salomé y hermano de Juan; los dos eran *Boanerges* (término procedente del sumerio), es decir, «hijos del trueno», según las Escrituras (Marcos, 3, 17). Presente en la transfiguración y la pesca milagrosa, evangelizó la orilla sur del Mediterráneo hasta Cartago y después volvió a Jerusalén. Es el único apóstol del que se cita su muerte: Herodes lo hizo ejecutar a espada (Hechos, 12, 2). Después de su fallecimiento, sus reliquias fueron trasladadas a Galicia. El descubrimiento de su tumba, en el siglo IX, suscitó un fervor extraordinario y se organizaron peregrinaciones, bajo el signo de la concha, que atrajeron a una muchedumbre considerable de creyentes procedentes de toda la cristiandad. Su intervención milagrosa en favor de las tropas cristianas en la batalla de Clavijo, en el año 844, lo convirtió en el protector de la llamada Reconquista cristiana con el apelativo de *Matamoros* al grito de «¡Santiago y cierra España!».

Juan

Figura mayor del tetramorfo, este apóstol fue el preferido de Cristo. Estuvo presente con Pedro y Santiago en la Transfiguración que tuvo lugar en el monte Tábor. Cuidó de la Virgen tras la marcha de los demás apóstoles, y después predicó en Éfeso y en Roma. Se exilió a Patmos, donde escribió su texto sobre el Apocalipsis. El cáliz y la sierpe que emerge de él confirman sus poderes como exorcista, taumaturgo y alquimista. Según la leyenda, habría dispuesto que lo enterrasen vivo en una fosa que se llenaba de luz y después de maná. La misteriosa desaparición de su cuerpo confirmaría las palabras de Cristo a Pedro al preguntarle por la suerte de Juan: «Si quiero que se quede hasta que yo vuelva, ¿qué te importa?» (Juan, 21, 22).

Felipe

Nació en Betsaida, cerca del lago Tiberiades, al igual que Pedro y Andrés. Los tres fueron discípulos de Juan Bautista antes de seguir a Jesús. Estuvo presente en el milagro de la multiplicación de los panes (Juan, 6, 5-7). Se dedicó a evangelizar a los paganos (Juan, 12, 21-22). En la Cena, pidió ver al Padre y esto es lo que le dijo Jesús:

> *«Si me conocéis a mí, también conoceréis a mi Padre; desde ahora lo conocéis y lo habéis visto». Felipe le dijo: «Señor, muéstranos al Padre y eso ya nos basta». Jesús le contestó: «¿Tanto tiempo que hace que estoy con vosotros y aún no me conoces, Felipe? El que me ha visto a mí ha visto al Padre. ¿Por qué me dices: "Muéstranos al Padre"? Créeme, yo estoy en el Padre y el Padre está en mí. Las palabras que os digo no las digo yo; el Padre que permanece en mí*

es el que realiza las obras. Créeme: yo estoy en el Padre y el Padre está en mí. Al menos, créelo por sus obras. En verdad os digo: el que crea en mí también hará las obras que yo hago, y las hará mayores aún, porque yo voy al Padre. Todo lo que pidáis en mi nombre lo haré para que el Padre sea glorificado en el Hijo» (Juan, 14, 7-12).

Fue a evangelizar a los escitas y después murió martirizado en Hierápolis (Pamukale) durante el reinado de Domiciano. Fue crucificado como Pedro, es decir, cabeza abajo, y después lapidado; su cruz lleva dos o tres *patibuli*.

Bartolomé

Después de haber evangelizado Persia y Arabia, se dirigió a Armenia. Convirtió a la fe cristiana al rey Polimio y a su esposa, así como a los habitantes de doce ciudades. Sin embargo, este hecho desencadenó la cólera de los sacerdotes del país. Astiages, hermano de Polimio y aclamado por aquellos contra el apóstol, lo hizo desollar vivo y decapitar. Se convirtió en el patrón de los carniceros, los curtidores y los encuadernadores. Sus reliquias se encuentran en las islas Lipari desde el año 580.

Tomás

Su nombre significa «gemelo» en arameo, que fue traducido al griego por *dídimo*. Es célebre por haber dudado de la Resurrección:

> *Tomás, llamado Dídimo, fue uno de los Doce. No estaba con ellos cuando vino Jesús después de resucitar. Los otros discípulos le dijeron: «Hemos visto al Señor». Pero él les contestó: «Si no veo en sus manos la marca de los clavos, no pongo mi dedo en el agujero de sus manos y no meto mi mano en su costado, no creeré».*
>
> *Ocho días después, los discípulos estaban otra vez en la casa y Tomás con ellos. Estando las puertas cerradas se presentó Jesús entre ellos, y dijo: «La paz sea con vosotros». Luego dijo a Tomás: «Pon aquí tu dedo y mira mis manos,*

trae tu mano y ponla en mi costado, y no seas incrédulo sino creyente». Tomás le contestó: «Señor mío, Dios mío». Jesús le dijo: «Porque me has visto has creído. Dichosos los que no han visto y han creído» (Juan, 20, 24-29).

Fue a evangelizar a la India. Este constructor es representado con una escuadra porque edificó un palacio para un príncipe. Intentó en vano convertir a los comerciantes judíos, pero tuvo más éxito con los brahmanes. Murió por las heridas causadas por una lanza. Se le atribuye un evangelio apócrifo gnóstico.

Mateo el Publicano

Nacido en Galilea, era un aduanero que respondió a la llamada de Jesús:

Al irse de allí, Jesús vio a un hombre que estaba sentado en la mesa de recaudación y que se llamaba Mateo. Le dijo: «Sígueme». Él se levantó y lo siguió (Mateo, 9, 9).

Predicó a los hebreos y escribió en arameo, antes de morir en Etiopía. A menudo es representado con una balanza de pesar oro o como un ángel alado.

Santiago, hijo de Alfeo

Este apóstol sería el hermano de Mateo. Los textos lo mencionan sin hacer más precisiones (Mateo, 10, 3; Marcos, 3, 18; Lucas, 6, 15; Hechos, 1, 13). En realidad, se saben pocas cosas de él, salvo que participó de un verdadero misterio en el seno de los Doce.

Tadeo

Hermano de Santiago el Menor, llevaba el nombre de Judas, pero es conocido por el apellido, aunque se le otorgan dos: Lebeo y Tadeo, lo que hizo decir a

San Jerónimo que era un *trinomius*, es decir, de tres nombres. Probablemente comenzó a predicar en Samaria y en Idumea, para pasar después a Arabia y Siria. Escribió entonces la Epístola que lleva su nombre y en la que estigmatizaba los errores que San Pedro condenó en una segunda Epístola. Fue martirizado en Persia en el año 80. Según la leyenda, habría sido clavado en la cruz, pero su suplicio debió de acabar bajo las piedras con las que lo mataron. La Iglesia de Armenia lo reconoce como patrón, con el mismo título que Bartolomé. Al igual que a Santa Rita, los católicos lo invocan para pedirle que interceda en las causas perdidas.

Simón el Cananeo

Miembro de una secta judía rigorista, a veces llamada «extremista revolucionaria», se unió a los Doce antes de salir hacia Persia para predicar la Buena Nueva. Habría padecido martirio a la edad de ciento veinte años. Simón el Cananeo, que fue crucificado, es representado con un hacha por haber sido salvajemente cortado en dos según una tradición de la Iglesia de Oriente. Esta imagen se halla sobre todo en Roma, en las iglesias de San Juan de Letrán y de los santos Aquiles y Nerea.

Judas Iscariote

Era el tesorero de los Doce. Venal, entregó a Jesús al Sanedrín a cambio de treinta monedas de plata. Sin embargo, presa del remordimiento, se deshizo del rescate en el templo y se colgó en el llamado *Campo del alfarero*:

Entonces, Judas, que lo había entregado, viendo que Jesús había sido condenado, se arrepintió y devolvió las treinta monedas de plata a los sumos sacerdotes y a los ancianos, diciéndoles: «He pecado al entregar sangre inocente». Ellos le respondieron: «¿Qué nos importa eso a nosotros? Ese es un asunto tuyo». Entonces, arrojando las monedas en el templo, salió y se ahorcó. Los sumos sacerdotes, juntando el dinero, dijeron: «No está permitido devolverlo al tesoro porque es el precio de la sangre». Después de deliberar qué hacer con ese dinero, compraron un campo, llamado del alfarero, para sepultar a los extranjeros. Por esta razón ha sido llamado hasta hoy campo de sangre. Así se cumplió lo que había anunciado el profeta Jeremías: «Ellos recogieron las treinta monedas de plata, cantidad en que fue tasado aquel a quien pusieron precio los israelitas. Con el dinero compraron el Campo del alfarero, tal como el Señor me lo había ordenado» (Mateo, 27, 5).

Su vestimenta amarilla representa la traición.

La conversión de Constantino y su influencia en el nacimiento del cristianismo

En el año 305, Diocleciano, el que estableció la tetrarquía (dos emperadores o augustos y sus dos césares gobernaban el imperio, a fin de lograr mayor eficacia defensiva en el plano militar y evitar los pronunciamientos que se daban con excesiva frecuencia), se retiró junto a su colega Maximiano. Sus dos césares, Galerio y Constancio Cloro, se convirtieron entonces en emperadores. Pero Diocleciano, engañado por su yerno Galerio, en lugar de nombrar césares a Majencio, el hijo de Maximiano, y a Constantino, el hijo de Constancio Cloro, designó a Severo y Maximiano Daia, dos hombres vinculados a Galerio.

Constancio Cloro, agotado por la enfermedad, se inclinó por exigir que Hispania formara parte de sus territorios junto a la Galia, la Península Italiana y África. Galerio, que había mandado a Diocleciano a perseguir y masacrar a los cristianos, retomó esta práctica por su cuenta tras el año 306. Solamente Constancio Cloro rechazó aplicar una política hostil hacia la nueva religión. En Oriente, las persecuciones alcanzaron un nivel abominable: los desgraciados cristianos eran condenados a la hoguera, crucificados y sufrían la mutilación de los ojos y la lengua; los niños eran ejecutados delante de sus padres.

Hasta el joven Constantino, que residía en Nicomedia, la capital que Galerio había heredado, temía con fundamento por su vida. Por ello, decidió ocultarse y, tras alcanzar a su padre en la Galia, lo acompañó en su expedición contra los (grandes) bretones. A su muerte, en el año 306, Constancio Cloro designó a su hijo como su sucesor en lugar de Severo. Ante la posibilidad de tener que luchar contra Constantino y sus valientes galos, Galerio se vio obligado a ceder y aceptar un compromiso por el que designaba a Severo como augusto de Occidente, con Constantino como césar.

Mientras tanto, Majencio se hizo proclamar augusto en Roma, aprovechando la fidelidad de los pretorianos que Galerio había querido suprimir.

La situación derivó en un gran desorden durante el cual convivieron al menos cuatro augustos: Galerio, Constantino, Severo y Majencio, e incluso el viejo Maximiano, que retomó las armas para ayudar a sus hijos...

Enseguida, Galerio, que había querido eliminar a Majencio mediante las armas, fue capturado por Maximiano. Muy pronto, Constantino, con el oportunismo que le caracterizó, pactó con Majencio y se casó con su hermana, Fausta, la hija de Maximiano.

Se puede pensar que la situación iba a clarificarse, cuando Maximiano, celoso de un Majencio poco agradecido que lo había apartado del poder, traicionó a su hijo y entró en los territorios de Galerio, en el año 307. Este, que se sentía fuerte debido a su nueva alianza, logró pronto la intervención de Diocleciano, entonces en retirada. Se hizo confirmar como augusto de Oriente y obtuvo la promoción de su lugarteniente Licinio como augusto de Occidente, todo ello antes de que Maximiano Daia, césar de Oriente, considerándose olvidado, exigiera de su tío Galerio un título de augusto. En el año 308, se había retrocedido a la situación de 306: existían de nuevo cinco augustos, pero sus nombres habían cambiado un poco (Galerio, Maximiano Daia, Constantino, Majencio y Licinio).

Exasperado por tantos problemas casi irresolubles, y sintiéndose sobrepasado por las luchas de poder, Galerio halló una salida en las actuaciones contra los cristianos. Por ello, las persecuciones, durante un tiempo interrumpidas, volvieron a producirse en Oriente y cerca del Danubio.

Sin embargo, la situación se pudo clarificar en un plazo de dos años. Maximiano, que finalmente se había refugiado en casa de su yerno Constantino, se enfrentó con él y fue encontrado muerto después de haberse «suicidado». Galerio, afectado de gangrena, se vio, sin embargo, repentinamente tocado por la gracia. En abril del año 311 abolió todos los edictos anticristianos y prometió el fin de las persecuciones si el dios de los cristianos lo curaba. Desgraciadamente, un mes más tarde, murió en medio de enormes sufrimientos.

Sin embargo, los cristianos fueron liberados en todo el imperio: mujeres y niños pudieron abandonar sus refugios secretos, los prisioneros fueron puestos en libertad y los desgraciados que habían sido enviados a las minas abandonaron sus grilletes. Todos pudieron reencontrarse con sus hermanos... y la emoción fue inmensa en toda Asia Menor. Licinio y Maximiano Daia no se atrevieron a oponerse y se repartieron el Imperio de Oriente. No obstante, Daia volvió a poner en marcha las persecuciones y las torturas tras el año 312. Prohibió matar, pero ordenó mutilar a los cristianos que rechazaran abjurar. Tras sufrir una grave derrota en Armenia, además de los efectos implacables de una sequía, Maximiano Daia se vio presa de la inseguridad y adoptó una actitud más conciliadora con los cristianos.

En Occidente, sin embargo, se preparaba un gran enfrentamiento entre Majencio y Constantino...

Tras acusar a Constantino de haber eliminado a su padre, Majencio reforzó sus legiones situadas en la Península Italiana con tropas traídas de África y persiguió a los cristianos y al papa Melquíades. Por su parte, Constantino se aseguró la neutralidad de Licinio y decidió organizar una ofensiva brutal contra Majencio. Con treinta mil hombres, galos, (grandes) galos e hispanos, cruzó los Alpes, arrolló a su adversario en Turín y Verona, y se acercó, finalmente, a Roma a finales del mes de octubre del año 312. Majencio reagrupó, prudentemente, sus tropas cerca de la muralla Aureliana y acabó por aceptar el combate el día de su aniversario, jornada de fastos por excelencia. Para afrontarlo se instaló en el norte de Roma, en la vía Flaminia, cerca de Saxa Rubra, delante del puente Milvius que cruza el Tíber. Constantino disfrutaba, desde su enclave, de una magnífica vista que le permitió ver el deplorable despliegue de las tropas de su adversario, por lo que ordenó a su caballería que lanzará una terrible carga, que dislocó el frente militar de Majencio. En el sálvese quien pueda que siguió a la acción militar, este intentó cruzar el río Tíber y su cadáver apareció posteriormente ahogado.

Al día siguiente, Constantino, aclamado por la multitud, entró en Roma. Estableció que debía la victoria a un auténtico milagro querido por el dios de los cristianos. Lactancio, más creíble que Eusebio de Cesarea, nos explica esta historia maravillosa, pero sin hacer referencia a las circunstancias de la victoria, muy posterior, de Clodoveo en Tolbiac. Durante la noche que precedió a la batalla del 28 de octubre, Constantino fue advertido, durante el sueño, de que hiciera marcar en los escudos de sus soldados un crisma. Al día siguiente, impuso, naturalmente, esa medida a pesar de las protestas de toda la tropa, que, sin embargo, acabó aceptando llevar el símbolo cristiano. Así se beneficiaron de un poder mágico, buscado, por superstición, para contar con la ayuda del dios de los cristianos.

Constantino, vencedor, estableció una alianza con Licinio y le propuso para sellarlo tomar la mano de su hermanastra Constancia, que este aceptó, así como publicar conjuntamente el conocido edicto de Milán, en el año 313, por el que se instauraba la libertad de conciencia en todo el imperio. Además, establecían que los bienes confiscados a la Iglesia debían ser restituidos. Era la primera vez después de la muerte de Cristo que los cristianos podían practicar libremente su religión, sin correr riesgos.

Maximiano Daia, furioso por haber sido apartado de las negociaciones por Licinio, organizó una revuelta y lanzó a sus tropas sobre Bizancio antes de asediar Heraclio. Licinio, de vuelta a toda prisa desde Milán, lo sorprendió y lo asedió, antes de obligarlo al suicidio... Licinio comenzó por aplicar lealmente la política definida en Milán, pero con plena conciencia de que los cristianos lo detestaban y esperaban la victoria de Constantino. Favoreció a los paganos, antes de impedir, a partir del año 320, el acceso de los cristianos a sus iglesias. Posteriormente, confiscó sus bienes para financiar sus gastos bélicos. De manera sorprendente, Occidente, entonces muy poco cristianizado (quizá sólo un 15 % de la población), disponía de un gran defensor del cristianismo, mientras Oriente, más cristianizado por los discípulos de Cristo (sin duda un tercio de toda la población), estaba dirigido por un pagano testarudo. Adueñándose de las riquezas de la Iglesia, Licinio equipó a sus legiones y se preparó para enfrentarse a Constantino. Así se pusieron en marcha en los territorios que controlaba nuevas persecuciones, cada vez más selectivas.

En Occidente, Constantino impuso una política favorable al cristianismo. Por todas partes se levantaron santuarios dedicados a los mártires, y el emperador, contrario a las herejías, condenó el donatismo. Después de un primer conflicto, en el año 316, sin victoria militar, Constantino y Licinio se enfrentaron, finalmente, en 324, con sus respectivos ejércitos, en los que cada uno disponía de más de ciento cincuenta mil hombres. Vencedor en Andrinópolis, y después en Crisópolis, Constantino capturó a Licinio y le permitió seguir viviendo a cambio del rápido sometimiento de sus seguidores, pero no por mucho tiempo, porque al año siguiente lo hizo estrangular.

La derrota de Licinio fue la de los paganos. Se había producido un increíble cambio de situación y, por primera vez, fueron ellos los que pedían tolerancia en el imperio. Aunque el emperador no era muy creyente, aceptó conceder a la Iglesia increíbles privilegios: recepción de legados y donaciones, derecho de manumisión de los esclavos e incluso la instauración de una justicia eclesiástica mediante el acuerdo de las partes. En cuanto al domingo, el día del sol (vieja herencia de los paganos) y de celebración del culto, se convirtió en festivo. Finalmente, los clérigos se beneficiaron de exenciones fiscales y la función pública se llenó de discípulos de Cristo... Constantino intentó con todas esas medidas utilizar el poder de la Iglesia e integrarla en el Estado.

En el concilio de Nicea, celebrado en el año 325, Constantino trabajó para que la ortodoxia reinara en la Iglesia y por eso hizo condenar, sin gran éxito, el arrianismo. Lo planteó, por encima del parecer de otros, bajo influencia de su hermana Constancia, viuda de Licinio, una arriana que veía las ventajas de ir hacia esa unificación. En realidad, él no entendía mucho de estas querellas doctrinales y menos aún en materia de la Santísima Trinidad. Lo que deseaba, fundamentalmente, era que la Iglesia, a cambio de su protección, le obedeciera, porque su objetivo era asegurar la salud futura del imperio, es decir, de la humanidad, y le parecía más fácil conseguirlo con el apoyo de un dios creador del cielo y de la tierra, y que prometía la resurrección y la vida eterna, un dios de dimensiones inabarcables en comparación con las miserables divinidades paganas...

Naturalmente, los paganos fueron víctimas de esta nueva política: ahora se encontraban, después del año 330, alejados de las ventajas de vivir cerca de la corte imperial. El emperador, además, no dudó en apropiarse del oro de sus templos para financiar su reforma monetaria. Sin embargo, fueron las organizaciones cristianas las que más se enriquecieron en materia financiera e inmobiliaria... Pudo verse cómo algunos templos tenidos por inmorales, en especial aquellos en los que se practicaba todavía la prostitución sagrada o la magia, eran sencillamente cerrados.

Seguramente, Constantino no era un buen cristiano: en el año 326 hizo ejecutar a Crispus, el hijo que había tenido fruto de su primer matrimonio y que le había ayudado a vencer a Licinio, por la denuncia de traición hecha por su esposa, Fausta. Cuando descubrió, después, que Fausta le había mentido, la hizo matar. El nuevo clero cerraba púdicamente los ojos, estableciendo como único pago por esos crímenes la «condena» de enviar a su madre, Helena, en peregrinación a los Santos Lugares. Una vez allí, esta sobreactuó y en un solo viaje ya fue capaz de descubrir en la colina del Gólgota las tres cruces del Calvario. Fue el primer acto de un posterior tráfico de reliquias enormemente abundante y lucrativo.

Constantino acabó por convertirse sinceramente cuando ya estaba en su lecho de muerte. En esa circunstancia recibió el bautismo de manos del obispo arriano Eusebio de Nicomedia. Fue enterrado con gran pompa en mayo de 337, en la nueva capital, Constantinopla, fundada sobre los restos de la antigua Bizancio.

El concilio de Nicea y el misterio de la elección del cristianismo frente a las otras religiones

En el año 325 d. de C. se produjeron importantes disensiones en el seno de la Iglesia de Oriente, especialmente alrededor de la cuestión de la filiación entre Dios y Jesús, polémica que amenazó con extenderse y crear problemas en todo el imperio.

Constantino decidió convocar en Nicea el primer concilio ecuménico de la historia. Su objetivo era restablecer la paz religiosa y lograr la unidad de la Iglesia. Para ello, los obispos debían expresar francamente sus opiniones y definir los términos de un credo único y común a todos los patriarcas de la cristiandad.

No obstante, cuando esta nueva unidad parecía estar al alcance de la mano surgieron problemas en torno a ciertos fundamentos en el plano teológico.

Los obispos afirmaron a la salida de sus sesiones de trabajo que Jesús era el «hijo único de Dios», una precisión que suscitó entonces —y suscita todavía hoy día— diferentes controversias.

El impacto de este primer concilio ecuménico de la historia se dejó sentir rápidamente. Por primera vez desde los orígenes del cristianismo, los doscientos veinte obispos —la historia habló de trescientos dieciocho, pero eso sólo es una leyenda, una alusión a los servidores de Abraham, que eran ese mismo número (Génesis, 14, 4)— formularon un dogma: «Creemos en un solo señor, Jesucristo, hijo único de Dios, engendrado por el Padre, es decir, de la sustancia del Padre, Dios de dioses, luz de luces, Dios verdadero de Dios verdadero...».

Por primera vez, el conjunto de la cristiandad se aglutinó en torno a una historia y un dogma comunes.

¿Pero estaba toda la cristiandad de acuerdo?

Numerosas «Iglesias», o corrientes de pensamiento (gnósticos, socinianos, arrianos, etc.) —que rechazaron las decisiones tomadas en Nicea— fueron consideradas o confirmadas como heréticas y excluidas de la cristiandad. En consecuencia fueron perseguidas por la justicia eclesiástica.

La mayor parte de esas corrientes discutían la consustancialidad que supuestamente existía entre Jesús y el Dios Padre:

• Para los discípulos de Arrio, el Padre tenía que ser de una naturaleza superior al hijo, dado que aquel no había sido creado.

• Los socinianos planteaban sus posiciones argumentando que, si la Iglesia se había visto obligada a precisar la divinidad del Verbo convocando el concilio de Nicea, es que aquella era una pura invención.

• Otros contestaban la calificación como «hijo único de Dios». La cuestión merece ser analizada. Si fácilmente se pueden comprender las razones por las que los presentes en el concilio quisieron confirmar la consustancialidad del Padre y del hijo, más difícil es analizar con sencillez —y explicárselo a los creyentes— las causas por las que tuvieron que precisar que Jesús era «el hijo único de Dios».

A este propósito existen diferentes pistas, todas bastantes hipotéticas. Los Padres de la Iglesia pensaron que era necesario incluir en el *Credo* esta precisión para poner fin a una creencia, a un rumor o a una confusión.

Pero mientras no se precise de manera concreta cuál, será imposible decir por qué los obispos creyeron, realmente, que era bueno tomar esa decisión teológica.

Entre las pistas más aceptables, se encuentra la voluntad de la Iglesia de prescindir definitivamente de los textos apócrifos. Según estos últimos, Jesús tenía hermanos y hermanas. Numerosas pistas historiográficas, los textos apócrifos e incluso algunos Evangelios canónicos se expresaban en ese sentido. Desde entonces parece que para la Iglesia los hermanos y hermanas serían los hijos de María y José, que no serían más que «hermanastros y hermanastras de Jesús» y en ningún caso hijos de Dios.

Esa afirmación también puede ser vista como la respuesta a los gnósticos, que iban más lejos. Según estos, los beneficios de la creación recaerían en los demiurgos, que no eran otros que los hijos y las hijas de Dios, divinidades de pequeña envergadura, ciertamente, pero cuya existencia venía a contradecir el *Credo* de Nicea: una teoría cuando menos herética, que no podía sino disgustar a los Padres de la Iglesia. Al declarar que Jesús era indudablemente el hijo único de Dios, relegaban la existencia de los demiurgos al estado de simple invención.

Alguna otra teoría de carácter más histórico plantea que los doctores de la fe habrían legislado de esa manera para evitar cualquier confusión. Así habrían querido diferenciar a Jesús, el hijo de Dios, el rey de los judíos, de los demás soberanos. Se sabe, por tradición, que los hombres siempre han querido ver en sus dirigentes jefes por derecho divino, y esta creencia, si no hubiera evolucionado la semántica y el contenido del propósito, habría podido provocar confusión. Jesús es pues el «hijo único de Dios» y ningún rey, por muy poderoso que sea, podrá nunca jactarse de ser su hermano.

Es muy probable, finalmente, que los obispos de Nicea quisieran protegerse contra el advenimiento de un nuevo mesías autoproclamado, cuya acción y mensaje pudiesen escapar al control de la Iglesia. Dios tuvo un solo hijo, que envió a la tierra para entregarnos su mensaje.

Fuera como fuera, una cosa parece absolutamente segura: desde el punto de vista histórico, esta precisión siembra más dudas de las que evita.

El misterio de Nag Hammadi

Durante el mes de diciembre de 1945 se descubrió un conjunto de trece libros guardados en un estuche de cuero oscuro, que fueron conocidos como códices y que llevaban ocultos en un vaso de cerámica más de mil seiscientos años. Entre ellos estaba el Evangelio de Tomás y un fragmento de *La República* de Platón. Este descubrimiento arqueológico con que el azar sorprendió a un agricultor de Nag Hammadi, un poblado del Alto Egipto, constituye uno de los más importantes de todos los tiempos.

Mientras trabajaba en la recogida de *sabakh*, un abono natural que se encuentra en las laderas de al-Tarif, las montañas cercanas a su pueblo, Nag Hammadi, situado entre Dendera y Panopolis, al noroeste de Luxor, en el Alto Egipto, Mohamed Alí Samman desenterró un vaso de cerámica de arcilla. Inquieto al principio por el temor a encontrar en él un espíritu maligno, acabó por ceder a la tentación y abrirlo para retirar el tesoro que podía contener. En lugar del oro y las piedras preciosas que esperaba hallar, el pobre agricultor recuperó entre los trozos de la vasija rota una docena de rollos de cuero que contenían más de un millar de hojas de papiro dobladas por la mitad y cosidas entre sí para formar trece libros. Desconocedor del valor de su descubrimiento, el agricultor se lo llevó, no obstante, a su casa, en Qsar-el-Sayyad, un poblado dependiente de la comunidad de Nag Hammadi, donde algunas páginas fueron utilizadas para encender el fuego.

Felizmente, una especie de toma de conciencia lo llevó a confiar una parte de los manuscritos a los monjes de un monasterio cercano. Estos, intrigados por semejante descubrimiento, llamaron al historiador egipcio Raghib Andrawis para saber de qué se trataba. Incapaz de establecer el valor de estos escritos, pero seguro de encontrarse ante un descubrimiento importante, el universitario hizo todo lo posible para que los rollos llegaran al museo de El Cairo.

Una vez consciente de estar en posesión de un tesoro, Mohamed Alí Samman confió los manuscritos que estaban en su posesión a un comerciante poco escrupuloso que respondía al nombre de Bahij Alí. Rápidamente, los rollos pasaron de mano en mano y los compró un anticuario de la zona, Focion Tano, que realizó una excelente operación comercial al revender muy pronto una parte importante a una rica coleccionista italiana, la señora Dattari. El último códice cayó en manos del anticuario belga Albert Eid, quien, al no conseguir venderlo, lo dejó abandonado en una caja fuerte de Bruselas.

En 1952, después de cinco años de trabajo, Jean Dórese, un arqueólogo francés, consiguió convencer a las autoridades egipcias para que compraran el resto de los manuscritos de Nag Hammadi. Una vez adquiridos, fueron declarados enseguida «patrimonio nacional» por el Ministerio de Cultura, y la colección Dattari llegó, finalmente, al museo copto de El Cairo. En cambio, el códice I, propiedad de Albert Eid, no parecía estar cerca de volver a su tierra natal. El belga rechazó pura y simplemente restituirlo y continuó buscando comprador a pesar de la prohibición de venderlo. A su muerte, su viuda no cambió de parecer y fue necesario esperar a la intervención de Gilles Quispel, un profesor universitario de Utrecht, para que el códice reapareciera. Gracias a él, la fundación Jung se prestó a adquirir el códice que llevó en adelante el nombre del prestigioso psiquiatra. Unos años más tarde, la sorpresa fue absoluta cuando, al descubrir en El Cairo el fragmento que faltaba del códice de Jung, se pudieron leer algunas líneas: «Estas son las palabras ocultas que Jesús dijo en vida y que Dídimo Judas Tomás transcribió». Se trataba del principio del Evangelio según Tomás.

Finalmente, en 1955, los trece manuscritos pudieron ser reunidos en el museo copto de El Cairo. Sin embargo, continuaba habiendo un cierto desinterés en torno a este tesoro paleográfico. No solamente la situación política (crisis del canal de Suez) no se prestaba a profundizar en la colaboración entre las autoridades egipcias y los científicos occidentales, sino que la propia naturaleza de los manuscritos parecía no interesar especialmente a los especialistas. ¿Quizá la lengua era un problema, dado que el copto antiguo no era muy conocido?, ¿quizá se pensaba que el estudio de estos tratados procedentes de los cuatro primeros siglos de nuestra era no aportaría nada interesante sobre el origen del cristianismo? Una realidad paralela fue que el descubrimiento casi simultáneo de los manuscritos del mar Muerto, en Qumran, ciertamente, eclipsó durante un tiempo la importancia de los de Nag Hammadi.

Afortunadamente, algunos arqueólogos, especialmente paleógrafos, consiguieron, a fuerza de voluntad y obstinación, hacer entrar en razón a los más escépticos. No se podía ignorar indefinidamente estas 1196 páginas legibles. Las informaciones que se podían obtener eran, sin duda, muchas. Hoy día ya se conoce, afortunadamente, el contenido de los manuscritos de Nag Hammadi. Se trata de textos religiosos y herméticos, de sentencias morales, de escritos apócrifos y, extrañamente, de un fragmento de *La República* de Platón. Algunas traducciones algo raras —el Evangelio de Tomás, un texto dedicado a la Resurrección, el Evangelio de verdad o incluso una Epístola de Santiago— comenzaron a ser cada vez más difundidas. Pero aún fue necesario esperar hasta los años setenta para que fueran puestos en marcha algunos proyectos de envergadura.

Desde entonces se multiplican los descubrimientos. Gracias a estos textos gnósticos, los investigadores están por primera vez en posesión de documentos capaces de contradecir los escritos heresiólogos de la Iglesia, que eran hasta entonces la única fuente escrita relativa al estudio de esta corriente de pensamiento antiguo.

Finalmente, los especialistas pudieron hacerse una idea clara de qué fue la gnosis y, sobre todo, de cuál fue su importancia y su influencia sobre la cristiandad durante los primeros siglos de su existencia.

Los textos gnósticos que proponían una nueva práctica de los rituales cristianos habían sido inmediatamente rechazados como heréticos. Eso es lo que explica que hayan estado ocultos cerca de mil seiscientos años. Su descubrimiento nos permite arrojar, hoy día, luz sobre algunas zonas de sombra en materia de historia del cristianismo.

Además, esta documentación se ha convertido a la vez en un pozo de sabiduría para los lingüistas especializados en el estudio de la lengua copta. Nunca antes, los investigadores habían tenido acceso a textos coptos tan antiguos.

Finalmente, nunca o casi nunca los paleógrafos habían podido estudiar tantas páginas tan bien conservadas y, sobre todo, encuadernadas así. Estos libros habían sido redactados, y en todo caso encuadernados, en una época bisagra en la historia de la escritura, aquella en la que se pasó del papiro enrollado a los papiros doblados por la mitad y cosidos para formar un libro.

Hoy día, el estudio de los documentos descubiertos en Nag Hammadi sigue en marcha y se puede esperar que todavía no nos hayan dicho la última palabra. ¿Quizá sean palabras premonitorias el propósito de Jesús que Tomás nos ofrece en su Evangelio?: «Aquel que busca, aquel que no deja de buscar hasta que encuentra y cuando lo encuentra se siente turbado».

Las Cruzadas: misterios de los orígenes y de los hombres

¿Por qué las Cruzadas son un misterio del cristianismo?

No debemos imaginar el mundo de la Edad Media similar al que vemos en la actualidad. En la época que nos interesa, es decir, a finales del siglo XI, las tierras de Oriente Próximo, el norte de África y la Península Ibérica estaban casi en su totalidad habitadas por musulmanes. En ese contexto se prepararon las Cruzadas, es decir, amplias operaciones militares que permitieron a los caballeros de Europa conquistar Oriente Próximo. Durante los siglos XII y XIII (desde 1099 hasta 1291), los cruzados, caballeros francos principalmente, ocuparon Jerusalén, Siria, el Líbano, Palestina, etc. ¿Por qué razón Occidente se entregó a la conquista de Oriente?

La verdad es que no está demasiado claro, aunque es cierto que el emperador de Bizancio (todo lo que quedaba del viejo Imperio romano) pidió ayuda a los católicos romanos porque había sido derrotado por los turcos, en 1071, en la batalla de Manzikert. A raíz de esa rendición, estos habían penetrado en Asia Menor y temía no poder resistirlos. El papa Urbano II, un político en la más alta magistratura de la Iglesia, decidió enseguida responder de manera favorable a esta demanda de apoyo militar. En esta cuestión de las Cruzadas todo lo demás es literatura. En efecto, los peregrinos cristianos que no cesaban de dirigirse a Palestina para visitar la tumba de Cristo no parecían especialmente inquietos. Los Santos Lugares no estaban más amenazados que antes, y hasta puede que incluso lo estuvieran menos. Probablemente, la realidad sea que el papa creyó llegado el momento más adecuado para intentar lograr la reunificación de la Iglesia cristiana (dado que, en efecto, en 1054, católicos romanos y cristianos ortodoxos se habían separado).

Urbano II lanzó, en el concilio de Clermont-Ferrand, celebrado el 18 de noviembre de 1095, la idea de realizar una expedición militar para ir a liberar los Santos Lugares de Jerusalén. A continuación convocó la Cruzada, cuya salida quedó fijada para el 15 de agosto de 1096.

La expedición fue preparada con mucho cuidado por todos los grandes señores feudales. A pesar de la importancia de los caballeros francos, el rey de Francia, Felipe I, no pudo participar. La realidad era que había sido excomulgado por haber consumado un rapto (en efecto, se había apropiado de la esposa del conde de Anjou, después de haber roto su legítimo matrimonio con la reina Berta de Holanda). No obstante, su hermano, Hugo de Vermandois, acompañó a Godofredo de Bouillon.

Se organizaron en Occidente cuatro ejércitos que debían converger en Constantinopla (la actual Estambul). Godofredo de Bouillon estuvo al frente de los caballeros franceses y siguió la ruta del Danubio. El conde de Toulouse, Raimundo de Saint-Gilles (también llamado Raimundo IV de Tolosa), y el legado del papa siguieron las costas dálmatas y griegas. Los normandos, con Robert de Normandía y los caballeros de las provincias centrales bajo el mando de Étienne de Blois, fueron transportados en barco. Las tropas normandas de Bohemundo de Tarente (los normandos ocupaban también Sicilia en esa época) se dirigieron, naturalmente, por vía marítima. Antes incluso de que los caballeros francos se organizasen, Pedro el Ermitaño y Gualterio Sin Blanca, dos iluminados, organizaron cuerpos de gente del pueblo para ir a liberar la tumba de Cristo, que había caído en manos de los infieles. Esas pobres gentes que carecían de cualquier patrimonio, en su travesía de Europa, robaron, saquearon y masacraron a los judíos, acusados de haber matado a Cristo. El emperador de Constantinopla, Alexis I Comneno, aunque no lo quería así, les proporcionó barcos para franquear el Bósforo, pero los turcos los esperaban bien desplegados y los masacraron en 1096.

En mayo de 1097, después de haber prometido al *basileus* (nombre con el que se conocía al emperador Alexis I Comneno) que devolverían al Imperio bizantino todas las ciudades de Asia Menor que fueran conquistadas, los caballeros cruzados llegaron a Asia. Eran alrededor de treinta y cinco mil y pasaron a formar un ejército único.

El 19 de junio de 1097, se apoderaron de diferentes ciudades situadas en la actual Turquía: Nicea (la actual Iznik), Edesa (la contemporánea Urfa) y, finalmente, Antioquía (en la actualidad, Antakya). Después atravesaron toda Asia Menor. El 15 de julio de 1099, el ejército de los caballeros francos estaba ya a las puertas de Jerusalén.

El año anterior, los egipcios se habían apoderado de la Ciudad Santa, en la que habían ejecutado a todos los defensores turcos. El ejército franco, dirigido por Godofredo de Bouillon, duque de la Baja Lorena, tuvo que hacer frente a esta difícil situación. Además, los pozos de los alrededores habían sido tapados y envenenados, y los defensores disponían del llamado fuego griego (aceite y azufre encendidos).

Los cruzados multiplicaron las procesiones alrededor de la ciudad y llamaron en su ayuda a Dios, a la espera de recibir refuerzos genoveses.

Edificaron enseguida dos o tres altas torres de madera. Los egipcios lograron incendiar la primera, pero cuando intentaron asaltar la segunda, los cruzados penetraron en la ciudad.

Eran las tres de la tarde del día 15 de julio, la hora a la que había muerto Cristo en la cruz. Los asaltantes, caballeros preferentemente francos, cruzados en nombre de Cristo (por eso lucían una cruz sobre su pecho), escalaron las murallas y se lanzaron sobre los defensores, que, en número inferior, se vieron rápidamente desbordados. Los cruzados se comportaron en esa situación como verdaderos criminales, según el testimonio de los propios cronistas de la época. Aunque habían prometido respetar la vida a los miembros restantes de la guarnición refugiados en la torre de David, estos fueron salvajemente masacrados cuando se rindieron, y algunos centenares de judíos fueron encerrados en sus sinagogas y quemados vivos. Finalmente, la ciudad fue librada a la soldadesca, que se entregó a todo tipo de crímenes durante una semana: robos, violaciones y masacres. Después llegó el momento del reparto: fueron necesarios dos días completos para distribuirse los tesoros del templo. No fue precisamente una actuación como para sentirse orgulloso de ser cristiano. Finalmente, los cruzados decidieron elegir un rey: los barones reunidos designaron a Godofredo de Bouillon. Él prefirió denominarse con el título más abstruso de «defensor del Santo Sepulcro».

El nuevo ejército de los fatimidas egipcios, que había llegado a finales de julio para auxiliar la ciudad, fue nuevamente masacrado en Ascalón por los cruzados. Un año más tarde, Godofredo de Bouillon murió y fue reemplazado por su hermano Balduino de Edesa. Este mostró menos pudor y aceptó llevar el título de rey de Jerusalén. Los cruzados controlaron Jerusalén hasta 1187, fecha en que fue reconquistada por Saladino.

Sin embargo, los cruzados mantuvieron su poder en Oriente Próximo hasta 1291. Para ello se organizaron diferentes nuevas Cruzadas entre 1146 y 1244. Desde 1229 hasta 1244, los cruzados consiguieron incluso ocupar de nuevo Jerusalén, pero en 1291 fueron definitivamente derrotados en Oriente, cuando el puerto de San Juan de Acre cayó en manos de los musulmanes.

Así, el mundo feudal nacido en el Occidente cristiano pudo sobrevivir ciento noventa y dos años en tierras musulmanas. En ese periodo se produciría una profunda modificación en las relaciones entre Oriente y Occidente, que quedaron dominadas por una terrible desconfianza, una realidad de la que todavía hoy día se padecen las consecuencias.

Cronología de las Cruzadas

• 18 de noviembre de 1095: concilio de Clermont. El papa Urbano II habla de la necesidad de organizar la Primera Cruzada (1096-1099). Esta le cuesta la vida a seiscientos mil hombres. Cincuenta mil llegaron a Jerusalén, de los cuales veinte mil no regresaron jamás.

• Abril de 1096: Cruzada de los campesinos comandada por Pedro el Ermitaño y Gualterio Sin Blanca.

• 21 de octubre de 1096: masacre de Nicea, en Asia Menor, de los supervivientes de la Cruzada de los campesinos.

• 19 de junio de 1097: toma de Nicea por los cruzados (entregada enseguida a los bizantinos).

• 9 de marzo de 1098: toma de Edesa por los cruzados.

• 3 de junio de 1098: toma de Antioquía por los cruzados.

• 15 de julio de 1099: toma de Jerusalén por los cruzados.

• 22 de julio de 1099: Godofredo de Bouillon se erigió en defensor del Santo Sepulcro.

• 14 de agosto de 1099: batalla de Ascalón.

• 18 de julio de 1100: muerte (quizás a causa de la peste) de Godofredo de Bouillon.

• 25 de diciembre de 1100: Balduino I, rey de Jerusalén (1100-1118).

• 1104: toma de Acre, que pasa a ser San Juan de Acre.

• 1118: fundación de la Orden del Temple por Hugo de Payns.

• 21 de agosto de 1131: muerte de Balduino II, rey de Jerusalén.

• 13 de noviembre de 1142: muerte de Foulques de Anjou, rey de Jerusalén.

• Marzo de 1146: San Bernardo convoca la Segunda Cruzada en Vézelay (1147-1148), que cuesta la vida a quinientos mil hombres.

• Noviembre de 1147: el ejército germano de Conrado es derrotado en Dorilea.

• Julio de 1148: fracaso de Luis VII ante Damas.

• Pascua de 1149: Luis VII renuncia a la Cruzada y se embarca de vuelta.

• 10 de febrero de 1163: muerte de Balduino III, rey de Jerusalén.

• 11 de julio de 1174: muerte de Amaury I, rey de Jerusalén.

• 16 de marzo de 1185: muerte de Balduino IV, rey de Jerusalén.

• 4 de julio de 1187: desastre de Hattin. Los musulmanes derrotan en Jerusalén a las tropas de los francos dirigidas por Guy de Lusignan.

• 2 de octubre de 1187: Saladino recupera Jerusalén.

• 1189: se convoca la Tercera Cruzada (1190-1192), que pierde las nueve décimas partes de sus efectivos a causa del hambre y la peste.

• 10 de junio de 1190: muerte del emperador Federico I Barbarroja en Cilicia. Su ejército es víctima de una epidemia de disentería.

• 4 de julio de 1190: Felipe Augusto y Ricardo Corazón de León se unen en Vézelay para tomar la ruta marítima.

• 12 de julio de 1191: los cruzados toman San Juan de Acre.

• 1192: armisticio entre Saladino y Ricardo Corazón de León.

• 1193: muerte en Damas de Saladino.

• 1197: el emperador Enrique IV de Alemania se apodera por las armas, a lo largo de la ruta Oriente Próximo, del reino de Nápoles y Sicilia, pero muere antes de llegar a Jerusalén.

• 1198: se funda la Orden de los Caballeros Teutones.

• 1202: Foulques de Neuilly convoca la Cuarta Cruzada (1202-1204). Una parte de los cruzados caen víctimas de la peste bubónica que llegó desde Asia.

• Julio de 1203: Constantinopla es sitiada por los cruzados.

• 12 de abril de 1204: Constantinopla es saqueada por los cruzados. El conde de Flandes, Balduino IX, es designado emperador de Constantinopla.

• 14 de abril de 1205: batalla contra los búlgaros en la que cae derrotado Balduino I, emperador de Constantinopla.

• 1205: muerte de Amaury de Lusignan, rey de Jerusalén.

• 1209: Cruzada contra los albigenses.

• 1210: Jean de Brienne es proclamado rey de Jerusalén por la intervención de Felipe Augusto.

• Pentecostés de 1212: Cruzada de los niños.

• 1217: el papa Honorio III convoca la Quinta Cruzada (1217-1221), que reúne al rey de Hungría y el duque de Austria.

• 1219: toma de Damieta (cuyo nombre era Tamiat en la Antigüedad) por Juan de Brienne.

• 1221: los cruzados conquistan Damieta. La intransigencia de Pelagio, legado del papa, hace fracasar las negociaciones con el sultán de Egipto.

• 1228: Federico II de Hohenstaufen emprende la Sexta Cruzada.

• 1229: Jerusalén es tomado por los cruzados germanos.

• 17 de marzo de 1229: Federico II es proclamado rey de Jerusalén después de haber derrotado a su suegro.

•13 de noviembre de 1239: derrota en Gaza de los barones franceses que habían defendido la cruz a petición de Gregorio IX.

• 1244: caída de Jerusalén.

• 1245: se convoca la Séptima Cruzada (1248-1254).

• 25 de agosto de 1248: salida desde Aigües-Mortes de la Séptima Cruzada dirigida por Luis IX.

• 6 de junio de 1249: toma de Damieta por los cruzados.

• 8 de febrero de 1250: batalla de Mansura, en la que numerosos caballeros son masacrados, entre ellos Roberto de Artois, hermano del rey.

• 6 de abril de 1250: rendición de Luis IX, cuyo ejército se vio afectado por escorbuto, ante el sultán de Egipto.

• Mayo de 1250: Luis IX negocia con los turcos mamelucos su rendición y la de su ejército.

• Mayo de 1250-abril de 1254: Luis IX, instalado en San Juan de Acre, reorganiza el reino cristiano en Oriente.

• 1251: Cruzada de los pastores (la derrota de Mansura provocó tal conmoción que muchos agricultores marcharon hacia Oriente y participaron en pogromos contra las comunidades judías).

• 1265: caída de Cesarea debida a los asaltos de los mamelucos del sultán Baibars.

• 1269: caída de Jaffa y Antioquía ante Baibars.

• 1 de julio de 1270: salida desde Aigües-Mortes de la Octava Cruzada (1270) al mando de Luis IX.

• 18 de julio de 1270: desembarco de los cruzados en Túnez.

• 25 de agosto de 1270: muerte de Luis IX durante el sitio de Túnez, después de la de su hijo Juan-Tristán, que falleció de disentería. Una parte del ejército muere a causa de la peste.

• 23 de marzo de 1271: caída de la fortaleza de los Caballeros (el *krak des chevaliers*, en una mezcla de árabe y francés, una fortaleza formidable y casi inexpugnable situada al oeste de Homs, en Siria).

• 1271-1291: caída de las últimas plazas fuertes de los cruzados en Tierra Santa.

• 1291: caída de San Juan de Acre.

• 1307: arresto de los templarios.

De 1096 a 1270 se organizaron ocho Cruzadas

La Primera Cruzada: en marcha desde abril de 1096, comandada por Gualterio Sin Blanca y después por Pedro el Ermitaño, fue una Cruzada de gentes del pueblo que siguió el cauce del Danubio. Sus acciones, en especial contra los judíos, fueron muy numerosas, tanto como los pillajes que aseguraron su aprovisionamiento. Debilitados por la enfermedad y el hambre, los cruzados fueron aniquilados por los turcos, en octubre de 1096, antes de llegar a su destino.

La Cruzada de los barones, formada por contingentes feudales, principalmente francos, avanzó por cuatro vías diferentes. El hermano del rey Felipe I, Hugo de Vermandois, estuvo al lado de Godofredo de Bouillon. Los cuatro ejércitos se reunieron en Asia en mayo de 1097. El 19 de junio de 1097, Nicea fue tomada al asalto y entregada a los bizantinos. Edesa, en cambio, fue mantenida en manos de los cruzados de Balduino de Bolonia, y Antioquía en las de Bohemundo de Tarente. El 15 de julio de 1099, Godofredo de Bouillon tomó Jerusalén.

(Continúa) 87

La Segunda Cruzada: *convocada (1147-1149) por Bernardo de Clara-val (Bernard de Clairvaux), se saldó con un importante fracaso. Fue dirigida por Luis VII y Conrado III de Alemania, que no dejaron de enfrentarse. Los cruzados no llegaron a tomar Damas y Edesa.*

La Tercera Cruzada: *fue organizada en 1189 con el objetivo de recon-quistar Jerusalén, ciudad de la que Saladino, el sultán de Egipto, se había apoderado después de haber derrotado a las tropas de Guy de Lusignan en la batalla de Hattin, en el año 1187. Los tres grandes soberanos de la cris-tiandad, Federico Barbarroja, Felipe Augusto y Ricardo Corazón de León, participaron en ella. Durante tres años se produjo una inimaginable suce-sión de batallas y combates, durante los cuales más de cien mil cristianos y sin duda el doble de musulmanes murieron. El 12 de julio de 1191, Acre capituló. Ricardo Corazón de León hizo ejecutar a sus prisioneros y perma-neció solo en Tierra Santa, ya que Felipe Augusto, enfermo, regresó a Fran-cia. Después de algunas victorias, el rey inglés renunció a apoderarse de Jeru-salén y prefirió negociar con Saladino en 1192. Los peregrinos cristianos fueron de nuevo admitidos en el Santo Sepulcro y se constituyó un nuevo reino que duró más de un siglo.*

La Cuarta Cruzada: *convocada por Inocencio III (1202-1204), no fue precisamente gloriosa para la cristiandad occidental, dado que fue completa-mente desviada de su objetivo inicial de carácter espiritual: los cruzados arra-saron Constantinopla.*

La Quinta Cruzada: *convocada por Inocencio III (1217-1221) y dirigi-da por los austriacos y los húngaros, resultó un desastre, dado que Damieta, liberada al principio de la expedición, tuvo que ser finalmente abandonada.*

La Sexta Cruzada: *convocada por el papa Honorio III (1228-1229), fue dirigida con habilidad por Federico de Hohenstaufen, que logró obtener del sultán Malik el-Kamil la devolución de Jerusalén y la reconstrucción del anti-guo reino latino.*

(Continúa)

La Séptima y Octava Cruzadas: estrictamente organizadas por los francos, fueron dirigidas por el rey Luis IX en persona y acabaron en verdaderos desastres militares. Fueron heroicas y destacaron grandes nombres que construyeron Francia. Se distinguieron legendarios caballeros: Alain de Lorgeril y Robert de Kersauzon, los dos originarios de Bretaña, o Motet de la Panouse, este último procedente del Rouergue... En la Octava Cruzada fue tomada la ciudad de Cartago. Desgraciadamente, fue necesario esperar a las tropas de Carlos de Anjou, que no llegaron, para atacar Túnez. El tifus hizo estragos entre las tropas francas y afectó hasta al rey, que murió en agosto de 1270. Su hijo, Felipe III el Atrevido, acompañó el cuerpo hasta París. El cortejo llegó en mayo del año 1271.

Pedro el Ermitaño: un predicador de excepción

Probablemente nacido en la región de Amiens (Francia), Pierre d'Achères, llamado *Pedro el Ermitaño*, fue a priori uno de los extraños protagonistas de la Primera Cruzada que visitó Tierra Santa antes de que el papa Urbano II enviará a sus valientes caballeros. Convertido a su vuelta de Jerusalén en uno de aquellos que el historiador Jacques Heers llamó más tarde *locos de Dios*, fue durante mucho tiempo el principal predicador de la Primera Cruzada. No obstante, a la vista de algunos trabajos recientes, su historia parece haber sido un poco magnificada.

Según Guillaume de Tyr (1130-1184), cuyo relato de la vida de Pedro el Ermitaño es indudablemente uno de los más completos a falta de ser el más honesto, el hombre habría salido en peregrinación hacia Tierra Santa poco tiempo después del concilio de Clermont (1095). Allí encontró en primer lugar al patriarca Simeón, que le relató la historia de las persecuciones sufridas por los cristianos y su esperanza de ver un día cómo los poderosos reinos de Occidente venían a liberarlos de la dominación musulmana. Siempre según esta biografía, Pedro el Ermitaño habría tenido después de esta conversación mantenida en la iglesia del Santo Sepulcro una aparición durante la cual Jesús le habría pedido con total claridad que se esforzara para convencer al

89

soberano pontífice y a los grandes de Europa a fin de que tomaran Tierra Santa. Una vez de vuelta en el viejo continente, Pedro el Ermitaño se entregó rápidamente a su misión y fue al encuentro del soberano pontífice para suplicarle que liberase los Santos Lugares. Después de haber obtenido el compromiso de este, Pedro el Ermitaño habría comenzado tras el concilio de Clermont, durante el cual Urbano II planteó que se organizara la Primera Cruzada, la predicación con gran vehemencia. En 1096, embarcó para Constantinopla a la cabeza de un grupo de veinte mil hombres y se preparó para luchar contra los opresores musulmanes. Sin embargo, Pedro el Ermitaño no era un soldado y todavía menos un jefe militar. Incapaz de llevar a sus hombres a la victoria y aún menos de hacer reinar la disciplina y la jerarquía, se vio obligado a batirse en retirada y a volver a Constantinopla para recibir los refuerzos muy esperados de Godofredo de Bouillon, incluso después de haber conseguido una pequeña brecha en dirección a Nicomedia. Finalmente, después de haber sido separado de la Cruzada desde un punto de vista militar, Pedro el Ermitaño volvió a Francia cargado de reliquias algún tiempo después de la toma de Jerusalén (12 de agosto de 1099) por las tropas de Urbano II.

Pero esta versión de la vida de Pedro el Ermitaño es como mínimo puesta en duda por diferentes testimonios de la época y bastantes historiadores que han estudiado su vida. Como dijo muy bien el historiador Éric Picard en las páginas del número 28 de *Histoire du Christianisme*: «La vida de Pedro el Ermitaño es difícil de estudiar por el historiador porque está tapada por la leyenda».

Si parece incontestable que el hombre en cuestión disponía de un gran talento como orador y que efectivamente había ido a Jerusalén algún tiempo antes de que comenzara la Primera Cruzada, nada prueba, en cambio, la importancia de su papel cerca del papa y en el marco del ejército de cruzados.

En primer lugar, parece que Pedro el Ermitaño no vio al papa Urbano II más que poco tiempo antes del concilio de Clermont. Ahora bien, se sabe que el pontífice estaba dolido desde hacía tiempo por el hecho de que los turcos, nuevos dominadores de Jerusalén desde su victoria en 1073 sobre los abasidas, prohibiesen el acceso a la Ciudad Santa a los cristianos y que su decisión de poner en marcha una Cruzada ya estaba tomada.

Por otra parte, Pedro el Ermitaño no era propiamente un soldado. La fe puede dar cierta capacidad a los más audaces, pero no la estrategia marcial.

También parece poco probable que el rey de Francia, o las autoridades romanas, lo dejaran embarcarse para Tierra Santa a la cabeza de un ejército que él mismo habría preparado por su fuerza de convicción. Una teoría recientemente acreditada por Claude Lebédel en su libro *Les Croisades: origines et conséquences* (Ouest-France, 2005) dice:

> *Si probablemente intervino en la divulgación de la idea de organizar una Cruzada, en cambio, su participación en el desarrollo de esta no fue tan importante como la memoria colectiva ha transmitido; incluso, según algunas fuentes, habría abandonado la Cruzada al empezar esta su andadura.*

Una vez más, la biografía oficial de Pedro el Ermitaño, o en todo caso la más divulgada, parece muy alejada de la realidad. No solamente no tuvo el papel que muchos le habían atribuido en el desarrollo de esta Cruzada, sino que recientes estudios, como, por ejemplo, el del historiador Jean Flori, parecen probar que tanto él como otros de aquellos *locos de Dios* introdujeron en sus predicaciones una nota antisemita tan inesperada como inexcusable. Hoy día, la cuestión no es saber quién era en realidad este Pedro el Ermitaño, sino por qué ciertos autores magnificaron la vida y la obra de un personaje tan poco glorioso.

Godofredo de Bouillon: el defensor del Santo Sepulcro

Hijo del conde Eustaquio de Bolonia y de Santa Ida de Ardena, heredera de los duques de la Baja Lotaringia, el joven Godofredo, nacido en 1061, era descendiente directo del gran Carlomagno. Marqués de Amberes, obtuvo su título de duque de Bouillon poniéndose al lado del emperador Enrique IV en las querellas de investidura que enfrentaron a este último con el papa Gregorio VII. Godofredo, gran vencedor, entró en Roma con las armas en la mano.

Desgraciadamente, el joven y valeroso duque de Bouillon cayó gravemente enfermo después de esta expedición, si bien vio en ello la voluntad divina. Godofredo pensó entonces en pagar la afrenta hecha al papa y a la Iglesia, y juró reparar su errores yendo a defender a los cristianos de Oriente si por milagro recobraba la salud.

Así fue, de manera que una vez recuperado, recordó su promesa y decidió entregarse a la Cruzada convocada por Urbano II. Sin dudarlo, vendió su ducado de Bouillon al obispo de Lieja para poder financiar su expedición a Tierra Santa y abrazó la cruz.

A la cabeza de un poderoso ejército de flamencos, valones y renanos, alcanzó a las tropas ya reunidas por el duque de Normandía y el conde de Toulouse en la ruta hacia Constantinopla. Fueron en total cerca de treinta y cinco mil hombres, de los que cinco mil eran caballeros, que se presentaron, en mayo de 1097, en las puertas de la ciudad bizantina después de haber atravesado Ratisbona, Viena, Belgrado y Sofía. Primero se enfrentó a Alexis I Comneno, emperador de Constantinopla; después de negociar con él, accedió a entregarle las tierras tomadas a los turcos y decidió seguir su camino hacia Jerusalén. Una a una, las ciudades turcas, como Nicea, Dorilea y Antioquía, fueron cayendo y la ruta hacia Jerusalén se abrió poco a poco.

Ante la ciudad sagrada, sus tropas ralentizaron un poco el paso hasta que, después de un sitio interminable y una batalla de una violencia inusitada que dejó cien mil muertos, Jerusalén fue por fin liberada. Según la leyenda descrita de nuevo por Guillaume de Tyr en su *Histoire d'Eraclès*, Godofredo de Bouillon estuvo en primera línea durante la batalla y fue incluso uno de los que antes pisó la Ciudad Santa:

> *Hacia el sur, por una escalera colocada entre una máquina (la conocida atalaya) y la parte alta de la muralla, dos hombres de Tournai, el mismo Godofredo de Bouillon y su hermano, Eustaquio de Bolonia, seguidos de sus compañeros, lograron entrar en la ciudad...*

A la vista de su comportamiento desde el comienzo de la Cruzada, lógicamente le fue ofrecida la corona del nuevo reino de Jerusalén, pero él la rehusó. Para el piadoso Godofredo, estaba fuera de lugar ceñirse la corona de oro en el mismo lugar en el que Jesús tuvo que llevar la de espinas.

Después de reflexionar sobre la cuestión, acabó por aceptar el título de barón de Jerusalén, queriendo demostrar con esta elección su voluntad de hacer de la ciudad una posesión del Santo Sitio y de ser el defensor del Santo Sepulcro, un papel que pronto tendría ocasión de ejercer, dado que la amenaza turca estaba permanentemente presente.

Falleció en julio de 1100, cuando volvía de la enésima batalla contra el sultán de Damas, aunque parece que no se sabrá nunca la verdadera causa de su muerte:

Algunos cronistas hablan, cuando evocan la muerte de Godofredo de Bouillon, de la peste, otros de una flecha musulmana, y aun otros de un envenenamiento llevado a cabo por su médico (Bernard Baudouin, *La fantástica epopeya de las Cruzadas, 1096-1291,* Editorial De Vecchi, 2004*).*

Todo ello permitió que muy pronto formara parte de la leyenda. Su historia y su obra, narradas, ampliadas y magnificadas por dos autores tan célebres y lúcidos como Guillaume de Tyr y Albert d'Aix han sido adornadas con elementos fabulosos que, lejos de constituir un homenaje, se han revelado como un insulto a la sencillez demostrada por este gran personaje.

Balduino I, fundador del reino franco de Jerusalén

La toma de Jerusalén fue sangrante, igual que lo serían otros episodios de las Cruzadas, por la dureza de las batallas o de las razias que duraron hasta la caída —mucho tiempo después— de Constantinopla, en 1453, que estaba en manos de los últimos cristianos, como corresponde a la imagen que tenemos de una conquista del siglo XI; sin embargo, también fue, a veces, caballeresca, como en el caso de Tancredo, que dejó con vida a trescientos musulmanes reunidos en la mezquita de al-Aqsa. Realizada la conquista, era necesario encontrar no ya un guía, un caudillo o un alma espiritual, sino un rey que fuera la encarnación de la conquista y el unificador de los grandes caudillos de la Cruzada.

¿Quién podía serlo: Raimundo de Tolosa, Tancredo, Balduino de Bolonia, Bohemundo, el enemigo personal de Raimundo? Godofredo, al que todos respetaban, era amable y carecía de miedos y de reproches, pero no tenía necesariamente el sentido político y el deseo de poder precisos para aceptar la corona. Fue a las puertas de Jerusalén, donde los cruzados abordaron, el 7 de junio de 1099, quién sería el elegido. Todos creían que era necesario un mando supremo. Tancredo, rechazado por algunos por haber izado su bandera sobre la iglesia de la Natividad, no tenía el apoyo de la mayoría. El clero se oponía a la designación de un rey en Tierra Santa porque decía que esta debía quedar al margen del poder temporal. «No debéis elegir un rey para gobernar allí donde Cristo ha sufrido y llevado una corona de espinas.» No fue fácil imponer esa decisión. Una semana después de la toma de Jerusalén, el concilio eligió a Godofredo como «defensor del Santo Sepulcro» y barón de Jerusalén, pero este rechazó el trono, por respeto, sin duda, y sobrepasado por una responsabilidad tan ardua.

La toma de Jerusalén no fue suficiente para calmar las hostilidades, a pesar de que los cruzados se dispersaron por un territorio muy amplio. Instalados en la mezquita de al-Aqsa, los cruzados soñaban con disponer de un código legal, una reorganización territorial a base de feudos y la creación de títulos nobiliarios. Lograda la victoria en Ascalón, se dedicaron a trabajar en sus asuntos. Las tierras fueron repartidas entre los señores normandos y renanos, que, en contrapartida, hicieron votos de servir a Jerusalén. Se estableció la ley feudal y se recuperó el comercio. Bohemundo prestó el juramento feudal no a Godofredo, sino a Daimbert, prelado del papa: ahí estaba como señor independiente de Antioquía, el mismo título que Balduino en Edesa... o Godofredo, que también había prestado juramento.

En Jerusalén, enfermo y moribundo, este convocó a Daimbert y Arnolfo para designar a su sucesor. El elegido sería su hermano Balduino. Este, príncipe de Edesa, que había logrado su conquista gracias a su audacia al separarse de la Cruzada, en 1097, y se había hecho reconocer hijo adoptivo de Thoros, su jefe armenio, antes de tomar el poder en marzo de 1098 gracias a un motín, se había casado con Arda, hija de un señor armenio. Audaz político y guerrero recibió, la noticia del requerimiento de Godofredo el 12 de septiembre de 1100, y tuvo que darse prisa.

Confió Edesa a Balduino du Bourg, su primo, y acudió, persiguiendo a los turcos y atravesando sus líneas, a hacerse recibir triunfalmente en Jerusalén. Allí estaba el rey. Fue consagrado en la iglesia de la Virgen de Belén el día de Navidad de 1100. Comenzó, a continuación, la pacificación del interior del país, la conquista de los puertos (Arsouf, Cesarea y San Juan de Acre más tarde...), consciente de la necesidad de restablecer por una parte una relación más rápida con Occidente y el papado y, por otra, las vías comerciales. También debió hacer frente a la oposición egipcia. En Ramla, el 7 de septiembre de 1101, se opuso a las tropas árabes y sudanesas. ¡Las oriflamas de la epopeya! Se confesó arrodillado ante la «Verdadera Cruz» y arengó a la tropa: «Si caéis muertos recibís la corona del martirio, si conseguís la victoria recibiréis la gloria inmortal». Una arenga guerrera mil veces oída en los antiguos campos de batalla, pero también, cómo no, en los contemporáneos. Consiguió vencer. Al año siguiente, de nuevo en Ramla, pensaba, por exceso de confianza, obtener la victoria muy rápidamente, pero sólo logró huir en unas condiciones casi legendarias. Mientras enfermaba en una aldea, logró llegar en su caballo, llamado *Gacela*, a Arsouf y después, por mar, arribó a Jaffa tras escapar de la flota egipcia. Un guerrero legendario.

Fue un rey que también instauró el reino de Jerusalén por la fuerza y la guerra gracias a su gran sentido político, hasta el punto de que, cuando otros barones de la Cruzada se peleaban, él intervenía no sólo como el rey de Jerusalén, sino como la encarnación de una realeza sirio-palestina que incluía el conjunto de las tierras de los francos. Así fue como, en 1109, Guillaume Jourdain, que reinaba desde hacía cuatro años en el Líbano y esperaba la toma de Trípoli, se opuso a su primo Bertrand, hijo mayor de Raimundo de Saint-Gilles y heredero legítimo. Guillaume llamó a Tancredo y Bertrand ante Balduino. Expresándose en nombre de «toda la Iglesia de Jerusalén», este convocó a todos los protagonistas y se dirigió a Trípoli para realizar una audiencia solemne.

Impuso la reconciliación y la herencia de Raimundo. Balduino de Bourg, su primo, lo llamó, en 1110, alertado por la proximidad de los turcos bajo el mando de Maudoud, emir de Mosul. Balduino preparó todas las tropas que pudo reunir y los soldados turcos tuvieron que retroceder. A pesar de ello, convocó a Tancredo, que tendría que haber intervenido antes, para pedirle explicaciones e imponerle el poder real. Por ello le dijo:

> *Habéis elegido un rey para que os sirva de jefe, de salvaguarda y de guía tanto en la conservación como en la ampliación de la conquista. Por eso tengo derecho, en nombre de toda la cristiandad, aquí representada, a exigirte una reconciliación sincera con Balduino de Bourg. En caso contrario, es decir, si prefieres intrigar con los turcos, no puedes permanecer entre los nuestros y te combatiremos sin tregua.*

Era el discurso propio de un rey. En el año 1111, los francos se opusieron de nuevo al ejército turco. Audaz, hasta arriesgarse en exceso, Balduino padeció una nueva derrota en 1102 pero logró escapar a Tiberiades.

En la organización interior del reino, después de haber arreglado viejas cuentas con Daimbert, del que no era muy afecto y al que acusó de desviación de fondos eclesiásticos y de simonía, Baduino instituyó un régimen perfectamente feudal que fue organizado a la manera de los reinos europeos y llegó a alcanzar un buen nivel de desarrollo, a pesar de soportar guerras casi anuales. Llamó a las comunidades griegas y sirias dispersas a permanecer en el reino, trabajar la agricultura y establecerse disfrutando de numerosas exenciones fiscales en las casas y propiedades abandonadas a consecuencia de la conquista. Consiguió integrar la población local y a los conquistadores y crear no una colonia, sino un estado independiente aglutinado en torno a su rey. Fue un auténtico rey feudal que, al igual que algunos monarcas de Europa, se sintió acosado por su esposa, a la que encerró en un convento.

Escogió entonces a Adelaida, la rica viuda de Roger I de Sicilia, un hecho que provocó la indignación de la Iglesia. Murió el 2 de abril de 1118. René Grousser dijo de él en su obra *L'Epopée des croisades*:

Violencia y paciencia, entusiasmo y cautela, hipocresía y cinismo, lealtad, brutalidad, perfidia y crimen incluso como virtud —los crímenes para el bien público son virtud del jefe—, todos estos elementos de una gran personalidad fueron en sí mismos controlados y dominados por la razón de Estado, ordenados en función de la razón de Estado [...] y toda la historia del reino de Jerusalén tras él quedó como su obra.

Se trató de un gran guerrero que, al igual que otros, llegó a alcanzar la épica y el heroísmo de Balduino V, el joven rey leproso. Con él, el reino franco de Jerusalén se asentó y se mantuvo hasta la salida de Tierra Santa, gracias, ciertamente, a gentes de toda condición. Balduino I dejó la impronta de su fuerte y tenaz huella en el funcionamiento feudal de un reino franco en la otra orilla del Mediterráneo.

San Bernardo, la conciencia de Occidente

San Bernardo fue un noble borgoñón. Muy joven se sintió atraído por la vida monástica y entró en la abadía fundada por Roberto de Molesmes: Cîteaux.

Este doctor de la Iglesia recordaba sin cesar la humanidad de Cristo y la devoción a la Virgen María. Su obra fue considerable y sus escritos muy numerosos.

Tuvo un papel muy importante en la Segunda Cruzada y en la creación y codificación de la regla de la Orden del Temple.

Bernardo nació en 1091 en el castillo de Fontaines-lès-Dijon. Dom Jean Leclercq escribió en *Saint Bernard et l'esprit cistercien* (Seuil, 1975):

> *Desde su juventud, quizás incluso desde su infancia, mostraba una sorprendente combinación de temperamento y gracia. Fue generoso, pero su ardor le condujo paso a paso hacia la realidad de este mundo y las exigencias de Dios.*

Su vocación fue precoz y su formación, más literaria que escolástica. Su devoción a la Virgen le vendría a raíz de una aparición que tuvo en la iglesia de Saint-Vorles, en Chatillon-sur-Seine, cuando era joven. En esa misma época, Cluny era el monasterio más influyente.

Philippe Valode, en su obra *Histoire de France. De la dynastie des Mérovingiens au début du XXI siècle* (Éditions De Vecchi, 2004), recuerda que:

> *Fue probablemente en el año 909 cuando Guillermo III fundó un monasterio confiado al abad Bernon que seguía la regla de San Benito modificada por Benedicto de Aniane (en el sentido de dedicar más tiempo a las actividades espirituales e intelectuales). Los primeros abades, Odón, Aymard, Odilón, Hugo de Semur y Pedro el Venerable, apoyados por el papado, obtuvieron inmunidades excepcionales. Después, hacia 1030, instituyeron la fiesta de los Muertos, desde entonces conmemorada por toda la Iglesia. Urbano II, que convocó la Cruzada en 1095, salió de sus filas y Hugo de Semur participó, en Canossa, en la reconciliación entre el papa Gregorio VII y el emperador de Alemania Enrique IV.*

La influencia política y espiritual de Cluny es innegable. El monasterio reunía ya en 1100 unos cuatrocientos monjes y disponía de una tercera abadía de ciento ochenta y siete metros de longitud, sólo cinco metros menos que la basílica de San Pedro de Roma. Cluny se extendió por toda Francia y el resto de Europa, y constituyó la primera red de abadías en el Occidente medieval, conseguida tanto a base de reformar las que ya existían como por fundación de otras nuevas.

En el año 1098 comenzó la aventura espiritual cisterciense con la voluntad de modificar la relación del hombre con Dios, la naturaleza, la sociedad y el arte. Representaba, en el fondo, una voluntad de reforma mística e interior, y de rechazo del sistema señorial, orientada hacia la invocación poética de San Bernardo: *O beata solitudo, o sola beatitudo.*

Fue un abad cluniacense, Roberto de Molesmes, el que fundó, en 1098, la abadía de Cîteaux gracias al consentimiento del duque de Borgoña. La reforma cisterciense establecía una vida austera y un culto severo. A partir de La Ferté, Pontigny, Claraval (Clairvaux) y Morimond, los valores de Cîteaux se difundieron por toda Europa. En el año 1112, Bernardo de Fontaine —el futuro San Bernardo— fundó Claraval, llevándose con él a una treintena de compañeros, entre ellos a su tío Andrés de Montbard, que, por otra parte, sería más tarde uno de los nueve caballeros fundadores de la Orden del Temple.

Su reputación llegó a ser tan grande que se confundía, y se confunde todavía, a cistercienses con bernardinos. Todos estos monasterios cistercienses, que se desarrollaron de manera autárquica, se convirtieron en importantes centros de producción agrícola y jugaron, además, un papel esencial en la roturación de nuevas tierras durante toda la Edad Media.

Bernardo se convirtió en el primer abad de Claraval. Fue el reformador, en el seno de la Orden cisterciense, de la tradición benedictina e impuso una drástica vuelta al rigor, la pureza, la oración, la sencillez y la austeridad. Se opuso, de esa manera, a la opulencia y a la riqueza de Cluny, y llegó a imponer a sus monjes un estilo de vida austero próximo al de los «heréticos» nacidos en torno al año mil. Quería practicar una fe sobria y austera. Se opuso violentamente a Abelardo —por lo que obtuvo su condena en el concilio de Sens, en el año 1140— y rechazó igualmente las teorías neomaniqueas de Pedro de Bruys y de Enrique de Lausana. A pesar de que él mismo era un erudito, temía las pretensiones de la razón y expresó que permanecería sometido a la fe.

Se convirtió en un vehemente consejero de papas y reyes. Fogoso predicador, también fue el redactor de la regla de la Orden de los Templarios. El papa Eugenio III le encargó que convirtiera a los nuevos sectarios. En el asunto de los cátaros, el abad de Claraval se trasladó, en el año 1145, al país de los herejes. Allí desplegó toda su elocuencia y predicó en la catedral de Santa Cecilia de Albi, de donde surgió el nombre de albigenses que se aplicó a los cátaros meridionales. No consiguió ningún avance, según explica Pierre Ripert:

Los sectarios del monje Enrique rechazaron los debates contradictorios, lo que provocó que se redoblara la elocuencia del ermitaño de Claraval. En Verfeil, quiso predicar en medio de un centenar de caballeros culpables de herejía, pero cuando apenas hubo pronunciado sólo algunas palabras todos ellos se marcharon de la iglesia. En Albi, los habitantes incluso lo injuriaron.

En esas circunstancias renunció a su misión. En la Pascua de 1146, Bernardo convocó la Segunda Cruzada en Vézelay con un absoluto deseo de lograr la unidad y la paz. Esta Cruzada fue conducida por Luis VII, rey de Francia, y Conrado III, emperador de Alemania. Los textos y la iconografía tradicional lo describen instalado en un estrado levantado en medio del campo, leyendo a la muchedumbre la bula del papa y exhortando a los cristianos a salir hacia Tierra Santa. Agricultores, clérigos y barones estaban reunidos en Vézelay, donde la basílica de la Madeleine era demasiado pequeña y, por ello, la prédica debía hacerse al aire libre, lo que era muestra de un gran éxito. La gente lo escuchaba con absoluta atención. El rey, acompañado por su esposa Leonor, iba ceñido con la cruz del cruzado que le había enviado el papa. Todos sabían que el poder de los francos en Oriente se tambaleaba y que Antioquía estaba amenazada. Bernardo era ardiente y convincente, de manera que la muchedumbre se entusiasmó y se precipitó a responder a su llamada.

Las cruces están preparadas para ser distribuidas entre quienes quieran convertirse en cruzados.

Pero Vézelay no era más que una primera etapa. Bernardo de Claraval multiplicó sus desplazamientos y escribió entusiasmado al papa:

Las ciudades y los pueblos se quedan desiertos; difícilmente encontraréis un hombre por cada siete mujeres. Por todas partes se ven viudas cuyos maridos están todavía vivos.

Bernardo de Claraval se desplazó a continuación a tierras germánicas con el objetivo de conseguir el apoyo de los feudales germanos a la Segunda Cruzada. Sin embargo, en noviembre de 1146 fracasó por primera vez frente al emperador Conrado III Hohenstaufen, que rechazó sus peticiones. Este acababa de inaugurar una nueva dinastía en el trono y no estaba todavía prepara-do para participar en la aventura de Oriente. El obispo de Constanza deseaba reunirse con el cisterciense, por lo que este fue a visitarlo; en Navidad, el emperador convocó una asamblea en la ciudad de Espira. De camino, Bernardo de Claraval se encontró triunfal con una enorme muchedumbre que lo saludaba como el «salvador de Occidente». En Espira, tomó la palabra durante el oficio religioso. Allí, fuertemente inspirado y sabedor de lo que quería conseguir, exhortó a Conrado III y halló las palabras más adecuadas a la ocasión. Así logró convencer al emperador germánico, que decidió participar en la Cruzada. Desgraciadamente, los cruzados no lograron recuperar Damas y Edesa, y la Cruzada se saldó con un fracasó.

Espectador de un verdadero cisma cuando se produjo la toma del poder por Anacleto II (año 1130), Bernardo de Cîteaux consideró que únicamente un grupo espiritual y militar podía volver a poner orden en una Iglesia que parecía hundirse. Con ocasión del concilio de Troyes (año 1129), San Bernardo comenzó a codificar los primeros estatutos de la regla templaria, que sólo consiguió acabar tres años más tarde para transcribirlos después en el tratado *De laude novae militae*. La misión de la caballería cristiana quedaba así bien precisada. Esta nueva caballería, a la que se aconsejaba «llevar las armas... al menos los que han recibido su misión del Altísimo», encontró un nombre que alcanzaría un enorme éxito: la «milicia de Dios». En *La divina comedia*, Dante Alighieri explicaba las estrechas relaciones entre el fundador de Cîteaux, el redactor de la regla templaria y los mismos templarios:

> *Y el santo anciano me dijo: «A fin de que conduzcas perfectamente a su término el viaje al que se me envía para ayudarte [...] recorre con los ojos este jardín, porque verlo te prepara mejor para ascender por el rayo divino. Y la reina del cielo, por quien yo me consumo de amor, nos da toda su gracia, porque yo soy su fiel Bernardo».*

¡Y fue un buen guía!

A su muerte, Bernardo dejó tras de sí más de ciento sesenta monjes en el monasterio de Claraval. La familia cisterciense ya era, a pesar de ser reciente, muy activa y contaba con cerca de trescientos cincuenta abades. Su padre espiritual no era su fundador Roberto, sino San Bernardo.

Las fuertes pérdidas de las Cruzadas

Después de la terrible derrota de Hattin y de la toma de Jerusalén por Saladino, en octubre del año 1187, una verdadera onda de choque se difundió por Occidente. El papa Clemente III creyó que debían reconquistarse los Santos Lugares y convocó la Tercera Cruzada.

Ni esta ni las siguientes alcanzaron un éxito rotundo y los Santos Lugares permanecieron en manos de los musulmanes. San Luis, el rey Luis IX, quiso convertirse en un cruzado más como agradecimiento por haberse curado milagrosamente. Decidió atacar Egipto y después, desde allí, remontar la costa de Palestina hasta llegar a Jerusalén.

La preparación de la expedición duró dos años completos, ya que fue preciso reunir unos veinticinco mil hombres, ciento veinte naves, ingentes cantidades de armamento y caballos, así como muchos alimentos: salazones y reservas de grano fundamentalmente. Todo el país participó, incluyendo Aigües-Mortes, donde el puerto fue preparado para la ocasión. Parece que el gasto alcanzó el millón y medio de libras tornesas, o sea, el equivalente al presupuesto de seis años. Sin embargo, gracias a la preparación de la guerra, la economía mantuvo un alto índice de actividad.

En mayo de 1249, San Luis desembarcó en Damieta y se apoderó de la ciudad. Después continuó su ofensiva hacia el este para llegar a la ciudad de El Cairo. Una vez en Mansura, los francos lanzaron un ataque muy precipitado y se encontraron cercados en el interior de la ciudad, donde fueron diezmados en sus estrechas callejuelas, y apenas consiguieron, con grandes dificultades, reagruparse y replegarse. Asediado constantemente, el ejército recién llegado tuvo que rendirse el 6 de abril de 1250.

El rey Luis IX, liberado gracias al pago de un rescate, se dirigió a Acre, donde se esforzó para lograr la liberación de sus tropas. Acabó por conseguirlo en 1252. En cualquier caso, el balance de la Séptima Cruzada fue desastroso: al menos cinco mil cruzados murieron, y la liberación del rey y de los prisioneros supuso un gran lastre para el tesoro real que administraba Blanca de Castilla, la regente que permaneció en Francia. El rey pasó en Oriente Próximo cuatro años, hasta 1254, esforzándose en recuperar las viejas fortalezas francas de Acre, Jaffa, Cesarea y Sidón. El monarca volvió a Francia obligado por la muerte de su madre, ya que nadie gobernaba el país...

Pese a su debilidad física y el desastre sufrido en Mansura, el rey Luis IX quiso volver a Oriente para llevar a cabo su tarea. Para ello preparó con esmero la Octava Cruzada, con el apoyo de su hermano, Carlos de Anjou, que deseaba controlar Túnez, que se encontraba frente a su isla, Sicilia. Esta vez, en lugar de veinticinco mil hombres, San Luis apenas consiguió reunir diez mil. Con ellos desembarcó en Túnez, donde Luis IX esperaba convertir al sultán, del que había oído decir que deseaba dirigirse contra Egipto y después remontar hasta Jerusalén...

El 2 de julio de 1270, Luis IX dejó Aigües-Mortes. El 17 se apoderó de Cartago, donde esperó los refuerzos enviados por su hermano, Carlos de Anjou, para atacar Túnez. Fue entonces cuando se vio afectado por el tifus, que le causó la muerte el 25 de agosto.

Carlos de Anjou llegó demasiado tarde para ver con vida a su hermano, pero no para atacar Túnez y aplicar una severa derrota al sultán, después negociada de manera ventajosa por Sicilia.

Felipe III, el nuevo rey, llevó a Francia el cuerpo de su padre. La enfermedad también causó la muerte de numerosos caballeros que habían llegado desde ese país para combatir; por ello la vuelta fue lúgubre, dado que, además, Francia no había obtenido ninguna ventaja de aquella expedición.

Los guardianes de Tierra Santa hasta nuestros días

Desde el nacimiento del cristianismo numerosos creyentes habían ido adquiriendo la costumbre de viajar a las tierras en las que Cristo había vivido según los Evangelios; sin embargo, la conquista de los turcos selyúcidas, hacia finales del siglo XI, había hecho que Palestina fuera de difícil acceso para los cristianos.

En el año 1096, el papa Urbano II ofreció indulgencia plenaria a todos aquellos que, en nombre de Dios, se dirigieran a Tierra Santa para liberarla de las manos de los herejes. Con ese objetivo se puso en marcha la Primera Cruzada. Después, durante dos siglos, no menos de nueve Cruzadas se sucedieron para intentar conseguirlo y, principalmente, para liberar Jerusalén de la dominación musulmana. Sin embargo, el objetivo se demostró inalcanzable: dos siglos después de la primera expedición de los cruzados, Roma y los soberanos católicos fueron definitivamente expulsados de Palestina y el Oriente Próximo. Las consecuencias de las Cruzadas fueron importantes, no solamente por los intercambios culturales y comerciales que provocaron, sino también por la creación durante dos siglos de los Estados latinos de Oriente.

Durante este periodo comenzaron a aparecer por primera vez en Tierra Santa ejércitos capaces de asegurar a los peregrinos católicos el acceso a los Santos Lugares. Estos guardianes de Tierra Santa debían ser caballeros pero también monjes, situación contradictoria que supuso la creación de órdenes religiosas, de las que la más importante fue sin duda alguna la Orden de los Templarios.

En 1099, la Primera Cruzada terminó por reconquistar Jerusalén. Mientras los soldados de Cristo volvían a su casa con el sentimiento del deber cumplido, el fervor de los peregrinos alcanzaba una importancia hasta entonces desconocida. Sin embargo, la zona estaba en conjunto lejos de ser segura y los Santos Lugares estaban muy alejados unos de otros para que se pudiera mantener la custodia con efectivos reducidos. Por ello, el problema de la seguridad de los peregrinos, así como el de la conservación de las tierras conquistadas, apareció muy pronto sobre la mesa. Algunos caballeros que se quedaron en aquellos lugares, y que eran conocidos por su fe tanto como por su valentía, se entregaron a «defender a los peregrinos contra los salteadores, a proteger los caminos y a servir de caballeros al patriarca de Tierra Santa». Estos hombres, como Hugo de Payns o Godofredo de Saint-Omer, por citar solamente a los primeros, prestaban juramento en calidad de «pobres compañeros del combate de Cristo y del templo de Salomón» a Balduino II, soberano de Jerusalén. Armados por el papa, fueron instalados en la mezquita de al-Aqsa, construida en el supuesto emplazamiento del templo de Salomón, y por esa misma causa se convirtieron en la Orden de los Templarios. Rápidamente, la orden pasó a ocupar un espacio importante, tanto en la región como en Occidente, donde las vocaciones y las donaciones surgían por todas partes. Las nuevas incorporaciones a la orden, así como las aportaciones financieras obtenidas en Occidente, fueron utilizadas en la defensa de los Estados latinos de Oriente.

Sin embargo, la Orden del Temple provocaba cierta animadversión por diferentes aspectos. En efecto, contrariamente a los laicos de la Orden del Hospital de San Juan de Jerusalén, creada en 1113 por una bula del papa Pascual II, los caballeros de la Orden del Temple eran monjes, hombres de la

Iglesia que se otorgaban el derecho a matar en nombre de aquella, cuando el crimen estaba penado de la misma forma que la lujuria. Ese estatus tan especial influyó enormemente algunos años más tarde en el arresto y condena de esos mismos templarios por Felipe IV el Hermoso.

También otros defensores de Tierra Santa se organizaron en tiempos de las Cruzadas. Godofredo de Bouillon, por ejemplo, fundó en el año 1099 una orden de caballeros y de clero regular: la Orden Ecuestre del Santo Sepulcro de Jerusalén. Su misión era vigilar el Santo Sepulcro a la vez que celebraban sus oficios religiosos. En 1103, Balduino I estableció su primer reglamento; más tarde, en 1112, fueron colocados bajo la regla de San Agustín por el patriarca de Jerusalén. La bula de Calixto II confirmó ese estado diez años después. En el siglo XII, los «monjes-soldados del Santo Sepulcro» participaron en las batallas en compañía de una tercera orden compuesto por combatientes que llevaban el nombre de *caballeros*. Al retorno de sus miembros a Europa, cuando los cruzados fueron expulsados de Jerusalén, la orden estaba formada por caballeros armados, clero regular y hermandades de laicos que se habían unido y asistían a los peregrinos que viajaban a Jerusalén.

El papa Inocencio VIII reunió en el siglo XV [en una sola orden] a los caballeros del Santo Sepulcro y a los Hospitalarios de San Juan, dado que compartieron los mismos votos y las mismas reglas mientras estos estuvieron en Rodas.

La orden ha sobrevivido hasta nuestros días y se dedica a «trabajar en la propagación de la fe, facilitar el acceso de los peregrinos a los Santos Lugares y mantener la presencia católica en Tierra Santa».

Aquellos hombres defendieron en esos enclaves santos su misión con valentía y coraje. Durante los dos siglos que duraron las Cruzadas y la ocupación cristiana de Palestina, los templarios, al igual que las demás órdenes, cumplieron su misión con celo y no se retiraron más que en el año 1291, al mismo tiempo que los hospitalarios, poco después de que se produjera la pérdida de San Juan de Acre.

A partir de este periodo, las órdenes defensoras de Tierra Santa, retiradas a Chipre, no tuvieron ocasión de asegurar la defensa de los Santos Lugares. Por otra parte, la Iglesia católica continuó queriendo asegurar su presencia en

Tierra Santa, pero ya no lo hizo nunca más mediante una guarnición de tipo militar.

A iniciativa del papa Juan XXII y de los franciscanos, algunos hermanos fueron enviados a los Santos Lugares para dedicarse al mantenimiento y conservación de estos enclaves y para asegurarse de que se realizaba una cierta forma de apostolado.

En 1333, más de cuarenta años después de la finalización de las Cruzadas, René de Anjou, rey de Nápoles, obtuvo del sultán de Egipto el cenáculo y el Santo Sepulcro, en nombre de la cristiandad. De todas formas, la conservación de esos Santos Lugares fue confiada a la custodia franciscana, que, con ese motivo, creó una nueva congregación situada en los accesos a la basílica de la Natividad. Desde entonces, su constante presencia y sus esfuerzos para promover los valores evangélicos en la región han sido determinantes en aras de la conservación de los Santos Lugares.

De esa manera, la Iglesia católica ha podido tener en el corazón del mundo musulmán una presencia suficiente, desde hace mil años, como para conservar los lugares en los que vivió Cristo.

Con motivo de las Cruzadas fueron fundadas órdenes de caballería cuyo objetivo común era proporcionar guerreros y hospitalarios para acoger y proteger a los peregrinos que llegaban hasta Tierra Santa. Sus relaciones con la Iglesia fueron muy estrechas y adquirieron bastante poder e influencia, tanto que levantaron bastantes suspicacias. Todavía hoy día, un aura de misterio rodea no propiamente su fundación, sino su fortuna y sus actuaciones.

Las órdenes de caballería: un misterio siempre de actualidad

La importancia que tenía para la cristiandad disponer de fuerzas armadas capaces de asegurar a los peregrinos el acceso a los Santos Lugares pudo constatarse por primera vez durante la época de las Cruzadas. Estos debían ser a la vez caballeros y monjes, lo que supuso la creación de órdenes. De ellas, la más importante fue, sin duda, la de los templarios.

El caballero de Cristo mata a conciencia y muere tranquilo; al morir trabaja para sí mismo; al matar a otros trabaja para Cristo. Cuando mata a un hereje no comete un homicidio sino un «malicidio». Los caballeros son los servidores que Dios ha elegido para guardar el Santo Sepulcro.

La misión de la caballería cristiana fue concretada por San Bernardo en su texto «En alabanza de la nueva caballería»:

Id con absoluta seguridad. Id y derrotad a los enemigos de la cruz con una valentía inquebrantable, con la total certidumbre de que ni la vida ni la muerte podrán separaros de la caridad de Dios que está en Jesucristo.

Aquellos hombres eran, por lo tanto, monjes a la vez que soldados.

La Orden de Malta

Monjes y comerciantes procedentes del puerto italiano de Amalfi construyeron en 1048 un hospital y un monasterio contiguo a la iglesia de Santa María Latina de Jerusalén. En ese lugar albergaron y cuidaron a los cristianos que llegaban a Tierra Santa. En 1099, cuando Godofredo de Bouillon entró victorioso en Jerusalén, Gerardo Tenque diferenció a los hospitalarios de los monjes y creó, de acuerdo con el papa Pascual II, la Orden de los Hospitalarios de San Juan. La institución fue aprobada por el papa el 13 de febrero del año 1113.

Algunos años más tarde, en 1120, su sucesor, Raymond du Puy, el primero que recibió el calificativo de «gran maestro», instituyó una rama militar mediante la organización de una milicia privada. Además de conservar su misión hospitalaria, los caballeros de San Juan se distinguían por su nueva función. No solamente aseguraron la protección de los peregrinos, sino que, además, consiguieron conquistar no menos de cinco fortalezas en la región de Trípoli, entre ellas la conocida fortaleza de los Caballeros (el *krak des chevaliers*, en una mezcla de árabe y francés, era un castillo situado en la actual Siria que fue la sede central de la Orden de los Hospitalarios de San Juan de Jerusalén, en Siria, durante las Cruzadas, y se convirtió, sobre todo, en el principal símbolo de su poder).

No obstante, la caída de Jerusalén anunció el próximo fin de la presencia cristiana en Oriente, en general, y de los Caballeros Hospitalarios de San Juan de Acre (1189), en particular. El ocaso de la orden, en 1291, obligó a sus miembros a huir de nuevo. Se instalaron entonces, ese mismo año, en Chipre, desde donde organizaron, en 1309, la conquista de Rodas. La orden se mantuvo allí durante más de dos siglos antes de ser derrotada, en 1522, por el turco Solimán II el Magnífico. Villiers de l'Isle-Adam, su gran maestro, se vio entonces obligado a pedir al papa un nuevo asilo para los suyos. En el año 1530, Carlos V les ofreció la isla de Malta, donde permanecieron hasta 1798, a pesar de los intentos de expulsión de los otomanos. Su resistencia heroica fue posible por la construcción de ciudades fortificadas, como la de La Valeta, que se convirtieron en el símbolo de la cristiandad. Sin embargo, frente a las tropas de Napoleón, que, en 1798, se dirigían a Egipto, no consiguieron defender sus posiciones.

Ese año fueron expulsados de la isla y sus bienes, confiscados. Comenzó entonces un corto periodo errático para los caballeros de Malta. Después, obtuvieron asilo del zar Pablo I, al que ofrecieron a cambio el título de gran maestro de la orden. Desgraciadamente, este ofrecimiento no gustó al papa, que rechazó ver a un jefe ortodoxo situado a la cabeza de uno de los pilares de la cristiandad. En esas circunstancias fue necesaria una gran dosis de diplomacia para conseguir que el zar Alejandro I renunciara a ser el gran maestro de la orden en 1801. Los caballeros marcharon entonces hacia Roma. En nuestra obra *Les ordres honorifiques et de chevalerie* (Éditions De Vecchi, 1995), recordamos que:

> *La convención de Verona reconoció en 1820 el carácter soberano de la orden, que fue, sin embargo, obligada a permanecer en Italia y establecerse definitivamente en Roma.*

En medio de grandes dificultades, los miembros de la orden se refugiaron bajo la protección del papa León XIII, que les aseguró su supervivencia, y después bajo la de Gregorio XVI, que les ofreció instalar su magisterio en Roma, en la vía Condotti, donde se mantienen todavía.

En nuestros días, la Orden de Malta —persona jurídica sujeta al derecho internacional— ha recuperado su función inicial. El trabajo humanitario realizado a lo largo de los años por los Hospitalarios de Malta muestra muy a las claras hasta qué punto su vocación y su compromiso se mantienen intactos. Gracias a su estatus único, la orden dispone de numerosas representaciones diplomáticas y está presente en todos aquellos lugares en los que la urgencia y la pobreza la necesitan. Se cuentan actualmente más de once mil caballeros de Malta en el mundo.

La Orden Ecuestre del Santo Sepulcro de Jerusalén

Si con frecuencia se cita a Godofredo de Bouillon como el fundador de los caballeros de la Orden del Santo Sepulcro, su verdadero origen es del año 1103, y está más bien vinculado a los militares enrolados por Balduino I, rey de Jerusalén, para asegurar la defensa de los intereses cristianos en Tierra Santa. Estos caballeros fueron armados solemnemente por el soberano de Jerusalén en la iglesia del Santo Sepulcro, cerca de la tumba de Cristo. De esta práctica, entonces tradicional en toda Europa, de donde eran originarios los caballeros, deriva su nombre, pero también una especie de leyenda que acompañaría su actuación como sencillos guardianes de la tumba. La historia demuestra que no hay nada de eso. La fundación de los caballeros del Santo Sepulcro se llevó a cabo para defender los intereses y el reino latino de Jerusalén.

En el año 1291, los cruzados se vieron obligados a dejar Palestina y los caballeros del Santo Sepulcro encontraron su auténtica misión. Se instalaron en Umbría, en el convento de San Lucas de la Parusía. Desde allí, intentaron difundir su mensaje por toda Europa con la esperanza de preservar el espíritu de las Cruzadas. Sin embargo, fue necesario esperar hasta el siglo XIV para que la orden conociera un verdadero desarrollo. La recuperación del Santo Sepulcro y la custodia de los franciscanos otorgó un vigor fenomenal a esta corriente devota, consagrada a los Santos Lugares desde comienzos de la Edad Media y ampliamente difundida por los escritos de San Bernardo de Claraval.

A pesar de la inseguridad reinante, los peregrinos continuaron viajando a Palestina. En esa circunstancia, el papa Alejandro VI tomó una decisión importante para los caballeros. En efecto, fijó con los franciscanos de la custodia la responsabilidad de la orden y les dio el poder de armar a sus miembros. Los caballeros de la Orden Ecuestre del Santo Sepulcro de Jerusalén prosperaron entonces de forma importante sin tener una verdadera función. Simplemente debían estar disponibles para realizar eventuales misiones en Tierra Santa, por lo que se dedicaron al perfeccionamiento de su vida espiritual. Se organizaron en cofradías, como la archicofradía real que se convirtió posteriormente en la iglesia de los cordeleros, y admitió en su seno a importantes personajes como François-René de Chateaubriand. Este último fue armado en Jerusalén en el año 1806. La cofradía, mientras, alcanzaba en Francia una cierta difusión... quizá debido al fin de la Revolución.

Fue necesario esperar hasta 1847 y el establecimiento de un patriarcado latino en Jerusalén para que el trabajo de los caballeros resurgiera verdaderamente. El papa Pío IX les confió la misión de sostener moral y materialmente, pero sobre todo de manera espiritual, a las comunidades cristianas de Tierra Santa.

Después, la orden experimentó algunos cambios, como la admisión de mujeres, en 1888, o ser armados fuera de Tierra Santa. Hoy día, si bien la peregrinación a Tierra Santa se mantiene como una cita importante, no es ya determinante. Sin embargo, numerosos caballeros integran la orden y la función más importante de su misión reside en el cumplimiento de sus ideales espirituales: «Trabajar para la propagación de la fe, facilitar el acceso a los peregrinos a los Santos Lugares y mantener la presencia católica en Tierra Santa».

La Orden de los Caballeros Teutones

De la misma manera que la Orden de Malta, la de los Caballeros Teutones del Hospital de Santa María de Jerusalén tiene sus orígenes en la creación por comerciantes de Bremen y Lübeck de un pequeño dispensario durante el sitio de San Juan de Acre, que tuvo lugar en 1191, bajo el poder despótico de Federico de Suabia. Siete años más tarde, la entrada en el seno de lo que hasta entonces no eran más que los «hermanos de la casa teutona de Santa María de Jerusalén» de nobles y caballeros supuso su transformación en orden de caballería. En adelante, la Orden de los Caballeros Teutones asumió dos funciones: una hospitalaria, calcada en su funcionamiento de la propia de la Orden de Malta, y otra militar, inspirada en la Orden de los Templarios. Su primer gran maestro fue Heinrich Wapot, que procedía de la Orden de los Hospitalarios.

Desgraciadamente, un siglo después de su creación, los Caballeros Teutones se vieron obligados, al igual que todos los cristianos, a dejar San Juan de Acre, que había sido reconquistado por los musulmanes. La orden adquirió entonces amplias propiedades, primero en el Mediterráneo y después en Alemania, donde decidieron crear las riquezas que les permitieran continuar su política expansionista.

En el año 1211 abrieron una vía de penetración hacia Transilvania, donde construyeron completamente la ciudad de Kronstadt. En 1231 marcharon a la conquista de la Prusia pagana. En el año 1309 compraron Pomeramia, y después Estonia en 1346. En ese momento su territorio se extendía desde Finlandia hasta Pomeramia. Construyeron casi cien ciudades y otras tantas fortalezas. El emperador les otorgó su máximo reconocimiento e hizo de los teutones verdaderos príncipes.

Sin embargo, la expansión territorial y la enorme influencia de los caballeros levantó muchas suspicacias, de manera que a principios del siglo xv doblaron las campanas para esta orden, a la que hasta entonces todo le había ido a la perfección.

La progresión de sus conquistas se vio frenada, en primer lugar, en Grunwald por los polacos, antes de que un tratado pusiera fin a la guerra que duró trece años (1454-1467) y devolviera a Polonia casi la totalidad de las tierras de la orden. Peor todavía, el monarca polaco se convirtió, en virtud de esos mismos acuerdos, en el soberano directo de la orden. A pesar de todo, esta sobrevivió en gran parte gracias a los Hospitalarios, que, sintiéndose útiles, consiguieron devolver a la Orden de los Caballeros Teutones una cierta imagen. En 1809, Napoleón Bonaparte prohibió la orden sin llegar realmente a disolverla. Por ello, esta consiguió como mínimo subsistir en Austria. Hoy día, los caballeros teutones se mantienen todavía activos y trabajan desde Austria, dedicándose a la caridad y cuidando a aquellos que lo necesitan.

1204: primera caída de Constantinopla

La Cruzada de los tres reyes, tan prometedora para la cristiandad, acabó en un compromiso. La muerte, ahogado, de Federico Barbarroja y el retorno de Felipe Augusto, enfermo, después de la victoria de Acre, dejaron solo a Ricardo Corazón de León.

Ricardo consiguió excelentes victorias sobre Saladino: Arsouf en 1191 y Jaffa al año siguiente. Cuando se agotaba una campaña, comenzaban las negociaciones y se pactaba una tregua.

Los francos conservaron la costa mediterránea desde Tiro hasta Jaffa y los peregrinos hallaron libre el acceso a Jerusalén. Ricardo Corazón de León, que aprendió las maniobras necesarias de su hermano Juan Sin Tierra y de su enemigo Felipe II, pudo así volver a su Inglaterra natal. Por otra parte, el statu quo que obtuvo no era tan malo: duraría más de un siglo.

El emperador Enrique VI, que reinó sobre el Sacro Imperio romano germánico, logró afirmar su autoridad sobre las tierras sicilianas hasta Bizancio y la cuenca mediterránea, que parecía estar al alcance de la mano. Su brutal muerte en el año 1197 provocó el abandono del proyecto, justo cuando las tropas germanas ya habían llegado a Siria. Fue una bendición divina para el papado y las demás potencias europeas que se hubieran encontrado con un imperio de dimensiones realmente gigantescas. ¡Pero ya se había visto cuál era el camino! La idea de reconducir a Bizancio al seno católico y romano estaba en marcha...

Hábil político más que hombre de fe y de la Iglesia, e inspirador de la nueva Cruzada, el papa Inocencio III creyó llegado el momento adecuado para ex-

(Continúa)

tender el poder de la Santa Sede. Para ello empezó a predicar la reunificación de la cristiandad, primero de una manera más pausada. Desde 1054 y el gran cisma, el mundo cristiano se había dividido, así que el momento para la unificación parecía acercarse.

Ningún soberano occidental, conscientes todos de los nuevos planes diseñados para la expedición, aceptó embarcarse. Únicamente Enrico Dándolo, el dux veneciano, alma de la Cuarta Cruzada, participó en la empresa. Bien sostenida por los caballeros francos, y puesta bajo la dirección de Bonifacio de Montferrat, la Cruzada se puso en marcha en 1202.

Sin embargo, los cruzados no llegaron ni a pagar a los venecianos el precio del transporte por mar, de manera que estos últimos les propusieron apoderarse de la ciudad de Zara, en el Adriático, a fin de liquidar todas las cuentas. Zara era una ciudad cristiana que se había separado de la República para pasar a formar parte del reino de Hungría. La ciudad no pudo resistir mucho tiempo y fue conquistada y destruida. Los cristianos cruzados habían masacrado a los cristianos dálmatas.

Cuando los cruzados debían dirigirse hacia Egipto para luego llegar hasta Jerusalén, Felipe de Suabia los convenció de enrolarse al lado del basileus Isaac II, derrocado por Alexis III en el año 1195.

Cuando el ejército de los cruzados llegó ante Constantinopla se apoderó por primera vez de la ciudad. Isaac II recuperó muy pronto el trono, asociado a su hijo Alexis IV.

Las relaciones entre cruzados y Bizancio se volvieron muy pronto muy difíciles, tanto que, a principios de 1204, la población se levantó contra la presencia extranjera: entonces, un usurpador, Alexis V, se hizo con el poder tras matar a los dos soberanos «legítimos».

Los cruzados decidieron entonces realizar un nuevo asalto, repartiéndose por adelantado el botín del Imperio bizantino: una cuarta parte sería para el emperador latino de Oriente, el dinero se distribuiría por igual entre los peregrinos cruzados y la república de Venecia, la verdadera inspiradora de esta carnicería y del aniquilamiento de la presencia cristiana en Oriente. Después de tres días de sitio, el 12 de abril de 1204, la ciudad sucumbió...

(Continúa)

Comenzó entonces la más vasta operación de pillaje jamás emprendida. Las iglesias fueron profanadas, las imágenes de los santos destruidas, Santa Sofía vio cómo destruían sus altares y robados sus vasos sagrados y cálices... Violar a las mujeres se convirtió en un deber sagrado... y por todas partes se extendieron los abusos y las destrucciones...

Realmente, Occidente triunfó, el papado reunificó la cristiandad y los venecianos alcanzaron un nivel de riqueza jamás soñado. Sin embargo, ahí quedó perfectamente plasmado el verdadero objetivo de las Cruzadas, que no era la recuperación de los Santos Lugares, sino la destrucción del impío Imperio de Bizancio, cuestión que, por otra parte, ya sabían perfectamente los reyes bizantinos. Durante mucho tiempo trataron con los infieles a fin de intentar escapar a la destrucción, porque una doble amenaza pesaba sobre ellos, la de los turcos y la de los cruzados. Ellos que estaban a caballo entre los dos continentes, entre Oriente y Occidente, tuvieron que hacer equilibrios entre ambos...

1453: segunda caída de Constantinopla

Bayaceto I, llamado «el Rayo», Yildirim, no dejó de ampliar el Imperio turco en Anatolia. Después, continuando la política de su padre, Murat I, que había derrotado a los serbios en Kosovo, acabó la conquista de Serbia y Tesalia.

Bayaceto I fracasó, una primera vez, en su deseo de apoderarse de Constantinopla. En 1396 destrozó, en la batalla de Nicópolis, la Cruzada encabezada por el rey Segismundo de Hungría.

Sin embargo, Tamerlán y sus mongoles lo derrotaron en Ankara, en el año 1402. Bizancio pudo así intentar recuperar sus fuerzas.

Mehmet I, que ascendió al trono en 1413, instaló su retaguardia en Anatolia. Su sucesor, Murat II, intentó el asalto a Europa. Un segundo ataque dirigido contra Constantinopla volvió a fracasar, aunque esta vez el basileus aceptó pagar un tributo. La reacción cristiana fue la salvaje toma de Tesalónica. El papa Eugenio IV organizó un ejército de cruzados que, en 1444, fue destruido en Varna, Bulgaria.

(Continúa)

Cuando, en 1451, Mehmet II se convirtió en sultán, se decidió a acabar con aquel Bizancio que había quedado reducido a un Estado residual. Constantino XI, el último rey, un hombre de alto valor moral, no mantenía ninguna esperanza sobre el resultado de la operación, dado que el joven sultán, de veintiún años, había preparado cuidadosamente el asalto.

Era necesario levantar en la orilla septentrional del Bósforo una fortaleza que dispusiera de cañones que cubrieran el estrecho, e impidieran el acceso de los navíos que venían del mar Negro y del mar de Mármara. Sin embargo, frente a las decenas de miles de turcos, la guarnición bizantina, reforzada principalmente por genoveses y pisanos, no reunía más que algunos miles de combatientes mercenarios. La desproporción de fuerzas era manifiesta y por eso incluso sorprendió la duración de la resistencia de los cristianos.

Durante los primeros días del mes de abril de 1453 comenzó el sitio propiamente dicho, en una época en la que Bizancio vivía el momento álgido de las convulsiones religiosas entre ortodoxos y latinos. Realmente no era algo baladí, como lo demuestra el hecho de que tuviera importantes consecuencias: por ejemplo, el número de bizantinos que, ya en 1204, prefirieron a los turcos antes que a Roma.

El ejército turco, continuamente reforzado y utilizando cañones de gran poder destructivo, intentó anular las fortificaciones enemigas, como en realidad ocurrió, a pesar de los audaces ataques del capitán genovés Giustiniani. Después de haber hecho arrastrar casi ochenta galeras sobre rodillos de madera, Mehmet II las botó de nuevo junto a las orillas del Cuerno de Oro y cogió a la flota bizantina entre dos fuegos.

Finalmente, el 29 de mayo se dio la orden de asalto general. La tercera oleada fue dirigida, después de la muerte de Giustiniani y del rey, Constantino XI. En esa ocasión, las tropas turcas penetraron en la ciudad milenaria. Todos los griegos, que se habían refugiado en Santa Sofía, fueron masacrados sin piedad. Después, Mehmet II acudió a celebrar su victoria transformándola en mezquita, y a continuación se instaló en el palacio imperial de Blachernes. La ciudad fue entregada a las tropas musulmanas en pago de la promesa realizada.

(Continúa)

> *La violencia fue extrema: violación de mujeres sin excepciones por motivos piadosos, profanación de tesoros religiosos, incendio de imágenes e iglesias, destrucción de bibliotecas y asesinato de altos dignatarios bizantinos. Innumerables prisioneros de todas las edades fueron encadenados entre sí y vendidos como esclavos en el cercano mercado de Andrinópolis.*
>
> *El sultán, harto de tantos desórdenes sin límite, hizo restablecer el orden después de tres días de locura asesina.*

Los templarios

¿Existe el mito de los templarios?

A pesar de la toma de Jerusalén por Godofredo de Bouillon en el año 1099, los peregrinos todavía no podían viajar a los Santos Lugares con absoluta seguridad. Como consecuencia de las actuaciones de los salteadores, o incluso de los cruzados, y como venganza por parte de algunos musulmanes, Tierra Santa estaba lejos de ser un lugar acogedor para los cristianos llegados para visitar los mismos lugares en los que vivió Jesucristo. Decididos a acabar con esa situación, Hugo de Payns y su hermano de armas Godofredo de Saint Omer se organizaron para «conseguir asegurar» los lugares de peregrinación más peligrosos. Con ese objetivo, ambos crearon, en 1118, junto a siete de sus compañeros, la Orden de los Pobres Caballeros de Cristo. Invitados por Balduino II, rey de Jerusalén, a hospedarse en una parte de su palacio, los caballeros tomaron muy pronto la denominación de *templarios*. En efecto, Balduino ocupó una estancia situada en el emplazamiento donde se había levantado, antiguamente, el templo de Salomón antes de su destrucción por los caldeos en el año 587 a. de C. En el año 1119, la orden se convirtió en la Orden de los Pobres Caballeros del Templo de Jerusalén, y obtuvo diez años más tarde la bendición y el sostén del papa. Durante cerca de dos siglos, los templarios cumplieron un magnífico papel al procurar seguridad a los peregrinos que iban a Tierra Santa. Participaron activamente en la defensa de los intereses de la cristiandad en esta parte oriental del mundo entonces conocido. Sin em-

bargo, algunas rivalidades, como la que tuvieron con la Orden de los Caballeros de Malta, o el recelo suscitado por su enriquecimiento planearon sobre la
orden.

En 1291, la orden se retiró a sus posesiones en Europa tras la caída de San
Juan de Acre. Pero sus actividades financieras continuaron suscitando todo tipo
de envidias. Los caballeros de la orden se hicieron sospechosos de haber encontrado el tesoro del rey Salomón, a la vez que el monarca Felipe IV el Hermoso
hacía grandes esfuerzos para convertirse en su gran maestro. Ante el rechazo de
estos últimos, Felipe se lanzó entonces a realizar una política de persecución, en
la que, ayudado por Guillaume de Nogaret, hizo todos los esfuerzos posibles
para desacreditarlos. El primero, en octubre de 1307, cuando hizo arrestar a
todos los miembros franceses de la orden, los obligó a confesar, bajo tortura, los
crímenes más inverosímiles y organizó un simulacro de proceso judicial. Esa
situación duró siete largos años, durante los que, tanto el papa como los caballeros, lograron escapar a la venganza de Felipe IV el Hermoso y utilizaron toda su
influencia para obtener una reparación. Pero todo fue en vano. El 22 de marzo
de 1312, una bula del papa Clemente V abolió la Orden de los Templarios y, el
18 de marzo de 1314, Jacques de Molay murió en la hoguera después de haber
pronunciado, durante su agonía, la célebre maldición:

> *Papa Clemente... Caballero Guillaume... Rey Felipe... Antes de un año yo os
> cito a comparecer ante el tribunal de Dios para recibir vuestro justo castigo.
> ¡Malditos!, ¡malditos!, ¡seáis todos malditos hasta la decimotercera generación
> de vuestra estirpe...!*

Nacimiento y vida de la orden

A finales del siglo XI, los cruzados viajaron hasta Oriente Próximo al grito de
¡Deus o vol! Tras tres años de combates, las tropas de Godofredo de Bouillon
tomaron, en julio de 1099, Jerusalén. Comenzaba entonces una formidable y
ensangrentada historia.

Los cruzados diezmaron a los infieles, impulsados por su deseo de postrar-
se ante el Santo Sepulcro, y continuaron la incesante persecución de los turcos supervivientes.

Decidieron proclamar a Godofredo de Bouillon rey de Jerusalén, pero este no aceptó, tanto por modestia como por piedad, más que el título de barón del Santo Sepulcro. Sólo pudo reinar un año antes de morir inesperadamente.

¿Quizás, envenenado? Su hermano Balduino de Bolonia, que fundó el condado de Edesa, le sucedió.

«Además de fundar el primer Estado franco, el hermano de Godofredo de Bouillon pudo realizar su viejo sueño: construirse un principado a la medida de su ambición» tal como nos recuerda Bernard Baudouin en su obra *La fantástica epopeya de las Cruzadas (1096-1291)*, Editorial De Vecchi, 2004. Durante dieciocho años gobernó Jerusalén, donde organizó un reino latino y subordinó a su corona los demás principados nacidos de las conquistas realizadas durante la Primera Cruzada.

A pesar de este destacado trabajo, el rey Balduino fue excomulgado por ser bígamo y por sus costumbres, como mínimo algo ligeras. Poco a poco se vio cada vez más abandonado.

Una vez liberado Jerusalén, los cruzados quisieron volver a sus respectivos países en Occidente, por lo que Balduino decidió organizar varias órdenes para frenar esa previsible marcha masiva, tanto militares como religiosas: una sería la Orden de los Templarios, en 1118, y otra la Orden de los Hospitalarios, dos años más tarde.

Como explica Gabriel Lechevallier (*AHM*, núm. 38):

Para satisfacer al todopoderoso clero, se dio a estas tropas auxiliares una noble misión, más conforme a los principios cristianos de caridad y misericordia (aunque esos principios se vieran regularmente incumplidos) que a la secular defensa de las fronteras. Se quiso favorecer más al monje que al soldado: garantizar la seguridad de los peregrinos y proteger los Santos Lugares (habría que esperar a San Bernardo y su Elogio de la nueva milicia *para que la defensa de la fe justificase la utilización de armas).*

Los peregrinos que acudían a Tierra Santa seguían sin encontrarse protegidos y padecían asaltos y robos violentos. En esa circunstancia, el hermano Gerardo promovió una orden en torno al hospital de San Juan, regida por la regla benedictina, después agustina, que se convirtió en la Orden de los Hospitalarios (primitivamente Orden del Hospital u Orden de San Juan de Jerusalén).

Gabriel Lechevallier relata:

Hugo de Payns, de la familia de los condes de Champagne, instauró en 1118, con ocho compañeros (Godofredo de Saint Omer, Andrés de Montbard, Gondemare, Godofredo, Roland, Payen de Montdidier, Godofredo Bissot y Archambaud de Saint-Amand), todos caballeros prudentes y valientes, los «Pobres Caballeros de Cristo». Se dedicaron a defender a los peregrinos, a proteger las rutas y a servir como caballeros al rey... para la remisión de sus pecados. Ignoramos si Hugo de Payns participó en la Primera Cruzada con su soberano, Godofredo de Bouillon, pero sabemos que, en el año 1104, se dirigió a Tierra Santa con el conde Hugo de Champagne y que se instaló allí.

Balduino II de Bourg, que acababa de suceder a su primo Balduino I en el trono de Jerusalén, acogió a los Pobres Caballeros en un ala de su palacio, después de abandonar el emplazamiento del antiguo templo de Salomón, donde se levantaba la mezquita de al-Aqsa. En el subterráneo del edificio, había una inmensa sala en la que podían alojarse hasta trescientos caballeros.

Los compañeros de Hugo de Payns se convirtieron en los «Pobres Caballeros de Cristo y del Templo de Salomón». Fueron conocidos como «Caballeros del Temple» o «Templarios». Vivieron de acuerdo con la regla agustina. La leyenda se ponía en marcha. Gormond de Picquigny, patriarca latino de Jerusalén entre 1118 y 1128 y sucesor de Balduino II, les tomó oficialmente los votos. Hugo de Payns fue elegido gran maestre; este era consciente de la poca capacidad de su orden para defender los caminos de la Ciudad Santa, por el escaso número de miembros que la componían (sólo nueve). Por esa razón, en el año 1127 se marchó a visitar al papa Honorio II y recibió la regla de la orden. Por tanto, se puede decir que fue en el concilio de Troyes, el 14 de enero de 1128, donde, a petición expresa de San Bernardo (más conocido por el nombre de Bernardo de Claraval), fue realmente fundada la orden. El *Elogio de la nueva milicia* es un testimonio capital de la importancia que tuvo San Bernardo en la creación de la Orden del Temple. Él mismo debió de ser el autor de la regla que regía el funcionamiento de la orden.

En 1141, el papa otorgó la cruz paté roja a los templarios, también llamada cruz de San Bernardo, que llevarían cosida sobre el hombro izquierdo de sus trajes. Anteriormente, los caballeros iban cubiertos con una capa blanca. Con ese reconocimiento oficial y estructuralmente organizados, el caballero de Payns y sus compañeros recorrieron Europa a fin de recoger donaciones y ayudas. La orden se hizo rica y reclutó más personas. Pero, a la vez, esos dos aspectos se convirtieron en su gran debilidad, porque atrajo determinadas animadversiones y provocó la aparición de cierta corrupción, por una parte, y, por otra, se reclutó sin demasiados miramientos. Aceptaron que se incorporaran hombres en quebrantamiento de destierro, impíos, excomulgados que buscaban rehacer su situación, homicidas, etc. Según San Bernardo, su conversión produjo dos beneficios:

Uno, librar el país de los que lo oprimían y lo devastaban, y otro, proporcionar hermanos dispuestos a ir a Tierra Santa... Así fue como Cristo triunfó y se vengó de sus enemigos, que se convirtieron en sus más acérrimos defensores.

En esas circunstancias, se obligaba, como medida de expiación, al exilio en Tierra Santa y a participar en la guerra santa hasta la muerte si era necesario. En efecto, se pedía a los templarios que no rehusaran nunca el combate, fuera cual fuera el número de enemigos, a no dar cuartel ni a pedir gracias o piedad, a no pagar rescate, a no ceder nunca...

Hugo de Payns propuso, además, para la corona del reino de Jerusalén a Foulques de Anjou. Este la aceptó y se casó con Melisenda, la hija de Balduino II. Sucedió a su suegro en 1131. Cumplida su misión en Occidente, Hugo de Payns volvió a Jerusalén en el año 1130. Se llevó consigo a su hijo Thibaut, que se marchó llevándose el tesoro de su abadía. Hugo de Payns murió el 24 de mayo de 1136, cuando era la cabeza visible de una orden que ya tenía más de trescientos caballeros y tres mil hombres de tropa.

La orden se enriqueció: poseía campos y fortalezas, hacía de banca para los peregrinos —un papel que se le reprocharía— y, más tarde, para los reyes. A Hugo le sucedió Roberto de Craon (1136-1147). Este era el hijo de Renaud, señor de Craon, conocido como *el Borgoñón*. Era el pequeño de tres hermanos. Instalado en Aquitania, el conde de Angulema lo casó con la hija de un señor. Cuando conoció la noticia de la fundación de la Orden del Temple se comprometió y salió hacia Palestina con la intención de hacerse templario. Poco después de tomar esa decisión derrotó al emir de Alepo, que se dedicaba a realizar operaciones de pillaje con su tropa por toda Palestina. Sin embargo, mientras los caballeros cristianos se entregaban a abyectas represalias, el emir volvió a batirlos en toda regla. El reino de Jerusalén se encontraba en una situación política tan inestable y era tal la inseguridad, que el gran maestro no pudo dejar Palestina para participar en la expedición de los templarios hacia tierras hispánicas, que, con setenta barcos, puso sitio a Lisboa. La expedición fue un fracaso.

En el año 1140, los templarios opusieron una enorme resistencia a las tropas turcas en la batalla de Tecua. La muerte accidental del rey Foulques durante una jornada de caza provocó problemas e intrigas en todo el reino. El papa Inocencio II precisó, en la bula *Omne datum optimum* (29 de marzo de 1139), los privilegios de la Orden del Temple. Los principales eran: la exención de la jurisdicción episcopal (la orden tenía sus propios sacerdotes y capellanes) y de los diezmos. Évrard (o Everard) des Barres (1147-1157) y Bernardo de Tramelay (o Dramelay o Dramelet) (1150-1153) le sucedieron. En 1154, Andrés de Montbard, uno de los nueve caballeros fundadores de la orden, entonces senescal, fue el elegido para ocupar el cargo, aunque se trataba de un anciano.

Numerosos autores han considerado que precisamente fue seleccionado para servir de obstáculo al candidato de Luis VII... a pesar de que era el tío de San Bernardo. Elegirlo, aunque fuera por poco tiempo, era rendir un homenaje al protector de la orden volviendo a las fuentes espirituales.

Bertrand de Blanquefort (1156-1169) fue posteriormente elegido sin oposición y sucedió a Andrés de Montbard.

Gabriel Lechevallier relata:

Guillaume de Tyr deseaba que fuera un hombre religioso henchido de temor a Dios. El 19 de junio de 1157, junto a las orillas del Jordán, en el vado de Jacob, cayó en una emboscada y fue hecho prisionero por Nour-ed-Din, sultán de Dumas, junto a otros ochenta y siete templarios. Recuperó su libertad dos años más tarde, junto a otros seis mil cautivos. El emperador de Constantinopla pagó el rescate.

[...] *El gran maestro estaba junto a Amaury, nuevo rey de Jerusalén, de expedición por Egipto, cuando Nour-ed-Din aprovechó para atacar las provincias de Trípoli y Antioquía. El preceptor del Temple se puso al frente de un ejército compuesto por templarios y refuerzos llegados desde Francia, entre los cuales se encontraba Guy de Lusignan, e infligió una gran derrota a Nour-ed-Din. Este no se dio por vencido y derrotó a los francos en la batalla de Harenc, donde murieron sesenta templarios.*

Las expediciones de conquista ayudaron a que la Orden del Temple se enriqueciera. La orden compró Chipre a Ricardo Corazón de León en 1191, pero la población se levantó y provocó una revuelta, de manera que aquel la revendió enseguida a Guy de Lusignan.

Se sabe que los templarios eran cada vez menos populares.

John Charpentier relata:

«Codiciosos son», *escribió a este propósito el poeta satírico Guyot de Provins en su biblia (alrededor del año 1200).*

Pero, para el historiador, no eran avaros ni tacaños y sabían ser proveedores de fondos, e incluso pagaban en metálico. Después de la caída de Jerusalén, «llegaron a comprar a los desgraciados cristianos que habían caído en manos de los infieles». De todas formas, los templarios no lo podían solucionar todo. Los árabes, completamente decididos a recuperar las tierras conquistadas por los cruzados, se lanzaron a una reconquista sin par que les conduciría, en 1291, a la conquista de San Juan de Acre y a poner fin a las Cruzadas. Así, desprovistos de sus tierras de Oriente y de su primer anhelo, los templarios no tuvieron otra elección que retirarse a sus propiedades europeas.

La regla de la Orden del Temple

La Orden del Temple, instaurada por Hugo de Payns y el patriarca de Jerusalén, evolucionó bastante a lo largo de su existencia. Seguidora en un primer periodo de los preceptos dictados por San Agustín unos seiscientos años antes, se desarrolló después del concilio de Troyes (1129) y dejó de ser agustina para pasar a ser cisterciense. Juzgada esta regla nuevamente como insuficiente, fue completada con ocasión del concilio de Pisa, celebrado en 1134, plasmando un cambio que algunos años más tarde fue confirmado por la bula *Omne datum optimum*, emitida en el año 1139 por el papa Inocencio II. Se componía al menos de 72 artículos pensados para regular la vida de los templarios desde el día de su iniciación hasta el de su muerte. Desde los deberes religiosos hasta los reglamentos de trabajo, desde los uniformes hasta los grados, desde la fiestas religiosas hasta los castigos corporales, todo estaba contenido en ella, todo salvo la jerarquía, la organización interna de la orden y su disciplina militar, un olvido corregido en 1165 por una penúltima actualización publicada en las *Retractaciones*.

Constaban de 675 artículos, que se agregaron a la regla de la orden. Finalmente, los templarios no cambiaron nunca nada más en la regla, salvo la redacción de la codificación precisa de sus ceremoniales un siglo más tarde. Se trataba solamente de dejar constancia de las prácticas inmutables realizadas de la misma manera desde hacía ya mucho tiempo.

El triste fin de la Orden del Temple

A pesar de la inicua y escandalosa traición del gran maestro Gérard de Ridefort (batalla de Hattin en 1187), la muerte de San Luis a las puertas de Túnez, en el año 1270, y la caída de San Juan de Acre, el 28 de mayo de 1291, el prestigio de los monjes-soldado de capa blanca sobre la que destacaba una cruz roja permaneció, ya de vuelta a Europa, bastante intacto. Mantuvieron, además, su fuerza y capacidad económica y, aunque hubieran perdido su vocación original y se hubieran convertido en usureros, las potentes encomiendas que instalaron en todos los rincones del viejo continente atrajeron a todos. Sin embargo, esa misma fuerza acabó por producir inquietud, de manera que muy pronto la opinión pública que les había sido enormemente favorable comenzó a volverse contra ellos. No sólo el final estaba cercano, sino que el rey de Francia, Felipe IV el Hermoso, deseaba precipitarlo cuanto antes mejor.

De vuelta a Europa, la Orden del Temple parecía más poderosa que nunca. Contaba ya con unos quince mil hombres, de los que dos mil se establecieron en Francia, y disponían de un considerable tesoro de guerra acumulado gracias a las innumerables donaciones recibidas desde la creación de la orden. Sin embargo, la presencia en los diferentes países de una organización tan poderosa que resultaba totalmente incontrolable inquietaba a los Estados que los acogieron. Además, la posición adoptada por la orden no contribuía a arreglar las cosas. Privados ya de su misión de protección de Tierra Santa, los templarios se fueron convirtiendo, gracias a su extraordinaria riqueza, en los banqueros más importantes de Europa, que gestionaron e hicieron crecer no sólo sus propios recursos, sino también los de la Iglesia y los soberanos de Occidente: una actividad que no mantenía demasiada relación con la ambición de Hugo de Payns, el fundador de los Pobres Caballeros del Templo de Jerusalén. A la luz de esa nueva situación, la Orden del Temple también resultaba molesta para muchos, de manera que no parece extraño que saliera a relucir la cuestión de su propia legitimidad. Comenzaba el principio del fin. Los soberanos europeos, con Felipe IV el Hermoso a la cabeza, empezaron a actuar en contra de la orden.

En efecto, el rey de Francia se mostraba inquieto ante la llegada masiva a suelo francés de caballeros armados sometidos exclusivamente a la autoridad papal. Por ello, desde el mismo comienzo de su reinado no dejó de combatir esa autoridad papal y practicar un cierto galicanismo anticipadamente. Con la habilidad que le era propia, Felipe IV el Hermoso intentó, antes que oponerse a la orden, aliarse con sus caballeros, que se habían convertido en los banqueros de la monarquía francesa. En esa línea debe entenderse el hecho de que en 1304 otorgara nuevas concesiones a la orden y después intentara ser admitido en ella. En el fondo esperaba convertirse en el gran maestro de la orden y así poder controlar sus riquezas y sus actuaciones, pero los templarios rechazaron su ingreso.

El rey propuso entonces al papa Clemente V refundar a los templarios y a los hospitalarios en una única y nueva orden, la de los Caballeros de Jerusalén. Jacques de Molay, gran maestro de la orden desde 1298, rechazó el asunto de una manera más bien torpe:

En un tiempo como este en el que todo el mundo, príncipes, prelados, eclesiásticos y religiosos, envidia los abundantes bienes de las dos órdenes e intenta, bajo diferentes pretextos, apoderarse de ellos, ¿sería una gran ventaja unificarnos en una sola orden? Pasaríamos a ser entonces tan fuertes y poderosos que po-

dríamos defender nuestros derechos contra cualquier persona en este mundo, ¡incluido el papa!

Clemente V no tardó en percibir la amenaza que se derivaba de la respuesta pero, si bien no siguió adelante con ese proyecto, esta lo dispuso incontestablemente contra la orden, tanto que se mostró decidido a desembarazarse de una organización que tan orgullosamente amenazaba su autoridad.

Felipe IV el Hermoso no deseaba todavía hacer caer la orden. Sin embargo, Guillaume de Nogaret, su tristemente célebre consejero, que había jurado la perdición de la misma, y las revelaciones obtenidas de Esquin de Floryan, un comendador de la orden encarcelado por homicidio en la región de Toulouse, vinieron a ofrecerle la oportunidad buscada. Esquin declaró que los templarios realizaban piras rituales durante las sesiones de iniciación: adoración de ídolos, lanzamiento de escupitajos sobre la cruz, besos sobre las partes carnosas de los oficiantes, realización de prácticas de sodomía... No hizo falta nada más para que el rey se interesara en el asunto y escribiera al papa para hacerlo partícipe de las acusaciones de herejía de las que era objeto la Orden del Temple. Clemente V comenzó por responder que estas acusaciones eran inauditas e increíbles, antes de permitir, conforme a lo que había previsto el rey de Francia, realizar una investigación sobre los templarios. Precisaba, no obstante, que si eran declarados culpables de los crímenes que se les imputaban, sus bienes debían ser utilizados para mejorar la seguridad en Tierra Santa, un detalle que Felipe IV el Hermoso no debió realmente interpretar de la misma manera.

A la luz de los acontecimientos, Jacques de Molay, convocado por Clemente V para aclarar la situación, se embarcó en Chipre y se dirigió hacia Aviñón para intentar frenar y acabar con esa calumniosa campaña. Sin embargo, una vez más el orgulloso gran maestre cometió un grave error de apreciación.

No era en absoluto consciente de las graves amenazas que pesaban contra él y creía que la orden disfrutaba todavía del mismo prestigio que en el pasado. No se daba cuenta de que la opinión pública estaba cambiando, un viraje que la ultrajante opulencia de su soberbio cortejo iba a reforzar. La orden tenía la causa perdida y sólo su altanería y su ingenuidad impedían que Jacques de Molay se diera cuenta de la situación real.

El 22 de septiembre de 1307, Felipe IV el Hermoso, que había sido informado de que el capítulo de la orden debía celebrarse en París durante el mes de octubre, confió las investigaciones a Guillaume de Nogaret. El jueves 12 de octubre de 1307, los gobernadores de las provincias recibieron órdenes escritas del rey que no debían ser leídas antes de la noche del 12 al 13 de octubre. Después debían ejecutarse inmediatamente:

> [...] *Os encargamos y os mandamos rigurosamente* [...] *que arrestéis a todos los hermanos de la susodicha orden sin excepción alguna, los retengáis prisioneros para entregarlos al juicio de la Iglesia, incautéis sus bienes muebles e inmuebles y conservéis en vuestro poder con gran cuidado estos bienes incautados, sin gastarlos ni utilizarlos para nada* [...] *hasta que recibáis más adelante una nueva orden nuestra.*

La operación fue un verdadero éxito, tal como lo confirma Guillaume de Nangis en su *Crónica*:

> *El viernes 13 de octubre de 1307, a primera hora del día, todos los templarios que se encontraban en el reino de Francia fueron súbita y simultáneamente retenidos y encerrados en diferentes prisiones, en cumplimiento de una orden del rey. Entre ellos fue detenido, en la casa del Temple en París, y mantenido en prisión el gran maestre...*

Sólo unos cuantos templarios consiguieron escapar, pero los pobres fueron, según Henri Béraud, el autor del *Bois du templier pendu* (Les Éditions de France, 1926), inmediatamente perseguidos por la población.

El 15 de octubre de 1307, el rey de Francia se dio el gusto de proclamar públicamente el acta de acusación:

> *Un asunto amargo, un tema deplorable, una cuestión que sólo de pensarla resulta horrible, terrible de escuchar, un crimen detestable, una actuación execrable, un acto abominable, una afrenta infame, algo completamente inhumano ha llegado a nuestros oídos, gracias a la colaboración de personas dignas de toda fe, no sin provocarnos mucho estupor y hacernos sufrir un violento horror. Ante su enorme gravedad, un dolor inmenso se ha apoderado de nosotros, más*

cruelmente si cabe porque la enormidad del crimen nos desborda hasta constituir una ofensa para la divina majestad, una vergüenza para la humanidad, un pernicioso ejemplo del mal y un escándalo universal.

[...] Estas gentes son comparables a las bestias de carga desprovistas de razón, es más, al superar su sinrazón su enorme bestialidad se exponen a todos los crímenes soberanamente abominables que aborrecen y superan la sensibilidad de las bestias irracionales.

Han desamparado a Dios, su creador, se han separado de él, su salvador, han abandonado al Dios que les dio la luz, han olvidado al Señor, su creador, inmolado a los demonios y no a Dios. Son gentes sin respeto y sin prudencia.

Hace poco, en la relación de personas dignas de fe que se nos entregó, se nos decía que los hermanos de la Orden de la Milicia del Temple, ocultando a un lobo con apariencia de cordero y, bajo el hábito de la orden, insultan miserablemente a la religión de nuestra fe, crucifican nuevamente en nuestros días al Señor Jesucristo, ya crucificado para la redención del género humano, y le lanzan injurias más graves que las que ya sufrió en la cruz, cuando, al entrar en la orden y hacer profesión de fe, se les presenta su imagen y por una infeliz, ¿qué digo?, una miserable ceguera, reniegan tres veces y, con una crueldad terrible, le escupen tres veces a la cara; para después, desprovistos de los ropajes que llevan en la vida secular, desnudos, llevados en presencia del que los recibe o de su sustituto, este los besa, conforme al rito odioso de su orden, primeramente al final de la espina dorsal, después en el ombligo y finalmente en la boca, para vergüenza de la dignidad humana. Después de ofender la ley divina con unas acciones tan abominables y unos actos tan detestables se obligan, por los votos de su profesión y sin temor de ofender a la ley humana, a entregarse a otro, sin posibilidad de rechazar, desde el mismo momento en que son requeridos, debido a los efectos viciosos de un horrible y espantoso concubinato.

Por esta razón, la cólera de Dios se ha abatido sobre estos hijos de la infidelidad. Esta gente inmunda ha abandonado la fuente de agua viva, sustituido su gloria por la estatua del carnero de oro y hace sacrificios a los ídolos. Hay, además, otras muchas cosas que no teme hacer esta gente pérfida, esta gente insensata y entregada al culto de los ídolos [...]

En contra de toda previsión, Jacques de Molay confesó espontáneamente, según las informaciones de las que se dispone, los errores de la orden, e incluso sus propios pecados en materia de fe y de moral, pero insistió en negar la deshonra del crimen contra natura y afirmó haber escupido al suelo y no sobre la cruz durante su profesión de fe.

Al igual que él, la mayor parte de los caballeros confesaron, salvajemente torturados, lo que se exigía de ellos.

Clemente V, al que estremecían esas múltiples confesiones, no podía sentirse satisfecho cuando veía aplicar la justicia real a una orden que dependía de él. Por eso, desde comienzos del año 1308 ordenó que el asunto de los templarios fuera tratado en sus tribunales; así dio alguna esperanza a los pobres templarios. Sin embargo, el hábil Felipe IV el Hermoso no lo veía de la misma manera y, en esa lucha política, sencillamente amenazó al papa a través de su fiel y brutal consejero, Guillaume de Nogaret. Un acuerdo vino a salvar las apariencias: por una parte, los bienes embargados serían puestos bajo la protección de la Iglesia, de manera formal solamente, ya que permanecían en manos de los servidores del rey y, por otra, los templarios encarcelados serían enviados al papa, que los entregaría de vuelta al monarca «en nombre de la Iglesia romana».

Arrinconado, Clemente V no tenía otra opción que la de alinearse junto al rey de Francia. A la vez, como si se disculpara por su antigua oposición al rey, se vio obligado a publicar una bula en la que pedía a todos los países de la cristiandad que investigasen sin contemplaciones las actividades de los templarios; en ella llegaba incluso a amenazar a todos aquellos que cometiesen la locura de protegerlos de alguna manera.

Los resultados no se hicieron esperar y en todas partes los caballeros de la orden fueron perseguidos y juzgados, si bien en muchos países su suerte no fue tan adversa. En Inglaterra fueron encarcelados provisionalmente en sus propios monasterios. En la Corona de Aragón fueron perdonados, después de haber depuesto las armas, aquellos que se refugiaron en sus propias fortalezas, si bien fueron «trasladados» a la Orden de Montesa. En Portugal entraron en otras órdenes, en las que se les confió la recuperación de las tierras que todavía estaban en manos de los musulmanes. De hecho, se dice, que sólo Felipe IV el Hermoso se apoderó del tesoro del Temple y se ensañó con los pobres caballeros de esta orden, por temor, sin duda, a que los supervivientes hablasen. De nuevo volvió, entonces, a presionar al papa para asegurarse la pronta celebración del concilio de Viena, que pusiera definitivamente fin a la existencia de la orden.

Para ello actuó rápidamente. En el año 1310 numerosos templarios se desdijeron de su confesión. El arzobispo Philippe de Marigny (el hermano de Enguerrand, uno de los principales consejeros de Felipe IV) fue entonces obligado, por orden del rey, a convocar el sínodo de París para condenar a muerte a cincuenta y cuatro templarios. Efectivamente, fueron castigados a morir en la hoguera para que sirvieran de ejemplo a otros numerosos miembros de la Orden del Temple, que realmente dejaron de protestar, temerosos de recibir el mismo castigo.

El concilio de Viena, reunido en 1311, rechazó reconocer la culpabilidad de los templarios, pero el papa no lo aceptó así y manifestó, mediante la bula *Vox in excelso*, que se llevaba a cabo la supresión de la orden. Sin embargo, para mostrar su independencia, más bien teórica, frente al rey de Francia, ordenó transferir los bienes de la Orden del Temple a la Orden de los Hospitalarios, convertidos en caballeros de Rodas, acto que más bien permitió que estos fueran acusados de haber comprado y haberse aprovechado de la supresión del Temple. No obstante, el rey, que no esperaba recuperar este tesoro de guerra, descontó pura y simplemente trescientas mil libras contantes y sonantes en concepto de gastos de instrucción de todo el proceso, una iniciativa que también fue aplicada por los demás soberanos europeos. Sólo quedaba confirmar la suerte de los caballeros y sus dignatarios.

Los templarios que mantuvieron su confesión fueron muy pronto liberados o como mucho permanecieron encarcelados de por vida sin que se les aplicasen nuevas formas de tortura. El gran maestro y su círculo más próximo fueron juzgados por el tribunal eclesiástico y condenados en marzo del año 1314 a cadena perpetua. El 18 de marzo de 1314, Jacques de Molay, Godofredo de Charnay, Hugo de Pairaud y Godofredo de Gonneville fueron conducidos hasta la plaza de Notre-Dame y subidos a un estrado para que renovaran ante la gente su confesión, a fin de que contribuyeran a calmar a la opinión pública, que comenzaba a inquietarse por la violencia que ya había generado todo el proceso.

La maldición de los templarios

El 18 de marzo de 1314, los supervivientes fueron conducidos hasta la plaza de Notre-Dame de París para esperar públicamente la lectura de la sentencia:

cadena perpetua. Únicamente los altos dignatarios de la orden no lo aceptaron de la misma manera y gritaron a quien quiso oírlos que el proceso había sido una infamia y que la confesión de los miembros de la orden había sido obtenida bajo tortura. La ejecución de la sentencia fue inmediata y los responsables, entre ellos el gran maestre Jacques de Molay, fueron condenados a la hoguera.

El 19 de marzo fue preparada la hoguera en la Île de la Cité. Cuando los templarios ya estaban siendo devorados por las llamas, Jacques de Molay se dirigió de nuevo a la muchedumbre allí congregada para proclamar la inocencia de sus hermanos, convocar al papa y al rey frente al tribunal de Dios antes de un año y maldecir a la realeza francesa durante las siguientes trece generaciones.

> *¡Papa Clemente... caballero Guillaume... rey Felipe... antes de un año os convoco a presentaros ante el tribunal de Dios para recibir el castigo que merecéis! ¡Malditos!, ¡malditos! ¡Seáis malditos hasta la decimotercera generación de vuestra estirpe!*

A sus setenta y un años, el gran maestro de la Orden del Temple lanzaba a los cuatro vientos en la hora de vísperas, desde la cima de la hoguera que acababa con su vida en la isla de los judíos, en un extremo de la isla de San Luis, una terrible maldición a los futuros dirigentes del reino.

Sus palabras fueron recogidas por Godofredo de París, testigo de la ejecución, si bien este no las precisó con exactitud, por discreción, por ignorancia o porque sólo las conocía de oídas. Por todo ello cabe plantearse algunas preguntas: ¿nació la leyenda de la maldición la misma tarde de la ejecución?, ¿no sería más correcto verla como consecuencia de la muerte rápida del papa y del rey?

Durante la ejecución estas palabras pasaron prácticamente desapercibidas para todos aquellos que asistieron a la escena; sin embargo, con el paso del tiempo alcanzaron una importancia considerable:

— en primer lugar, el papa murió al mes siguiente ahogado en remordimientos, debido a una enfermedad repentina (el lupus), en Roquemaure (Gard). Su agonía fue muy dolorosa;

— Guillaume de Nogaret ya había muerto —un año antes que el gran maestro en su hoguera—, pero en circunstancias muy especiales, después de haber estado respirando a la luz de una vela envenenada. ¿Consecuencia de la venganza templaria cuando la orden ya era perseguida por el rey de Francia?;

— luego le llegó la muerte a Felipe IV el Hermoso, que sucumbió por culpa de un estúpido accidente de caza; su ministro de finanzas, Enguerrand de Marigny, fue colgado —sin ser sometido a un proceso— en la horca de Montfaucon, en abril de 1315;

— más sorprendente todavía fue el destino de los tres hijos de Felipe, que murieron todos en menos de doce años y dejaron el trono de los Capetos sin descendencia directa.

Finalmente, la investigación realizada por algunos historiadores parece indicar que los sucesores de Felipe IV el Hermoso en el trono de Francia sufrieron la maldición. El análisis debe realizarse por generaciones reales y no por reinados (Francisco I fue el decimotercer ocupante del trono tras la maldición), sin tener en cuenta a las mujeres, dado que estas no podían heredar el reino francés, y sin considerar que la rama Borbón, que llegó al trono de Francia con Enrique IV, descendía por vía masculina directamente de San Luis, abuelo de Felipe IV el Hermoso...

- 1.ª generación: Luis X el Obstinado falleció por un enfriamiento.
  Juan I el Póstumo murió envenenado.
  Felipe V el Largo falleció por disentería.
  Carlos IV el Hermoso murió por tuberculosis.
  Felipe VI de Valois murió por una enfermedad desconocida.
- 2.ª generación: Juan II el Bueno murió en prisión.
- 3.ª generación: Carlos V el Sabio murió a causa de una insuficiencia congénita.
- 4.ª generación: Carlos VI murió tras enloquecer.
- 5.ª generación: Carlos VII murió de hambre por temor a que alguien lo envenenara.
- 6.ª generación: Luis XI falleció por congestión cerebral mientras estaba en su castillo para rezar en petición de perdón.

- 7.ª generación: Carlos VIII murió tras chocar con el dintel de una puerta.

   Luis XII murió por un exceso de lujuria... se dice.

- 8.ª generación: Francisco I murió de sífilis.

- 9.ª generación: Enrique II falleció en duelo al ser alcanzado con una lanza.

- 10.ª generación: Francisco II murió de mastoiditis en medio de grandes dolores o por envenenamiento.

   Carlos IX murió de remordimiento.

   Enrique III murió apuñalado.

   Enrique IV falleció asesinado.

- 11.ª generación: Luis XIII murió a causa de una tuberculosis intestinal.

- 12.ª generación: Luis XIV falleció por gangrena después de haber sufrido gota.

- 13.ª generación: Luis XV murió de sífilis y viruela.

Tras la muerte del rey que correspondía a la decimotercera generación debía acabarse el sortilegio de Jacques de Molay. ¿Pero no debe entenderse que se había producido un error al incluir los historiadores en la generación del rey destructor de la orden a sus tres hijos y su sobrino?

Sin duda, por ello, el rey maldito, el desgraciado e incomprendido Luis XVI, el último rey de derecho divino que fue ejecutado públicamente, condenado por los representantes del pueblo, habría sido el último maldecido por Jacques de Molay.

Para todos, la explicación de todas estas trágicas desapariciones parece evidente. La maldición de Jacques de Molay y de los templarios se cumplió con exactitud. Todas estas muertes responderían a la petición del gran maestro de la orden. La hipotética evidencia del cumplimiento de este sortilegio contribuyó a extender un poco más el misterio de los templarios. ¿Pero no es así como avanza la vida, entre muertes violentas y el envejecimiento con remordimientos?, ¿hablamos, entonces, de mito o de realidad?

La Inquisición: el enigma de la violencia para difundir un mensaje de paz

Cuando la Iglesia cristiana busca la unidad a través de la violencia

¿Conviene plantearse la Inquisición como un acontecimiento judicial (el término *inquisitio* significa «investigación») y no colocarla en el haber de las masacres perpetradas por fanáticos religiosos?, ¿intentó la Iglesia imponer desde la Alta Edad Media, por cualquier procedimiento, incluyendo la censura y la sangre, su poder sobre la sociedad?, ¿al castigar todas las desviaciones (herejía, apostasía, brujería) no estaba proponiendo la Iglesia un método violento para conseguir la unidad social y política?, ¿cuál fue el balance de las hogueras, que nunca hasta entonces se habían encendido tanto en España?, ¿y en el Languedoc medieval?, ¿había entre los cristianos españoles una sed de venganza contra los musulmanes?, ¿qué lugar ocupó la Inquisición en Alemania y en los Países Bajos?, ¿quiénes fueron los hombres que actuaron como inquisidores aquí y mártires allá?

La leyenda de Santo Domingo resume bien la actitud estereotipada de la Iglesia para justificar el tribunal inquisitorial. Santo Domingo, que había enviado a un emisario albigense un libro de fe con las verdades cristianas, vio cómo su libro era arrojado al fuego por los mismos albigenses y se mantenía incólume entre las brasas, mientras las obras de los herejes se consumían entre las llamas.

De forma paralela, las herejías se multiplicaban para contestar la opulencia y la perversión de los dignatarios de la Iglesia, que se alejaban cada vez más de las virtudes de la pobreza, la caridad, la bondad y la abnegación pregonadas en el Libro.

¿Qué quedó de aquel feroz y despiadado combate? ¿Qué balance se puede hacer?

La Cruzada contra los albigenses en los orígenes de la Inquisición

Después de haber buscado desesperadamente erradicar la herejía mediante una gran campaña de predicación, el papa Inocencio III, inquieto ante la creciente influencia de los herejes y en especial de los cátaros, puso en marcha, en 1209, la Cruzada contra los albigenses. Se trataba de la primera acción de este tipo realizada en territorio cristiano, una guerra santa que duró veinticinco años antes de ser reemplazada por esa terrible institución que fue la Inquisición.

Desde el comienzo de su pontificado, el soberano pontífice Inocencio III estuvo al corriente del avance en Occitania de la causa de los cátaros. Decidido a poner fin a esta herejía, intentó, sin éxito, comenzar una Cruzada en la región. Se resignó entonces a contentarse con la predicación. A pesar del fracaso de los monjes cistercienses en este terreno, confió a las órdenes mendicantes, los franciscanos y los dominicos —que creó con esa finalidad—, la pesada tarea de recorrer los campos occitanos para poner fin a la herejía. Desgraciadamente, frente a la obstinación de los cátaros, a su anticlericalismo y a sus reiterados ataques a la jerarquía católica con sus riquezas y sus abusos de poder, la empresa se convirtió rápidamente en un fracaso. Por eso el papa creyó llegado el momento de recurrir a la fuerza como única solución.

En el año 1208, el asesinato de Pierre de Castelnau, el legado pontificio en Occitania, hizo estallar el problema. Los barones franceses, que hasta entonces habían hecho oídos sordos a las llamadas del soberano pontífice, se sitiaron unos a otros sin comprometer a la Corona de Francia —Felipe Augusto se mostraba contrario a una acción de ese tipo— en esta Cruzada, deseada desde hacía tiempo por el papa Inocencio III.

Los cruzados, conducidos en primer lugar por Simón de Montfort, y después por Luis VIII, pusieron en marcha una guerra doble: religiosa en primer lugar para perseguir sin piedad los planteamientos cátaros, y política en segundo término, con la intención de someter a los excesivamente independientes señores del sur, como, por ejemplo, los de Béziers, donde los soldados del papa no se entretuvieron en ningún momento en diferenciar entre herejes y católicos. Entraron a saco en toda la ciudad y pura y llanamente exterminaron a la población.

En lo que concierne al aspecto político, el reino de Francia no quiso implicarse en esta Cruzada, pero obtuvo, en cambio, todos los beneficios. El conflicto supuso el fin de los señores del sur y selló la escisión entre los occitanos franceses y los catalanes de la Península Ibérica.

En el plano religioso, el balance fue menos triunfante. A pesar de los años de guerra salpicados por terribles masacres, la herejía se abrió finalmente paso y se mantuvo en el sur de Francia. Ciertamente, la Iglesia cátara ya no existía, pero algunos de sus seguidores continuaban divulgando sus tesis.

De hecho, si esta Cruzada se saldó con un fracaso, al menos permitió al papa dotarse con la Orden de los Hermanos Predicadores en primera instancia y, después, con la Inquisición, que puso en marcha todo un arsenal represivo de gran calado.

La organización del tribunal inquisitorial en el Languedoc

La creación de la Inquisición, es decir, la investigación de las herejías y su condena por un tribunal compuesto por jueces completamente dependientes del papa, de alguna manera una justicia directa, constituyó una innovación completa.

En el derecho romano no se contemplaba nada de eso. Por ello fue necesario recurrir a un artificio que databa del año 1140 para que el célebre canonista Graciano, autor de una recopilación de decretales (*Concordantia discordantium canonum*), afirmase que poder religioso y poder político podían conjugar sus esfuerzos en materia de lucha contra la herejía. De ello resultaba que un tribunal eclesiástico tenía derecho a condenar y un tribunal civil a aplicar la pena dictada.

El papa Inocencio III, jurista emérito de las universidades de París y de Bolonia, imaginó un procedimiento novedoso para dar curso a las acusaciones apoyándose en el testimonio de personas honradas, la transposición del procedimiento de difamación que se aplicaba con respecto a los clérigos sospechosos de tener mala conducta.

De esta forma, no era el papa quien mataba, era la ley la que mataba a todos aquellos cuya herejía era admitida por éste.

El concilio de Toulouse, celebrado en 1229, ya había adoptado las disposiciones prácticas para poner en marcha la máquina pensada para la persecución de la herejía: investigación de los herejes por el obispo, arresto de los sospechosos por los funcionarios de la monarquía, juicio por el tribunal eclesiástico y, finalmente, ejecución del castigo por la justicia del rey.

Así fue como en 1233 la Inquisición se instaló en Toulouse.

Poco a poco, los hermanos predicadores (dominicos) y los minoritas (franciscanos) sustituyeron por completo a los obispos en la puesta en marcha del procedimiento inquisitorial. Los inquisidores fueron a la vez, efectivamente, jueces que se pronunciaban de manera externa y confesores que podían recibir declaraciones de culpabilidad: es fácil imaginar las manipulaciones de las que podían ser víctimas los desgraciados acusados.

El procedimiento más habitual era el de la denuncia. Así, el día fijado, la población de una villa del Languedoc era convocada junto a su párroco y reunida en la iglesia por orden de los enviados del Santo Oficio. Todos los que se presentaban se beneficiaban de una indulgencia de veinte a cuarenta días.

Un hermano predicador pronunciaba una hermosa homilía sobre la necesaria pureza de la fe y hacía un llamamiento general para que fueran denunciados los herejes. Un edicto de fe, pregonado, imponía denunciar a los impíos de la región, bajo pena de convertirse, si no se hacía, en cómplice, es decir, también en hereje. Otro edicto, ahora de gracia, vino muy pronto a aclarar más la situación, al conceder un plazo de dos a cuatro semanas a los denunciantes para conducir a los culpables a confesar sus faltas. Superado ese plazo ya no podía haber perdón: entonces se ponía en marcha una investigación.

La realidad fue que la mayor parte de los que se confesaron de motu proprio fueron castigados a cumplir una penitencia, sin que eso los liberara de ser sometidos a una posterior investigación. El sistema se mostró muy eficaz porque todos aquellos que fueron denunciados y se arrepintieron pasaron de obtener el perdón de los inquisidores a integrar la lista de sospechosos.

Es evidente que el terror reinaba en las ciudades y pueblos cuando aparecían los inquisidores. Entonces se ponía en marcha un deleznable espectáculo: el de la delación, la segregación, la mentira y la degradación social. En un solo instante, la Inquisición destrozaba el alma de una casa o de una ciudad y exponía a sus habitantes a cometer los crímenes morales más abyectos...

Los inquisidores trabajaban en las ciudades y en las aldeas instalados en un convento, una iglesia o un local del municipio. Únicamente los hermanos de más de cuarenta años, que ya tenían una gran experiencia, estaban autorizados a ocupar un asiento en el tribunal, que era muy profesional: no aceptaba testimonios más que bajo juramento, controlaba las afirmaciones de los denunciantes y sostenía a sus propios confidentes, que eran personas a las que el obispo local había designado como creyentes de bien.

A lo largo del procedimiento, el acusado debía jurar que diría la verdad; si en un momento dado mentía, se convertiría en perjuro, claro que si rechazaba jurar entonces estaba claro: era un hereje. Resulta fácil ver la astucia de los inquisidores: sabían que los cátaros, llamados *perfectos* y *perfectas* (es decir, aquellos que habían recibido el Consolamentum, aunque nunca eran denominados de esa manera, sino *buenos hombres* y *buenas mujeres* o *buenos cristianos* y *buenas cristianas*), rechazaban jurar...

Ningún habitante quedaba ajeno a la competencia del tribunal, aunque en principio los menores de doce o catorce años estaban exentos de la obligación de denunciar. No obstante, se dio el caso de niños de nueve o diez años que fueron interrogados.

El procedimiento se convirtió muy pronto en secreto: nadie tenía derecho a asistir a un proceso a excepción de los acusadores. En cuanto al jurado, que estaba formado por hombres probos encargados de valorar, gracias a su sabiduría e imparcialidad, las acusaciones de los testimonios, fue, poco a poco, reemplazado por personas escogidas entre los hermanos predicadores o minoritas...

Todas las audiencias fueron cuidadosamente recogidas por escrito, lo que permitió a la Inquisición crear un verdadero registro de antecedentes penales, muy útil porque los inquisidores podían consultarlo, pero también porque podían recordar la identidad de los condenados, que tenían prohibido transmitir su patrimonio cuando morían.

La Inquisición consiguió obtener, a partir del siglo XV, gracias a la dirección de un hombre como Bernardo Gui o Bernardo Guidoni (1262-1331), religioso dominico e inquisidor de Toulouse entre 1307 y 1323, una obediencia absoluta del poder real. Oficiales reales y magistrados locales se comportaron como sus subordinados.

Para hacer prevalecer su laudo, el papa situó a la cabeza de la Inquisición a un maestro único. A él le correspondía distribuir el poder de arbitrar los conflictos, frecuentes, entre dominicos y franciscanos. En definitiva, la Iglesia aprovechó la existencia de la Inquisición para poner en marcha un procedimiento de control de la fidelidad religiosa en las ciudades y de la correcta ejecución de las penas a los condenados.

Se acordó que, cuando se obtuviera la confesión de un acusado, se hiciera constar y también se hiciera declarar al inculpado todos sus pecados. Si ésta lo negaba todo, entonces, particularmente a partir del siglo XIV, podían utilizarse métodos brutales, desde el empleo de azotes hasta el de ascuas.

Después llegaba la sentencia. Existía un amplio listado de penas, que iban desde penitencias a cumplir en casa (enclaustramiento) hasta la condena a la hoguera. Los registros de Bernardo Gui, referidos al periodo que va desde 1308 hasta 1322, nos dan una idea precisa de las penas aplicadas. De 636 condenados, se cuentan hasta 40 en la hoguera. De las 596 sentencias restantes destacan 300 condenas a prisión, 138 que obligaban a mostrar sobre su ropa la cruz de la infamia, 16 que imponían la obligación de peregrinar, una que obligaba al destierro a Tierra Santa, 16 destrucciones de las casas de los condenados... Esos registros nos permiten saber también que 36 declarados culpables consiguieron escapar antes de ser arrestados y que 88 acusados ya habían muerto ¡pero sus cuerpos fueron exhumados para ser quemados! Curiosamente, la confiscación de bienes no aparece en la relación: la razón es que ya se daba por descontado que se aplicaba a todos los que fueran encarcelados.

Santo Domingo de Guzmán

Santo Domingo de Guzmán nació hacia 1170 en Caleruega, en tierras de Castilla. Hijo de un noble español, accedió a los catorce años a la Universidad de Palencia y muy pronto se volcó en ayudar a los más necesitados.

En el año 1203, Domingo de Guzmán acompañó a su superior Diego a Roma en una misión religiosa. Durante el viaje se quedó sorprendido por la importancia que iban adquiriendo las herejías albigense y cátara. Por ello, con la ayuda de algunos sacerdotes instruidos, puso en marcha una campaña de predicación y penitencia, organizó debates y discusiones con los cátaros y difundió la austeridad. Sin embargo, su campaña en tierras cátaras y albigenses se saldó con un rotundo fracaso.

Hacia el año 1206, Domingo de Guzmán fundó una orden, primero de mujeres y después de hombres, cuyo objetivo era la educación de los niños a fin de sustraerlos a la influencia de los cátaros (en el año 1211, éstos se establecieron en Prouilhe, cerca de Fanjeaux, donde Foulques, obispo de Toulouse, les cedieron tierras y una iglesia); en poco tiempo, el papa dio luz verde a esta misión, reconocida con el nombre de monjes y monjas de Santa María de Prulliano. Tras la muerte de Pierre de Castelnau (el 13 de enero de 1208), Inocencio III confió a Domingo la predicación de la fe en las provincias meridionales, con algunos coadjutores, por ejemplo Simón de Montfort y otros cruzados.

En el año 1211, Domingo fue elegido obispo de Béziers. Sin embargo, rechazó este nombramiento y, seguido en su acción por dos habitantes de Toulouse y después por otros cuatro hombres jóvenes, salió de viaje para dedicarse a la predicación. Acordaron vivir, regularmente, en la casa levantada por Domingo (sin regla propiamente, pero muy próximos a un planteamiento de vida monástica). El número de hermanos fue en aumento, sin duda en relación con el éxito de la represión albigense. Simón de Montfort hizo donación a los primeros «dominicos» de tierras incautadas a los herejes derrotados. El obispo de Toulouse se sumó a las ofrendas.

Domingo soñó entonces con fundar una orden especialmente destinada a extirpar la perversidad herética a través de la predicación (Guy les Baux, AHM, núm. 7D, 2-2006).

Domingo salió hacia Roma, acompañado por el obispo de Toulouse, que se dirigía, por su parte, al concilio de Letrán (1215). Allí deseaba obtener el apoyo y la comprensión del papa. Desgraciadamente, el concilio prohibió la fundación debido a la proliferación de nuevas órdenes. No obstante, el papa, a pesar de oponerse al proyecto, se mostró comprensivo con Domingo. Sin embargo, se produjo un milagro. Una noche, Inocencio III soñó que la iglesia de Letrán, agrietada por todas partes, amenazaba con hundirse, pero no lo hacía porque Domingo la sostenía sobre sus poderosos hombros. Enseguida, el papa propuso de nuevo reorientar la misión dominica hacia una regla ya existente. Esta sería la de los agustinos, de la que Domingo ya era canónigo regular. Su integración, no obstante, fue reforzada con disposiciones sacadas de los estatutos premostratenses y con un hábito distinto. Muy pronto, los dominicos decidieron construir el convento de Saint-Romain, en Toulouse. El sucesor de Inocencio III, Honorio III, reconoció la orden el 22 de diciembre de 1216. Los hermanos predicadores se plantearon entonces como objetivo principal combatir a los herejes y reconducirlos a la verdadera fe desde cualquier desviación.

Maestro del Sagrado Palacio, Domingo estudió Teología en Roma durante los años 1217 y 1218. Trabajó en San Pablo, después se entregó a su obra edificadora y fundó conventos tanto en Francia como en España. El primer capítulo de los hermanos predicadores se reunió, en 1220, en el convento de Bolonia. Domingo fue entonces elegido general de la orden. Igual que los franciscanos, los hermanos predicadores adoptaron la mendicidad como forma de vida, precisamente porque los hermanos de Toulouse se habían enriquecido —como ya hemos visto— gracias a numerosas donaciones. Un año más tarde, después de un segundo capítulo, la orden se dividió en siete provincias. Ya estaba muy extendida, puesto que disponía de sesenta conventos o casas de monjes. Domingo renunció a sus funciones propias de general de la orden y fue reemplazado por Jourdain de Saxe. Mientras tanto, aquel se planteó un nuevo objetivo, que era ir a convertir a los cumanos de Hungría.

Se le atribuyen numerosos milagros —no en vano se le conoce como «el taumaturgo de su siglo»—, especialmente la resurrección de un joven muerto tras caerse de un caballo y el salvamento de los peregrinos que estaban a punto de ahogarse al atravesar el río Garona en su peregrinación hacia Santiago de Compostela... Domingo murió en Bolonia el 6 de agosto de 1221 mientras realizaba una campaña de predicación en el norte de Italia.

Se puede decir que se le atribuye erróneamente la fundación, *ex nihilo*, de la Inquisición, como leemos en Michelet:

Este dominico, este terrible fundador de la Inquisición, era un noble castellano. Nadie alcanzó como él el don de las lágrimas, que se aliaba tan a menudo con el fanatismo (Obras completas, tomo IV, P. Viallaneix, ed., París, 1974).

Y este historiador del siglo XIX continuaba algunas páginas más adelante:

El papa no ha vencido al misticismo independiente más que actuando él mismo en grandes escuelas de misticismo, me refiero a las grandes órdenes mendicantes. Se trata de combatir el mal con el mal mismo: ¡emprender la cuestión difícil y contradictoria entre todas, querer reglar la inspiración, determinar la iluminación, constituir el delirio! (op. cit.)

¡Qué ataque!

¿No es necesario ver en el celo que Domingo desplegó durante la Cruzada albigense el hecho de que «permaneció en su papel de predicador diligente de la Palabra de Dios» *(Libellus 34)*? No se refería a la investigación encarnizada de los herejes a la manera de los manuales de la Inquisición del siglo XIV, sino más bien —de la misma manera, sin duda, que Bernardo de Claraval— a la gracia de la predicación, a la fuerza de una fe vivida intensamente, de una fe austera, en la que Domingo no olvidó nunca a los pobres. Se sentía a sí mismo como «servidor de la Palabra de Dios». Como se pregunta F. Ficarra (en *Les Dominicains*, Éditions De Vecchi, 2005):

¿Cuáles serían las directrices que permitirían extirpar una herejía ya bien enraizada?

Y citando a San Bernardo:

«No será con las armas, sino con argumentos, como se podrá vencer a la herejía».

Ficarra añade:

San Agustín se había expresado en el mismo sentido; él había establecido un procedimiento a lo largo de treinta y cuatro años de enfrentamientos con los

141

donatistas: el primer paso consistía en tender la mano al hereje, aceptar con él la discusión para reconducirlo al seno de la Iglesia con la única fuerza de los argumentos. Si el hereje resistía, era necesario advertirlo y enfrentarlo a las consecuencias de su error, y si aun así continuaba mostrándose refractario, ya pasaba a ser legal recurrir a la pena máxima: la excomunión, que en la época tenía importantes consecuencias en la vida de los hombres. Como ya sugiere la etimología de la palabra, la excomunión separaba al individuo de la comunidad y lo sometía a un aislamiento que equivalía a la muerte civil.

Como se ve, el brazo secular de la Iglesia se adelantó a Santo Domingo.

En realidad, predicadores y misioneros de su tiempo y los que les sucedieron no fueron un ejemplo porque ellos no se creían obligados a perpetuar una responsabilidad teológica o temporal. Pero su instinto, su fe, la fuerza de su palabra, su sentido del análisis de los textos antiguos, el talento de la casuística, el arte de la oratoria y un cierto carisma hicieron el resto. La utilización de la palabra tenía entonces en la religión una concepción mucho tiempo «soñada». Se dotaba de una forma casi visible, sensible pero inalcanzable por efímera. Se aguanta menos todavía que los dominicos fueran, posteriormente, miembros activos de la Inquisición. En realidad fueron la imagen más destacada del poder temporal de la Iglesia en su dimensión tiránica y déspota, con su carácter despiadado «cuando plasmaba las sentencias de la Inquisición». Pero no olvidemos que, entre los dominicos, estuvieron también Santo Tomás de Aquino, Bartolomé de las Casas, Lacordaire, Jandel, Hyacinthe Cormier y Georges Pire (premio Nobel de la Paz en 1958).

Balance de la Inquisición en el Languedoc

Los primeros inquisidores llegaron al Languedoc en el año 1233, tras la firma del tratado de París que supuso la derrota definitiva de los condes de Toulouse frente a la monarquía francesa.

Conocemos con precisión lo que sucedió después del año 1240, gracias a la crónica de Guillaume de Puylaurens. Los dominicos, ya con una fuerte implantación en Toulouse desde hacía unos veinte años, fueron la punta de lanza de la Inquisición. Fueron tales los excesos de los inquisidores que los hermanos predicadores tuvieron que dejar la ciudad en 1235. El odio era tan fuerte en la zona que el papa suspendió la Inquisición, después de haber impuesto su vuelta entre 1238 y 1241.

Diferentes historiadores afirman que los cátaros representaban el 30 % de los habitantes del Midi.

Por otra parte, sabemos que a raíz de la horrorosa masacre de Béziers, llevada a cabo a comienzos de la Cruzada albigense, los cátaros no superaban el 10 % de los habitantes de la ciudad. Estas dos estimaciones discordantes entre sí plantean un problema. ¿Quizás en la estimación más elevada haya que incluir a los simpatizantes? Otra aproximación permite pensar que la herejía cátara fue muy minoritaria: en 1241-1242, el inquisidor Pierre Cella, compañero de Santo Domingo, firmó setecientas sentencias referidas a los herejes, o sea, del 2 al 3 % de toda la población. No nos parece muy verosímil que el número de los creyentes cátaros pudiera superar el 10 o 15 % de los habitantes del Languedoc.

Después de Montségur (1244), donde doscientos cátaros fueron quemados, comenzó la edad de oro de la Inquisición en el Languedoc. Su final llegó con la caída de Quéribus en 1255.

Se cree que, durante los años 1245-1246, dos célebres inquisidores, Bernard de Caux y Jean de Saint-Pierre, instruyeron nueve mil expedientes de herejía en aproximadamente la mitad del territorio del Languedoc. Si se extrapola la cifra al conjunto del territorio del Midi y se toma en consideración todo el periodo durante el que se produjo la represión religiosa más intensa (1245-1255), se llega a una estimación de unos noventa mil procesos. A la vista de esa cifra se puede medir mejor el daño sufrido por la población del sur.

Toulouse tenía entonces una población de unos treinta mil o treinta y cinco mil habitantes, y el condado de Toulouse no contaba con más de dos millones y medio de habitantes, es decir, un 12-15 % del total de la población francesa de la época. Dicho de otra manera, fue aproximadamente, con todas las reservas que se imponen en razón de la dificultad del ejercicio, el 5 % de la población del Languedoc la que fue molestada y perseguida por hereje durante quince años.

El número de las personas condenadas a morir en la hoguera no fue sin duda superior al 5 % de los inculpados, o sea, unas cuatro mil quinientas víctimas.

Una de las consecuencias más evidentes de la acción de la Inquisición en el Languedoc fue la ruina de la nobleza y de la burguesía occitana, que se produjo después de las masacres perpetuadas por los hombres en armas llegados del norte y de la irrupción de las tropas reales y de los funcionarios de la Corona. La sociedad de la lengua d'oc, que mostraba, a comienzos del siglo XIII, una posición avanzada respecto al resto de Francia, se vio tan profundamente agitada y empobrecida que necesitó mucho tiempo para recuperarse.

El reconocimiento de la Orden de los Predicadores

Cuando se ve la importancia que ha adquirido en Europa y en el mundo con el paso de los años la Orden de los Dominicos, se podría pensar que su fundación surgió de manera natural.

En la realidad, claro, no fue así. Fue necesario, en primer lugar, que sucediera un acontecimiento de gran importancia, como el cisma albigense o cátaro, y después la voluntad de dos hombres, primero Domingo de Guzmán y luego el papa Inocencio III. Este, después de haberse mostrado refractario a las ideas del monje castellano, se abrió a sus propuestas, las aprobó, las animó y, sobre todo, reconoció la orden.

Para comprender mejor el nacimiento de la Orden de los Predicadores, es necesario releer al padre Lacordaire, que, en su biografía de Domingo, escribió, en 1840:

En resumen, el cisma y la herejía, favorecidos por el pésimo estado de la disciplina eclesiástica y por la resurrección de los estudios paganos, sacudieron en Occidente la obra de Cristo, mientras que los malos resultados de las Cruzadas significaron su ruina en Oriente y abrieron a los bárbaros las puertas de la cristiandad. Los papas, es cierto, resistieron con inmensa virtud los peligros crecientes de esta situación. Dominaron al emperador Federico I, animaron a los pueblos a organizar nuevas Cruzadas, reunieron concilios contra el error y la corrupción, vigilaron la pureza de la doctrina en las escuelas, retuvieron en sus poderosas manos la alianza de la fe y de la opinión europea. De la sangre emocionada de este viejo tronco pontifical se vio nacer a Inocencio III. Pero nadie puede sostener por sí solo el peso de las cosas divinas y humanas...

Si se lee entre líneas, se entiende que la jerarquía eclesiástica, los obispos especialmente, abandonaron, después de mucho tiempo, la práctica de la predicación para dedicarse a actividades más terrenales, y así dejaron el campo libre al cisma y a la herejía.

Domingo de Guzmán tomó conciencia de esta realidad. Sin embargo, tuvo que persuadir a la jerarquía, y al papa en especial, porque crear órdenes de monjes predicadores era hurtar al alto clero una parte de sus prerrogativas; en realidad, una parte de sus rentas, lo que explicaría, entre otras cosas, por qué Domingo quiso que sus monjes fueran mendicantes, a fin de demostrar que el dinero no era el motor de aquella iniciativa.

Se puede considerar, en el plano histórico, que la Cruzada contra los albigenses comenzó el 14 de enero de 1208, aunque la llamada a la misma no fue realizada hasta dos meses más tarde, el 10 de marzo. Aquel día, Pierre de Castelnau, legado pontificio, fue asesinado en Trinquetailles, en las cercanías de Arles, por un escudero de Raymond VI, conde de Toulouse. Este último había tomado abiertamente partido por los cátaros porque creía que defendían la verdadera religión. De hecho, Raymond VI no quería depender del alto clero local, al que consideraba demasiado despilfarrador. Por ello había, de hecho, dos guerras en una:

— una guerra de ideas y creencias entre los cátaros y los predicadores, conflicto tratado pacíficamente, al menos al principio;
— una guerra por la riqueza de los ediles.

Cuando Domingo intentó convencer a Inocencio III, este decidió hacer entrar en razón a los herejes por la vía de la espada. Como ejecutor de sus bajas tareas tuvo a Simón de Montfort, para quien la ocasión representaba oportunidad de conquistar más tierras.

Entre 1210 y 1215, Domingo continuó la tarea de organización de su orden, más allá de todo reconocimiento oficial. Por esa razón, se aproximó al clero local. Así fue como obtuvo el ministerio de la predicación cerca del obispo Foulques de Toulouse en 1210 y 1211. La situación empeoró bastante para el clero perseguido de Toulouse en mayo de 1211. Domingo tuvo que huir a Italia, antes de volver a Carcasona en 1213. Fue nombrado vicario *in spiritua-*

libus del obispo de la ciudad. Así pudo predicar allí la Cuaresma. La derrota de los meridionales en Muret y la muerte de Pedro II de Aragón, el día 12 de septiembre de 1213, hicieron doblar las campanas por las esperanzas albigenses. El concilio de Montpellier, celebrado el 8 de enero de 1215, permitió la reorganización del clero.

A partir de ese momento, todas las personas que no aceptaran la regla del concilio serían consideradas herejes.

Después del concilio, Domingo volvió a la ciudad de Toulouse y fundó allí la Predicación, de la que sería ministro. La primera mención a la comunidad apareció el 25 de abril de 1215.

Dos meses más tarde, la carta que fijaba el tipo de vida de Domingo y sus hermanos fue aprobada por el obispo Foulques de Toulouse.

Si los hermanos predicadores no habían sido todavía reconocidos oficialmente por Roma, lo eran *de facto* por el clero local, que les dio la capilla de Saint-Romain en julio de 1216, lo que supuso para la orden tener un verdadero «punto de salida».

No obstante, Domingo no había podido prever que Inocencio III moriría el 16 de junio de 1216 y dos días más tarde sería sucedido por Honorio III. Este hecho obligó al español a salir de nuevo para Roma. ¿Sería el nuevo papa favorable a sus peticiones?

El 22 de diciembre de 1216, Honorio III confirmó la orden canónica instituida en Saint-Romain de Toulouse. Esta fecha puede ser considerada como la del verdadero nacimiento de la orden predicadora, aunque el nombre y la misión de los predicadores no fueran confirmados hasta un mes más tarde. Cuando la Cruzada contra los albigenses continuó causando estragos, Domingo pudo, finalmente, enviar a sus hermanos por toda Francia y después por Europa. De hecho, continuaría realizando esa tarea hasta su muerte, acaecida el 6 de agosto de 1221.

Los hermanos predicadores, que más tarde se convertirían en los dominicos, continuaron la misión de su fundador. Una pregunta queda, no obstante, pendiente: ¿fundó Domingo la orden de los hermanos predicadores con la sangre de los albigenses? Los dominicos aseguran que Domingo no formó nunca parte de la Inquisición organizada contra los cátaros y no hay pruebas que demuestren lo contrario.

Juan Huss, Savonarola y Torquemada: herejes e inquisidores influyentes

Juan Huss, condenado y quemado vivo como hereje

Como sabemos, Europa vio renacer, a finales del siglo XIV, las herejías casi por todas partes. Hubo lugares, como Inglaterra y Bohemia, donde el fenómeno adquirió proporciones inesperadas. Allí muchos intelectuales, apasionados de la ortodoxia, intentaron, a semejanza de los valdenses que habían actuado con rigor en el sur de Francia dos siglos antes, reformar la Iglesia católica para volver al cristianismo puro y duro.

Cronológicamente, el primer responsable de esta herejía fue el inglés John Wycliff (1320-1384). Profesor de Oxford, de origen noble, Wycliff, ampliamente influido por las teorías de San Agustín, se entregó, ya en plena juventud, a la reflexión teológica e inició una virulenta crítica de la Santa Iglesia católica. Según él, el clero estaba sencillamente manchado por la corrupción, los sacramentos eran inútiles para la salud del alma y únicamente la pobreza y la fe podían conducir a los fieles hacia la vida eterna.

Rápidamente, sus ideas tuvieron en su país un importante eco. Incluso fueron especialmente bien acogidas por el poder laico, que vio en su posicionamiento un excelente medio para despojar al clero de sus riquezas. Pero Wycliff, animado por su éxito, dio, en 1382, el paso que no debía haber dado. Fustigó la eucaristía y muy pronto fue condenado. Ante esa toma de posición heterodoxa perdió a buena parte de sus fieles todavía demasiado cercanos a este sacramento. Fue el final de Wycliff, pero no de sus ideas.

En Inglaterra, los lollardos se inspiraron en sus teorías. En Bohemia se extendieron literalmente como un reguero de pólvora. Allí, un personaje llamado Juan Huss se impuso como el nuevo reformador de la Iglesia católica. Quizá pueda parecer sorprendente, a priori, encontrar en Bohemia herederos de las ideas de Wycliff, pero el hermanamiento universitario entre las universidades de Oxford y Praga y el matrimonio de Ricardo II de Inglaterra con Ana de Bohemia bastan para explicar ampliamente este fenómeno.

Ya muy cercano a los planteamientos de la reforma, Huss comenzó a defender la tesis según la cual las Sagradas Escrituras eran el único marco válido de la fe cristiana. Si bien todavía no se dirigía a la jerarquía eclesiástica, no

147

tardó en mostrar su interés por las propuestas de Wycliff, al que pronto pasó a considerar como un maestro del pensamiento que por sí solo bastaba para garantizar su propio trabajo.

Después de una estancia un poco agitada en el seminario, Huss fue ordenado sacerdote en el año 1400 y comenzó su carrera como predicador. Muy pronto pasó a ser conocido. Dotado de una gran elocuencia y un poder de convicción fuera de lo común, y sorprendentemente apoyado por la jerarquía y el rey Venceslao IV, recorrió el país predicando la reforma. En sus sermones defendía la vuelta a la sencillez de las Sagradas Escrituras y condenaba la corrupción, que, según él, provocaba enormes estragos en el seno de la Iglesia.

Gracias a los influyentes apoyos con los que contaba fue promocionado al cargo de rector de la Universidad de Praga, donde, paradójicamente, vio cómo una cincuentena de sus propuestas eran prohibidas por esta misma institución.

De hecho, fue pura y sencillamente excomulgado por herejía por el arzobispo de Praga, que, en 1411, juzgó que se movía muy cerca de las teorías de Wycliff. A pesar de eso, y gracias a seguir contando con el apoyo del soberano y sobre todo del pueblo, Huss entró en guerra con la Iglesia. Pronto se convirtió en la cabeza de un auténtico movimiento nacional de reforma, e intentó, a la manera de los revolucionarios, imponer sus ideas por la fuerza.

En el año 1412, profundizó la crisis al criticar severamente la venta de indulgencias en un discurso pronunciado con una vehemencia jamás hasta entonces observada. Al año siguiente, el antipapa Juan XXII le respondió condenando las teorías heréticas del difunto Wycliff. Eso provocó la ira de Juan Huss. La tensión todavía creció más cuando tres de los discípulos de Huss fueron ejecutados. El arzobispo de Praga se vio incluso obligado a confirmar la excomunión de Huss y a calificarla de «mayor»; eso significaba que quedaba prohibida su presencia en toda la ciudad. Sin embargo, la población continuó ayudándolo.

A pesar de los fuertes apoyos con que contaba, Huss dejó Praga cuando el emperador Segismundo subió al trono de Bohemia. Llamado, de nuevo, en 1414, cuando el país se vio amenazado por una Cruzada, para servir de apoyo al nuevo poder en el concilio de Constanza, Juan Huss vio cómo se le levantaba la excomunión. Bien predispuesto, se dirigió al concilio para apoyar a Segismundo, pero ante su gran sorpresa, se encontró con que no se planteaba qué hacer ante la hipotética Cruzada contra Bohemia sino... su propio procesamiento.

Los padres conciliares le concedieron un tiempo para que pudiese preparar su defensa, pero nadie albergaba esperanzas de que tuviera éxito: el veredicto ya había sido dictado. Juan Huss fue condenado y quemado en la hoguera como hereje al igual que su difunto maestro, Wycliff, del que se tomaron el trabajo de exhumar su cuerpo para purificarlo en el fuego.

Tal como esperaban las autoridades católicas, el hussismo no sobrevivió a la muerte de su impulsor. Sin embargo, algunos siglos más tarde, la herencia de este verdadero precursor —muchos lo consideran todavía como el primer gran reformador— dio sus frutos.

Savonarola: la Inquisición contra el gran asceta

Hieronymus Savonarola, de sombría mirada, era conocido con el sobrenombre de *Girolamo Savonarola*. Decidió ir alejándose del mundo y dedicarse al estudio de la Biblia y de los Padres de la Iglesia. Su temperamento no le permitía aceptar la corrupción ni la decadencia de una Iglesia, a la que juzgaba carente de compasión y dirigida por unos papas que no conocían la moralidad. Vivía soliviantado. La dureza de su análisis sólo tenía parangón en la pureza, sencillez y franqueza del pensamiento que manifestaba: «El cristiano debe comportarse con bondad, ser acogedor y no buscar las riquezas y la gloria terrenal».

El dominico Savonarola (1452-1498), que había sido protegido por Lorenzo de Médicis (1449-1492), del que era confesor, decidió hacer de su ciudad una «Nueva Jerusalén», es decir, una ciudad sin libertinaje, sin crímenes, sin lujuria, o sea, una ciudad al servicio de Cristo. Tanto predicó su proyecto que fue tenido por un profeta. ¿No anunció, acaso, la llegada de un «nuevo Ciro», para volver a los orígenes de Italia? Criticó a los Médicis, denunció la tiranía de los gobernantes y reclamó la reforma de la justicia, de la Iglesia y de la fiscalidad.

En 1494, los Médicis apoyaron la invasión del rey de Francia Carlos VIII (1470-1498), pero Savonarola animó a los florentinos a sublevarse contra sus dirigentes. Pierre de Médicis (1416-1469) salió hacia el exilio y Savonarola se impuso entonces como líder político de la ciudad. Tomó el poder y dirigió Florencia entre los años 1494 y 1498. En ese periodo dio a la ciudad una constitución teológica y democrática cuyo *modus operandi* era monacal.

Durante cuatro años mantuvo un régimen duro, popular en sus comienzos, intransigente y austero. «Prohibió el juego y las fiestas profanas», nos dice Henri Tincq en *Les génis du christianisme* (Plon, 1999), condenó la existencia de imágenes en los lugares de culto, ordenó las «hogueras de las vanidades» y pidió la vuelta a las costumbres austeras. Florencia se dividió en dos: los *arrabbiati* (los «rabiosos»), que se oponían al régimen teocrático, y los *piagnoni* (los «llorones»), que apoyaban a Savonarola. Este último se enfrentó con virulencia al papa. En el año 1494, la Santa Sede le prohibió la predicación, pero le propuso acceder a la púrpura cardenalicia. Savonarola replicó al papa:

No quiero tiara ni mitra grande o pequeña. No quiero más que lo que has dado a tus santos: la muerte. Una tiara roja, una tiara de sangre: ese es mi deseo.

Savonarola mantuvo la intransigencia y la pureza de su propuesta teológica, lo que significaba plantear una rebelión que la Iglesia no podía aceptar. Dos años más tarde, el maestro de Florencia fue excomulgado por herejía y, posteriormente, en febrero de 1498, detenido.

Las amenazas del papa en el sentido de castigar a la ciudad tranquilizaron a los opositores a Savonarola y la Inquisición lo condenó a muerte. Antes pasó cincuenta días en prisión y fue torturado en dos ocasiones. A pesar de soportar un sufrimiento tan duro dictó dos interpretaciones de los Salmos. Finalmente, fue condenado a la horca y quemado por orden del papa Alejandro IV Borgia (1431-1503). Antes de morir, declaró:

Me retracto. He mentido por miedo a la tortura y quiero que se sepa públicamente. Que los abismos de mis pecados se disuelvan en los abismos de vuestra gracia.

La desmesura, la vehemencia y la intransigencia de este iluminado, según el concepto *Deus caritas est* o, en griego, ό θεος αγαπη εστιν («Ho theos agape estín»), no permitían que su pensamiento puro desarrollara los servicios que, sin duda, hubiese querido dedicar a la reforma de la Iglesia a la que tanto amaba.

Era de aquellos que, como Simón, declaraban: «No creáis que soy de aquellos que han venido para traer la paz a la tierra, no, no he venido a traer la paz, sino la guerra» (Lucas, 6, 15). Ese era, según él, el precio que debía pagar para sacar a los mercaderes del templo y devolver el orden a la Iglesia y a la ciudad. Hasta mucho tiempo después de su muerte, Savonarola contó con seguidores, incluso en el siglo XIX, cuando en Italia estos se reunieron en el convento de San Marcos de Florencia.

La Inquisición no logró hacerlos desaparecer.

Torquemada: figura emblemática de la Inquisición

Nacido en Valladolid, en el año 1420, Tomás de Torquemada perdió a su padre siendo muy joven. Entró entonces bajo la protección de su tío Juan, el cardenal de San Sixto. Educado en el convento reformado de San Pablo de Valladolid, entró en la Orden de los Dominicos, como su tío, y llevó una vida como hermano predicador.

En el año 1452 fue nombrado prior del convento de la Santa Cruz de Segovia. Fue reelegido en varias ocasiones, de manera que ocupó este cargo hasta 1474. Algunos años más tarde, a pesar de mostrar una cierta actitud antisemita, denunciada personalmente por los Reyes Católicos, se convirtió en el «responsable de la institución de la nueva Inquisición Real en Castilla». La protección del llamado el *tercer rey*, el cardenal de Mendoza, le permitió, en primer lugar, convertirse en el confesor de «sus majestades católicas».

El 2 de febrero de 1482, Tomás de Torquemada fue nombrado inquisidor general de Castilla, y al año siguiente asumió ese mismo cargo en la Corona de Aragón.

Diligente servidor de la causa, fue el encargado de acosar a los herejes y especialmente a los conversos, es decir, a los judíos falsamente convertidos al cristianismo, que formaban parte muy activa de la sociedad de la época.

Entre los años 1484 y 1488, los tribunales de la Inquisición persiguieron a los cripto-judaizantes por todos los medios.

El día 19 de junio de 1489 se celebró en Valladolid el primer auto de fe de la historia de España.

En efecto, dieciocho personas fueron quemadas vivas en esa ciudad castellana, además de otros cuatro cuerpos exhumados que también así fueron purificados.

Como explicó Lionel Dumarcet, autor de *Tomás de Torquemada: son histoire, sa personalité, son rôle dans l'Inquisition, ses influences* (Éditions De Vecchi, 1999):

> *Paralelamente a su actividad represiva en todo el reino, el hermano Tomás había publicado un manual práctico para uso de inquisidores. Estas* Instrucciones, *publicadas en 1484 y reeditadas varias veces antes de su muerte, constituyeron la única aportación teórica del dominico a la historia de la Inquisición. Enormemente antisemita, el Código de Torquemada mostró también la absoluta y plena implicación de los soberanos católicos en el acoso.*

Al final de su vida, el gran inquisidor mostró también su interés hacia otras cuestiones, como por ejemplo, la fundación y embellecimiento del convento de Santo Tomás de Aquino en Ávila.

Tomás de Torquemada murió el 16 de septiembre del año 1498 en la más absoluta pobreza.

La Inquisición y la Reforma

La Inquisición, creada para expresar la universalidad del magisterio pontifical y con el objetivo de luchar contra los herejes que amenazaban con minar la unidad de la fe cristiana, quería ser la institución que debía impedir el triunfo de los disidentes y enfrentarse al movimiento protestante nacido

> *[...]del deplorable espectáculo de las actuaciones del papado y de los abusos del clero, [que] dieron un nuevo impulso a la contestación anticlerical y a los movimientos religiosos heterodoxos [...]*

para recuperar la fórmula de Jean-Pierre Moisset en su *Histoire du catholicisme* (Flammarion, 2006).

A mediados del siglo XIV, Wycliff, un estudiante procedente de la Universidad de Oxford, propuso una reflexión de aire contestatario que ponía en duda la actuación de la institución eclesial. Para él, era necesario lograr el resurgimiento de la Iglesia invisible, es decir, «la comunión de los predestinados a salvarse, de los que Cristo era el único líder». La virtud debía ir por delante de todo lo demás. El papa no debía ser considerado infalible y debía poder ser depuesto. John Wycliff quiso recuperar la devoción eucarística, las indulgencias y el culto a los santos y defendió la traducción de la Biblia y que esta pudiera ser interpretada por los fieles. Quiso plantear un retorno al cristianismo de los primeros tiempos. Wycliff tuvo gran influencia en los husitas y se anticipó al movimiento propiamente reformista.

En Europa, incluida la Italia pontificia, un hombre adquirió una gran importancia: Erasmo (1469-1536). Gran admirador de las *Elegantiae*, obra de Valla, fue el autor de una recopilación de expresiones y proverbios latinos recogidos en los textos antiguos. Fueron los *Adagia*. Ilustró las relaciones entre el pensamiento latino y griego, reflexionó sobre el lugar que debía ocupar el hombre en la tierra, su relación con Dios, la función de la religión, etc. Gran conocedor del griego antiguo, estaba convencido de que la *Vulgata* (versión en latín de la Biblia) no había sido correctamente traducida. Se entregó con dedicación a ese trabajo ambicioso. Poseía seis manuscritos griegos. Hizo una nueva traducción latina y llevó a cabo un trabajo en el que aparecieron diferencias lingüísticas y semiológicas. Posteriormente, la familia de impresores Elzevier de Leyde utilizó el texto griego de Erasmo anotando debajo del título: *Textus receptus*. Erasmo ponía así los fundamentos de la reforma desarrollada más tarde por Lutero (1484-1546). La Iglesia católica era el centro de su insatisfacción. Erasmo había puesto en marcha la máquina de la herejía reformista.

Para los reformadores italianos, al igual que para los miembros de los tribunales de la Inquisición, Erasmo era un adelantado a Lutero y sus «discípulos». Sus escritos se oponían a la doctrina definida por la Iglesia romana, e insistía en la libertad de los cristianos «en reacción a un ritualismo que el humanista hallaba excesivamente estrecho», como escribió Silvana Seidel

Menchi en *Érasme hérétique. Réforme et Inquisition dans l'Italie du XVI siécle* (Gallimard/Le Seuil, Hautes Études, 1996).

Encontró un excelente seguimiento entre los maestros de escuela, que se apoyaban en su obra para enseñar a leer a sus alumnos. También importantes familias italianas se interesaron por su pensamiento.

Silvana Seidel Menchi cita que, desde un visión doctrinal, las teorías sobre la misericordia divina, así como su defensa del amor conyugal, tuvieron un gran éxito en Italia entre los círculos heterodoxos.

La obra de Erasmo fue inscrita en el Índice (relación eclesiástica de libros prohibidos). La Inquisición consideró la lucha contra Erasmo y su pensamiento como un «objetivo prioritario de la actividad inquisitorial».

El monje Lutero, profesor de la Universidad de Wittenberg, estudió la Epístola de Pablo a los romanos. Estaba convencido de que todos los hombres se podían salvar a través del amor a Dios. Planteó que «la venta de indulgencias era contraria a las enseñanzas de la Biblia». Expuso sus noventa y cinco tesis contra las indulgencias en las puertas de la iglesia de Wittenberg en 1517. La reforma se había puesto en marcha.

En el año 1518, Martín Lutero fue convocado a Augsburgo, donde el cardenal Cajetan intentó conseguir que se retractase, si bien aquel rechazó esa posibilidad. Al año siguiente puso en duda la infalibilidad de los concilios. En junio de 1520, la Santa Sede respondió y publicó la bula *Exsurge domine*, en la que amenazaba a Lutero con la excomunión. Sus libros fueron quemados, pero él reaccionó con pasión y echó a la hoguera, a su vez, la bula papal y el derecho canónico. Fue excomulgado por la bula *Decet romanum pontificem*. La Inquisición puso en marcha su estrategia contra los movimientos reformistas de Europa.

Lutero continuó su lucha.

[...] *una visión del cristianismo basada en la fe que se relaciona con la Palabra libera al hombre del temor y de la acusación procedente de la ley y desemboca en el amor* (Anne-Catherine Debs, en www.protestants.org).

En Francia, el poder real había amordazado a la Inquisición, pero Pablo IV, apoyado por la familia Guise, le aportó la fuerza necesaria para luchar contra los hugonotes. Los católicos liderados por los Guise se opusieron a los protestantes encabezados por Antonio de Borbón (1518-1562), Louis de Condé (1530-1569) y Gaspard II de Coligny, también llamado *Gaspard de Chatillon* (1519-1572). La guerra estalló en el reino. Se calcula que había entonces en Francia más de dos millones de protestantes y mil doscientas iglesias reformadas. El Parlamento, bajo el impulso de Michel de l'Hospital (1505-1573), se opuso al retorno de la Inquisición. El edicto de Romorantin, de 1560, precisó que sólo los obispos podían juzgar, en todo el país, «los delitos cometidos contra la fe». Charles le Brun, en *L'impitoyable Inquisition* (Pierre de Soleil, 2001), recuerda que, más tarde,

> [...] *siguiendo la orden del rey fueron puestas en marcha las persecuciones contra protestantes. Pero se trataba de calvinistas. Se contaron en Francia alrededor de mil quinientos «forzados por la fe», entre 1685, fecha de la revocación del edicto de Nantes, y 1748, época en la que finalizó la persecución.*

En Alemania, Carlos V hizo aplicar el edicto de Worms, que ponía a Lutero y a sus discípulos al margen del imperio y pedía la restitución de los bienes del clero. Los protestantes formaron una liga con el apoyo de Felipe de Hesse (1504-1567), Juan-Federico de Saxe (1529-1595), Francisco I (1494-1547) y Enrique VIII de Inglaterra (1491-1547). Tomó el nombre de *liga de Esmalcalda* y se opuso al emperador católico. Los protestantes fueron derrotados en la batalla de Mühlberg en el año 1547 y firmaron el acuerdo de Augsburgo en el año 1548. Fue un mal tratado que no contentó a nadie. Carlos V tuvo que reconocer los Estados de Alemania del norte, a fin de frenar el desarrollo de la nueva religión. En definitiva, la Inquisición «católica» había fracasado en los territorios situados más allá del Rin.

El siglo xv estuvo marcado por la actuación de la Inquisición española. Los Países Bajos formaban parte entonces de la Corona Española; sin embargo, por su proximidad a Alemania recibieron la influencia del pensamiento de Lutero y Calvino (1509-1564). Desde la Alemania de los príncipes electores, el protestantismo se extendió por tierras en las que se estaba produciendo un fuerte crecimiento económico y social, un importante desarrollo educativo y un fuerte incremento del comercio marítimo. Allí adquirieron un primer nivel de importancia la responsabilidad personal, el diálogo interno con Dios, la libertad de conciencia, la tolerancia y la mística luterana: «Jesús nos salva». En 1521, fue promulgado un primer edicto inquisitorial en el que se prohibía la lectura de las obras de Lutero.

Fue en el año 1522 cuando Carlos I de España exportó la Inquisición hacia Holanda. Así nacía una nueva Inquisición en este país, donde cumplió su objetivo y reprimió una herejía que ya alcanzaba al poder pontifical. Se distinguió por ser especialmente coercitiva y violenta, por controlar las bibliotecas y las librerías, incautar obras y crear comisarías especiales a fin de identificar a los sospechosos, hasta el punto de que sus víctimas acabaron siendo consideradas mártires de la Reforma. Un efecto colateral de la brutalidad de la Inquisición fue que alimentó la animadversión hacia la Corona española por parte de los holandeses después de un siglo de conflictos: fue la Guerra de los Ochenta Años (1566-1648).

La independencia de Holanda se construyó en ese marco que suponía la lucha contra la Inquisición. Así es como lo relató el historiador Guy les Baux en una entrevista que tuvo a bien concedernos:

> A finales del siglo XVI, el asunto de la Inquisición pasó a la cultura de las iglesias reformadas, llevado por un culto a los héroes a la vez nacionalista y religioso.

La Inquisición se convirtió en el símbolo absoluto de la barbarie y de la violencia del catolicismo. Por todas partes se explicaban los numerosos casos de tortura llevados a cabo por la Corona española en nombre del papado. La libertad teológica y la filosofía suscitadas por la Reforma y la liberación aportada por el protestantismo legitimaron la lucha total contra un catolicismo que para frenarla dio plenos poderes de actuación a una institución temible e indefendible.

En el año 1542, el papa Pablo III reformó la Inquisición. Entonces se convirtió en la congregación del Santo Oficio, llamada también la Suprema Inquisición. Se convirtió en el ejército de la Iglesia pontifical para luchar contra los protestantes instalados en los territorios católicos de Europa. Para frenar el avance de la Reforma protestante iniciada por Martín Lutero, el papa convocó el concilio de Trento, en el año 1545, y lanzó la Contrarreforma.

La Inquisición española al servicio del Estado

La Inquisición española fue creada por los Reyes Católicos en pleno proceso de recuperación de las tierras de al-Andalus, a fin de luchar contra las herejías, además de mantener la tradición. Su actuación planeó sobre el país en una especie de trágala cultural durante más de cuatro siglos. Severamente criticada desde la segunda mitad del siglo XVIII, sólo fue finalmente abolida en 1833, después de muchos virajes históricos, por María Cristina, la reina regente.

Mientras la Inquisición medieval, orquestada por la Santa Sede, vivía sus últimas horas, Fernando de Aragón e Isabel de Castilla, los Reyes Católicos, fundaron su propia Inquisición en el año 1479. Esta fue pensada para luchar contra las minorías religiosas formadas por los judíos y los musulmanes, y ya no sería controlada por la Santa Sede, sino por el Estado, para el que representaba un importante instrumento político.

Pasadas sus principales horas de gloria, que coincidieron con las más oscuras de la historia del país —conversiones forzadas, expulsión de los judíos, lucha encarnizada contra la Reforma desde la primera mitad del siglo XVI—, la Inquisición española, desprovista finalmente de su misión más tangible, logró, a pesar de todo, sobrevivir en nombre de la tradición.

La Inquisición, obsesionada por el cruel recuerdo de Torquemada, se convirtió, poco a poco, en el brazo armado de la justicia del Estado. Utilizando a voluntad la tortura, depositó sobre el país una auténtica impronta religiosa y cultural. Durante tres siglos y medio la Inquisición se jactó de haber cumplido su misión al expulsar del país a los judíos y a los musulmanes, impedir la difusión de la Reforma y limitar la ola de brujería que se propagó por Europa entre los siglos XVI y XVII.

La Inquisición española consiguió logros extraordinariamente perniciosos y tan graves como los que acabamos de citar. Al someter durante tanto tiempo a toda la sociedad a una vigilancia ideológica tan feroz y a una represión permanente de cualquier forma de expresión, la Inquisición redujo literalmente a la nada la producción de obras filosóficas, teológicas o, en un sentido más amplio, intelectuales, en el mundo hispánico. Quizá la literatura fue la única que logró escapar a ese estado de cosas, aunque, bien mirado, la producción literaria española de la época tuvo sobre todo una fuente de inspiración: la religión. Finalmente, de la misma manera que la Inquisición logró frenar la difusión de la Reforma en el país, también consiguió alejar la influencia y la divulgación de la filosofía de las Luces.

En pocas palabras, se puede decir que después de más de tres siglos y medio de actuación de la Inquisición, el balance supuso para el país un lastre incalificable.

España sufrió en cuestión de ciencia y cultura un considerable retraso respecto a los demás países. Más allá de esta plúmbea y terrorífica acción represiva difundida por el santo tribunal, de la que no pocos dirigentes se sirvieron a discreción para consolidar su propio poder, la Inquisición adquirió una tremenda popularidad entre las personas más humildes, que se creyeron que velaba por igual los intereses de todos y no protegía a los poderosos. Sin embargo, numerosas voces se levantaron contra la santa institución a partir de la segunda mitad del siglo XVIII.

En el año 1808, José Bonaparte, que ocupó la jefatura del Estado por imposición de su hermano Napoleón —una vez depuesto Fernando VII—, abolió inmediatamente la Inquisición. Sin embargo, lejos de obtener el éxito esperado entre la población, José Bonaparte, conocido como *Pepe Botella*, se vio en la necesidad de tener que defender su postura frente a la indignación del pueblo. Y le gustase o no, al igual que a los liberales reunidos en las Cortes de Cádiz que le sucedieron, la Inquisición todavía no podía darse por muerta en España.

En el año 1814, Fernando VII, que había vuelto a ocupar el trono tras el paréntesis de la Guerra de la Independencia, la restableció inmediatamente.

El santo tribunal recuperó sus actividades antes de ser nuevamente suprimido tras el pronunciamiento de Riego en el año 1820, que dio paso al Trienio liberal.

Tres años más tarde, los franceses, que habían promovido la primera abolición del alto tribunal, estuvieron ahora de nuevo en el origen de su restauración cuando la expedición conocida como la de los *Cien Mil Hijos de San Luis* acudió a reponer en el trono al monarca depuesto. Felizmente, tras la muerte del rey, su cuarta esposa, María Cristina, que se convirtió en la reina regente, ratificó la decisión que se había convertido a lo largo de doscientos veinticinco años en una prioridad nacional: la liquidación de la Inquisición.

El auto de fe: escenificación de la máquina inquisitorial hispánica

Contrariamente a lo que se cree, la Inquisición no fue una invención española. Precisamente la Corona española, que estaba en la fase final de la unificación territorial, iba con retraso en esta materia y no fue hasta 1479 cuando, por voluntad de sus reyes, los «muy católicos» Isabel y Fernando, fue creado el Santo Oficio.

Llegó tardía, pero, quizá para recuperar el retraso acumulado, los Reyes Católicos se entregaron en cuerpo y alma a ganar la batalla de la pureza de la fe. En efecto, la persecución de los herejes se convirtió en una cuestión de Estado, que se puso a trabajar a marchas forzadas para igualar, si no superar, a los demás países europeos y conservar una catolicidad pura. Las delaciones se multiplicaban y los tribunales no daban abasto. De la conversión de los herejes se hacía una auténtica fiesta popular y aristocrática. No se conocía algo igual desde los tiempos de la Roma antigua. El auto de fe, una especie de escenificación de la máquina inquisitorial, se convirtió, en sólo algunos meses, en uno de los espectáculos más habituales.

A finales del siglo xv, la situación que se había creado en el país era absolutamente propicia a los objetivos de la Inquisición. No solamente la animosidad contra los musulmanes se mantenía viva, sino que un simple rumor como aquel según el cual los judíos debían ser los responsables del estallido de la última pandemia de peste bubónica —que acababa de llegar desde el resto de Europa— provocó una ola de antisemitismo.

En definitiva, tras la reunificación de los reinos cristianos peninsulares, la conquista de al-Andalus en 1492 y la incorporación de Navarra en 1511, los Reyes Católicos se impusieron el deber de purificar el país como habían hecho un siglo antes sus vecinos europeos.

Sin embargo, la persecución de los herejes tomó en España unos derroteros muy especiales. Ya no se trataba solamente de fanatismo religioso. Es cierto que, contrariamente a la idea que se tiene hoy día, la Inquisición medieval superaba notoriamente las barreras sociales, pero, sobre todo, en toda Europa recibía el apoyo del pueblo, cansado de soportar los abusos de la nobleza. En España, la situación superó cualquier lógica. En cualquier parte del país se encendían hogueras gigantescas en las que los herejes eran ejecutados por

159

docenas. Muy pronto, los escasos judíos o musulmanes que todavía permanecían en el país después de la expulsión decretada por el Estado en el año 1492, no fueron suficientes para alimentar los fuegos purificadores.

Muchos nuevos cristianos, aquellos que se habían convertido a última hora y que eran conocidos con el nombre de *marranos*, fueron, a su vez, conducidos a la hoguera y quemados vivos, al mismo tiempo que los cuerpos de sus antepasados eran exhumados para la ocasión. La regla era sencilla: no debía quedar la más mínima sombra de herejía en todo el reino.

Los autos de fe invadieron el reino durante algunos meses. Todas las ciudades se entregaron a realizar una purificación intelectual mediante el fuego. ¿Qué ciudad —Córdoba, Madrid, Valencia o Barcelona— eliminaría más herejes? A la vista de las cifras, no se trataba simplemente de organizar el mayor número posible de autos de fe, sino de adoptar también un comportamiento homicida.

Los resultados estremecen. En el año 1499, la ciudad de Córdoba alcanzó el siniestro récord de ciento siete herejes quemados vivos en la hoguera.

Pero realmente no fue eso lo que más distinguió a España del resto de los países, porque la Inquisición mostró su repertorio de barbarie en todos los lugares en los que actuó. En el fondo, lo que hacía aún más odiosos y terribles los autos de fe de la península era la celebración festiva que los acompañaba. En la época se hablaba de *feria*, de *teatro* o de *fiesta*. En los documentos de la época, los autos de fe eran sistemáticamente comparados a las corridas de toros. Por otra parte, se desarrollaban generalmente en las plazas previstas a tal efecto. Si los habitantes de las ciudades asistían a las cansinas e interminables ceremonias religiosas que precedían a la celebración de los autos de fe para poder ganarse los cuarenta días de indulgencias prometidos a cada participante por la Iglesia, podían, además, ver el espectáculo de la hoguera en la que se quemaban herejes como hacían los romanos en el circo.

Los grandes de España no se equivocaban. El auto de fe era una ocasión perfecta para controlar el comportamiento colectivo de las personas y consolidar su poder a la manera que también utilizaban los antiguos emperadores romanos.

Las autoridades no dudaban en organizar autos de fe con el objetivo de celebrar la reciente unidad de los reinos peninsulares. Fiestas señaladas, bodas principescas y coronamientos eran ocasiones propicias para encender una hoguera y quemar a algunos herejes. Y sin darse realmente cuenta, como dijo posteriormente Thomas Mann: «Nunca pensamos que la barbarie es contemporánea a nuestras vidas», aristócratas y grandes burgueses se disputaban las plazas de honor, mientras el populacho se concentraba en masa a la espera de poder entretenerse con las migajas de estos espectáculos morbosos.

Sin embargo, hoy día no quedan más que algunos testimonios escritos o pictóricos de aquellos autos de fe.

De hecho, un buen ejemplo de este particular sentido de la fiesta es el que se dio con motivo del casamiento de Carlos II con María Luisa de Orleans en el año 1680.

El último auto de fe celebrado en España fue inmortalizado por el pintor Ricci: en la pintura se distingue, gracias a la diferencia que existe entre los grandes de España, deseosos de presenciar el espectáculo propuesto, y la cohorte de representantes franceses y de embajadores de los demás países irritados ante tanta barbarie, el foso que existía entre los europeos del norte y los íberos.

¿Por qué la Corona española perpetró durante tanto tiempo esas atrocidades? Sin duda, por el deseo de erradicar definitivamente todo resto de herejía y aterrorizar a aquellos que eran susceptibles de mantenerlo. ¿Tenía alguna utilidad transformar aquellos castigos en una auténtica fiesta? No parece muy probable.

Entonces, ¿por qué resistió esta purificación intelectual?, ¿no habría podido lograr su unidad el reino católico, sin construirla sobre las cenizas de los herejes?

El terrible balance de la Inquisición en España

La Inquisición estuvo en España casi cuatro siglos actuando en todo el país. A partir del siglo XVIII, su autoridad se debilitó bajo la influencia del rey de origen francés Felipe V, nieto del monarca Luis XIV. Desde el siglo XVII, bajo los reinados de Felipe III y Felipe IV, el número de autos de fe, no obstante, disminuyó a causa de la expulsión de los musulmanes. Durante el mandato de Felipe IV, desde 1621 hasta 1665, se registraron un total de treinta autos de fe.

Sin embargo, a pesar de la disminución siguieron realizándose de manera sangrante, como en Sevilla en 1666, en Granada en 1672, en Palma de Mallorca, en 1675, en Madrid en 1680, en Zaragoza, en Murcia...

Se estima que Torquemada, el primer gran inquisidor, hizo quemar, entre 1481 y 1498, de ocho a diez mil personas. Su sucesor, Diego Deza, sentenció entre 1498 y 1507 alrededor de dos mil quinientas condenas a muerte. Los judíos que se quedaron en España fueron las principales víctimas de la Inquisición bajo los reinados de Carlos V (1519-1556) y Felipe II (1556-1598).

Las cifras que parecen aceptadas por todos hablan, hasta una época reciente, de trescientas cincuenta mil condenas a lo largo de un periodo de cuatro siglos, de las que unas treinta mil lo fueron a muerte.

Otros estudios recientes rebajan la cifra a unas diez mil, si bien sólo está referida a dos siglos y no tiene en cuenta las auténticas matanzas cometidas bajo el reinado de Fernando de Aragón e Isabel de Castilla ni las condenas más tardías. Hoy día, la cifra que más parece ajustarse a la realidad sería la de veinte mil personas quemadas en la hoguera. En cuanto a las demás sentencias emitidas, aproximadamente unas trescientas mil incluirían básicamente penas de encarcelamiento, bastante suaves, si bien siempre iban acompañadas de la absoluta confiscación de los bienes del condenado.

La mayoría de las víctimas de la Inquisición española fueron judíos y musulmanes, dado que el país permaneció bastante alejado de la influencia de las herejías conocidas por el catolicismo en el resto de Europa.

La Inquisición se convirtió, por lo tanto, en una herramienta esencial de la política de «unificación racial» de Isabel de Castilla, llamada *la Católica*, y de Fernando de Aragón.

El derecho canónico, la Inquisición y sus desviaciones

El derecho canónico, o *jus canonicum* para los iniciados, está constituido por el conjunto de leyes y reglamentos adoptados por las autoridades de la Iglesia católica para su gobierno y la orientación de los fieles, dejando de lado la definición del dogma o de la liturgia a otras instancias. Se trata de un derecho pacificado, que no toma del canon más que su nombre, procedente del griego *kanon*: la regla.

La religión cristiana fue reconocida en el año 313; posteriormente, se convirtió en la religión oficial del Estado romano bajo la autoridad de Teodosio I, que publicó el edicto de Tesalónica del año 380. Inmediatamente se impuso la distinción entre poder espiritual y poder temporal y la Iglesia se organizó, al margen, tomando de Roma sus disposiciones, su cultura y su técnica jurídica. Tan pronto como el cristianismo fue establecido como religión de Estado, comenzó a crear un cuerpo de leyes de regalía, correspondientes en tiempos de los romanos a la autoridad civil, y después, tras el hundimiento del imperio, a los pueblos bárbaros: leyes sálicas, leyes escandinavas, juicios de Dios... El derecho canónico distingue entre el fuero interno, el tribunal de la conciencia, que juzga gracias a las *Penitenciales* —recopilación de pecados y penitencias impuestas a los pecadores— y el fuero externo, que compete a un tribunal que juzga el comportamiento exterior, según el derecho canónico. Se diferencia fácilmente, por ejemplo, del islam, que no establece ninguna distinción entre la esfera jurídica y la esfera religiosa, hasta el punto de que la *sharía*, la ley revelada, contiene la relación de derechos y obligaciones contenidas en el Corán y en la Sunna. Es una historia apasionante e imposible de resumir en sólo algunas líneas la de esta constitución progresiva de un cuerpo de reglas, que se alejan con frecuencia del poder temporal y se aproximan otras veces para no concernir más que a la Iglesia católica.

Imaginemos la gran dificultad de resumir mil seiscientos años de historia en unos cuantos párrafos: así de dura es la tarea que ha correspondido a los autores y que sirve para justificar la necesidad técnica de realizar una presentación.

El derecho canónico, inspirado en el romano, se fue liberando progresivamente desde el siglo IV y la aparición de las decretales, normas que emanaban de la autoridad pontificia y de las que las más antiguas se remontan al pontificado de Siricio (384-399). Es cierto que, en ese periodo de declive del derecho, de disgregaciones políticas y geográficas, de dislocación de la regla y de desaparición del poder legislativo, la religión y lo sagrado podían suponer soluciones para la unificación de la vida social en torno a la religión y a la figura del rey, representante de Dios.

Un amplio movimiento doctrinal, surgido hacia 1050 y correspondiente a los tiempos de la ruptura entre la Iglesia de Oriente y la de Occidente en 1054, acabó en la reforma gregoriana planteada por el papa Gregorio VII: reformas de estructuras internas, autonomía de las designaciones, prohibición de recibir un obispado o una abadía de manos de un laico y centralización y estructuración jerárquica en el seno de la Iglesia.

Aparecieron dos obras fundamentales, que fueron el *Decreto* de Graciano, hacia 1140, y las *Sentencias* de Pierre Lombard, que hablaban de teología. El *Decreto*, datado en torno al año 1140, fue la obra de un monje, Graciano, que, en Bolonia, reunió unos cuatro mil textos de orígenes diversos para construir un decreto: las decisiones de los concilios, las decretales, es decir, las cartas del papa respondiendo a alguna pregunta, los extractos de las Sagradas Escrituras y los textos de los Padres de la Iglesia. La primera terminología que utilizó el decreto era evocadora: «Concordia de los cánones discordantes», lo que da testimonio de la voluntad de asimilar los textos y eliminar las contradicciones que planteaban. Siguieron después las colecciones de *Decretales* realizadas en 1230 por Ramón de Peñafort, a petición de Gregorio IX, preciosamente tituladas *Libro de las decretales que quedan fuera del decreto*, transmitidas en las universidades de Bolonia y de París. Otras nuevas compilaciones se realizaron bajo el pontificado de Bonifacio VIII y, después, de Clemente V, autor de una recopilación en 1314, denominada las *Clementinas*, para acabar con las *Extravagantes* de Juan XXII en 1324.

Para contrarrestar todo lo que no era católico —el arrianismo (la primera desviación a la que el cristianismo tuvo que enfrentarse), los fraticelos (¿se trataba de herejías o sencillamente de cismáticos en busca de la indigencia absoluta?), los beguinos y begardos (para quienes la unión de Dios y la criatura era inexorable para no tener más que un único destino, en el que el hombre se convierte en Dios mismo), el valdismo, el catarismo, el protestantismo, el judaísmo, los bogomilos, los lollardos, los husitas...— la Iglesia ha tenido que reaccionar constantemente desde su nacimiento.

Muy pronto aparecieron en su seno los debates. En el siglo v, San Juan Crisóstomo, en reacción a la ejecución de Prisciliano, condenó esa actitud en términos muy precisos: «Matar a un hereje es introducir en la tierra un crimen que no puede expiar». A finales del siglo IV se fueron concretando más las posiciones:

— en el año 381, el paganismo y las herejías fueron prohibidas y los herejes condenados a multas, exilio, deportación, etc.;

— en el año 394, el cristianismo se convirtió en religión de Estado en todo el Imperio. En 1140, una astucia del canonista Graciano, en su *concordantia discordantium canonum*, acercó el poder religioso al poder político en una misma lucha contra las herejías. En consecuencia, un tribunal eclesiástico podía condenar y un tribunal civil y laico ejecutar la aplicación de la sanción.

En 1163 se evocó por primera vez, en el concilio de Tours, la posibilidad de coordinar la organización de la lucha contra los herejes. En 1179, en el tercer concilio de Letrán, se sugirió constituir un cuerpo ad hoc encargado de cumplir esa misión. El papa Lucio III, en el año 1184, creó, con la decretal *Ad abolendalem*, una jurisdicción especializada en la persecución de los herejes. Finalmente, a partir de 1206, la Inquisición fue establecida de una forma más operativa por el papa Inocencio III.

La Orden de los Dominicos fue la encargada de regir esta institución, que investigaba los crímenes contra la fe, la religión y las buenas costumbres, así como las prácticas de brujería, la posesión, el tráfico —es decir, la venta y la lectura, tanto privada como pública— de obras heréticas, satánicas o tenidas por impúdicas.

El concilio de Toulouse adoptó las disposiciones necesarias para el funcionamiento de la Inquisición: investigaciones, arresto de sospechosos por funcionarios civiles, juicios ante un tribunal religioso y ejecuciones por los servicios monárquicos.

El 20 de abril del año 1233, a fin de evitar los excesos y la arbitrariedad de la justicia episcopal, el papa Gregorio IX confió a un tribunal excepcional, la *Inquisitio hereticae pravitatis*, la tarea de «condenar, en todo el reino de Francia, a los herejes y a los católicos no sinceros». La institución se desarrolló después en diferentes países de Europa y del mundo.

Concluida la investigación, las torturas y el proceso, la pena era la excomunión, pero a partir de 1231, con la constitución *Excomunicamus* del papa Gregorio IX, que codificó la represión, las sanciones pasaron a ser brutales:

— la hoguera «para los que se obstinaban en el error»;
— la prisión o una pena canónica (es decir: la peregrinación, el ayuno, la oración...) para los herejes que se arrepentían;

— la excomunión para los católicos que hubieran dado el más mínimo apoyo a reconocidos herejes.

Las penas eran diferentes según el país e iban cambiando con el paso del tiempo. Fuera como fuese, la situación se iba alejando de la idea de Bernardo de Claraval: *fides suadenda, no impodenda* («la fe debe venir por persuasión, nunca por imposición»), y se iba ampliando la arbitrariedad de la mano de los inquisidores, que desempeñaban tres papeles: investigadores, jueces y confesores.

La utilización de la tortura, de la que tanto se ha hablado, no fue muy habitual en países como Francia. Bernard Gui no la recomendaba «más que en un caso extremo». No obstante, el papa Inocencio IV, en la bula *Ad extirpenda*, aceptaba su legalidad, si bien liberaba a la Iglesia de su práctica, y reservaba, en cambio, su aplicación a las autoridades seculares... A medida que pasaba el tiempo, la Inquisición se fue apagando en un número creciente de países. Así, en Francia, Luis XII la abolió en el año 1502. ¡La ortodoxia de la fe reemplaza a la Iglesia en ese país! En el año 1703, Felipe V prohibió en España cualquier decisión inquisitorial y, en 1714, transfirió este procedimiento al poder civil.

Conviene resaltar que muy raramente la Iglesia condenaba a muerte; por ello resultaba «interesante» (si se puede utilizar esta expresión) ser juzgado por un tribunal eclesiástico. El poder secular, por su parte, recurría más a la condena a muerte para estas cuestiones teológicas. El papa Pablo III reorganizó, en el año 1542, la Inquisición y creó, con la bula *Licet ab initio*, el Santo Oficio bajo el nombre de Sagrada Congregación de la Inquisición Romana y Universal. Diecisiete cardenales, apoyados por veintisiete consejeros y tres calificadores, actuaban contra los heterodoxos y otros contestatarios y herejes. Por otra parte, ante el impacto de la Reforma y la fuerza intelectual alcanzada por el protestantismo, el papa Pablo IV publicó, en 1599, la primera relación de obras que los católicos romanos no estaban autorizados a leer, e instituyó, en el año 1571, la congregación del Índice. Este fue constantemente puesto al día hasta la edición del año 1948, bajo el pontificado de Pío XII, mediante la inclusión y la supresión de títulos por la congregación de la Inquisición o directamente por el mismo papa. En el concilio Vaticano II fue modificado el estatuto del Santo Oficio y reemplazado por la Congregación para la Doctrina de la Fe, que ya no era sólo un tribunal —donde los debates podían ser públicos y contradictorios—, sino también un centro de estudios y de reflexión. Pero volvamos a ver la evolución del derecho canónico *sensu stricto*.

Felipe el Hermoso había separado, en su célebre conflicto con el papa Bonifacio VIII, a la Iglesia anglicana de la Iglesia romana mediante dos ordenanzas dictadas en el año 1407. El gran cisma que se había abierto en 1378 por la elección de dos papas, uno en Roma y otro en Aviñón, desembocó en 1417, después del concilio de Constanza, en la elección de un papa único. En el concilio de Bale, los defensores de la autonomía intentaron imponer al papa las reformas de la Iglesia y, en su prolongación, en 1348, una asamblea de prelados, convocada por el rey Carlos VII y celebrada en Bourges, se declaró solidaria con los principios formulados en aquel concilio. El rey promulgó la célebre ordenanza llamada *De la pragmática sanción de Bourges*, que preveía la elección de los dignatarios eclesiásticos y el derecho real a hacer recomendaciones a los electores. El concordato de Bolonia, de 1516, puso fin a la querella. Sin embargo, era cierto que la Iglesia había ido perdiendo progresivamente sus competencia, y que, al pasar a estar bajo el control real, el poder de este había ido poco a poco ampliándose hasta ser más importante. El derecho civil se había impuesto lenta pero inexorablemente al derecho canónico.

La reforma gregoriana había representado la ocasión para ver nacer otras colecciones, tales como el *Decretum* de Bouchard de Worms y el *Dictatus Papae* de Gregorio VIII, que definían los lazos entre los poderes temporales y la Santa Sede. Conviene citar también a Yves de Chartres, autor de una enciclopedia metódica, la *Panormia*. Los canonistas de la Edad Media realizaron un gran esfuerzo de compilación de las fuentes (ordenanzas de los concilios y decretales) y se afanaron por unificar, que como se sabe es la evolución natural del derecho.

Durante el concilio de Trento, Pío IV creó la comisión llamada «de los correctores romani», encargada de revisar el decreto, lo que había desembocado en la promulgación, en el año 1582, del *Corpus juris canonici*.

Nació bajo el impulso de los promotores del concilio Vaticano I, cuando, en 1904, el futuro cardenal Gasparri fue designado para la comisión de codificación. Los canonistas se inspiraron en los avances realizados por el derecho civil y lograron, en definitiva, que fuera promulgado un nuevo código canónico. En lo sucesivo, el código de derecho canónico sería el del año 1983, promulgado por el papa Juan Pablo II, cuya redacción se inspiró en los cambios promovidos por el concilio Vaticano II. Juan XXIII y Pablo VI habían establecido las grandes líneas directrices del nuevo código. En el año 1981, una comisión trabajaba sobre el documento para conseguir que saliera a la luz pública, dos años más tarde, el código actualmente en vigor, que está compuesto por siete libros:

— *De las normas generales;*
— *Del Pueblo de Dios;*
— *De la función de enseñar de la Iglesia;*
— *De la función de santificar de la Iglesia;*
— *De los bienes temporales de la Iglesia;*
— *De las sanciones de la Iglesia;*
— *De los procesos.*

Tal como explica Gosselin en su *Histoire du droit, mois par mois:*

La Iglesia está viva y sus reglas se imponen a los fieles en un territorio universal. ¿Qué otro cuerpo legal puede presumir de eso? Se trata de un derecho que es con frecuencia ignorado pero que se ha renovado profundamente... Y a menudo sólo se habla de la Inquisición...

Este derecho es complejo, pero ¡qué cautivador resulta por su acercamiento espiritual y distinto! Que después, por otra parte, sea creído o no, ¡eso ya es indiferente!

El misterio de Juana de Arco en el seno de la cristiandad

La historia de Juana

En el año 1420, el tratado de Troyes entregó el reino de Francia a los ingleses.

Enrique V de Inglaterra se convirtió, gracias a su matrimonio con Catalina de Francia, la hija de Carlos VI y de Isabel de Baviera, en el heredero legítimo del trono. A la muerte de Enrique V y de Carlos VI, en el año 1422, Juan de Bedford (el hermano de Enrique V) desempeñó la regencia a la espera de la mayoría de edad del delfín Enrique VI. Sin embargo, los barones franceses reconocieron como rey al delfín Carlos VII, que ya había sido proclamado regente.

Los ingleses decidieron entonces acabar rápidamente la cuestión y para ello recurrieron a las armas. Derrotaron a las tropas de Carlos VII en Cravant, en el mes de julio de 1423, y después en Verneuil-sur-Avre, en agosto de 1424. El 12 de octubre de 1428, el ejército inglés del conde de Salisbury acampó delante de Orleans, donde las posibilidades de Carlos VII de expulsarlo parecían más bien escasas. Sólo podía esperar que llegasen más refuerzos.

Juana, hija de Jacques d'Arc y de Isabelle Romée, había nacido en 1412 en Domrémy, Lorena, en el seno de una familia de agricultores bastante acomodada. En aquella época, la población de Domrémy apoyó a los armañacs, el partido leal a Carlos VII. La ciudad se encontraba en una ruta de paso recorrida por soldados y mercenarios, tanto ingleses como borgoñones. Resulta bastante verosímil que si Juana no había sido testigo directa de la guerra, sí al menos había oído bastantes testimonios sobre los horrores que supuso. Cuando tenía trece años de edad, en 1425, se cuenta que oyó voces que le indicaban que debía liberar Orleans (cuyo sitio no había comenzado todavía).

En el año 1428, la voz le ordenó que expulsara a los ingleses del reino y fuera a hacer coronar al delfín Carlos y pedir ayuda y apoyo al comandante de Vaucouleurs, Robert de Baudricourt. La primera vez, en 1428, el comandante no la quiso recibir, pero la segunda se dejó convencer.

En enero de 1429, el señor de Baudricourt envió un correo al rey Carlos VII para advertirle de la voluntad de Juana. Acababa de firmarse el acuerdo de Bourges y él puso a disposición de la joven una escolta de seis hombres, de los que dos iban armados. Vestida como un hombre, Juana llegó «milagrosamente» a Chinon el 6 de marzo de 1429. Una vez allí fue inmediatamente recibida por el rey, que la sometió a una prueba al mezclarse él entre la multitud de cortesanos. Juana se dirigió directamente hacia el monarca.

No debe causar sorpresa que fuera tan rápidamente recibida, dado que en aquel momento el rey se encontraba casi en una situación desesperada, rodeado de escasos seguidores y viviendo modestamente. Era entonces habitual recurrir a magos, profetas y mensajeros del más allá. Por otra parte, los libros proféticos formaban parte integrante de los textos bíblicos, y nadie ignoraba el importante papel desempeñado por Judith, Ester o Débora. El reino que acababa de ser perdido por una mujer, la reina Isabel de Baviera, justamente estaba esperando, según un divulgado rumor que corría, que fuera salvado por otra. Que Dios interviniese por medio de una de sus más puras criaturas no tenía nada de sorprendente para un creyente en la Baja Edad Media, durante la cual religión y misterio estaban estrechamente asociados.

Nada se sabe de la primera entrevista entre Carlos VII y la «Doncella», la *Pucelle* (nombre con el que se conoce a Juana de Arco en Francia); pero no es difícil imaginar que ella le expondría el sentido de su misión: cumplir el mensaje divino, recuperar el país del rey, expulsar a los ingleses del reino, coronarlo soberano en Reims. Sin embargo, la parte más original del discurso de Juana de Arco era esa voluntad de estar ella misma al lado, realmente, casi en el sitio del rey.

Lo primero que hizo el monarca, que desconfiaba, fue someter a la joven al interrogatorio de una comisión formada por eclesiásticos en la Universidad de Poitiers. Ella respondió con solvencia y seguridad, sin caer en ninguna de las trampas que los teólogos no dejaban de plantearle. Después, los hechos se encadenaron. El rey autorizó a Juana a llevar armadura, a dirigir el ejército real en el combate y, finalmente, la dotó de una verdadera casa militar.

Juana de Arco formó el ejército de apoyo que el rey se esforzaba en reunir en Blois y, después, las tropas salieron en dirección a Orleans. Llegaron hasta allí sin tener que enfrentarse en ninguna batalla importante, mientras los ingleses, escasos de víveres, se vieron obligados a levantar el sitio, el 29 de abril de 1429. Juana resultó herida en el sitio de una de las ciudadelas que protegían la ciudad y que los ingleses habían ocupado. El milagro de la liberación de Orleans se había producido. El hecho tuvo tanta resonancia que incluso sembró el pánico entre las tropas inglesas.

Perseguidos, los *godones* fueron vencidos en varias ocasiones por Juana y sus excelentes comandantes, que eran Dunois, La Hire, Xaintrailles y Gilles de Rais, en Jargeau, Beaugency y, sobre todo, en Patay, donde dos mil enemigos murieron el 16 de junio de 1429, y Talbot, su jefe, fue capturado. Muy activa durante todos los combates, Juana liberó Gien, después Auxerre y finalmente Troyes, el 9 de julio. La ruta de Reims quedaba así definitivamente abierta y el combate había cambiado de signo.

Gracias al prestigio que la victoria dio a las tropas reales, justo cuando contó con la participación de Juana, esta consiguió convencer a Carlos VII para que se hiciera coronar en la capital de la región de Champagne. Juana supo encontrar las palabras y razonamientos adecuados para vencer la resistencia del rey. Desde que este había ordenado asesinar a Juan Sin Miedo, Carlos VII no se atrevía a presentarse delante de Dios, porque sentía en su conciencia el peso de haber cometido un pecado irreparable. Juana de Arco le dijo, con toda sencillez, estas magníficas palabras:

> Él [el Señor] me ha enviado hasta vos, esa es la prueba de que Dios os ha perdonado.

El 17 de julio de 1429, el rey fue coronado, al igual que sus antepasados, en la catedral de Reims, mientras Juana sostenía la oriflama de Francia (el estandarte de la abadía de San Dionisio, de seda encarnada y bordado de oro, que utilizaban sus antiguos reyes como pendón guerrero). Así se cumplió la voluntad de Dios, del que nunca más Juana obtendría sostén. Numerosas ciudades manifestaron en ese momento su sumisión al nuevo rey de Francia: Soissons, Laon, Provins, Compiègne, Château-Thierry y Beauvais, que expulsó a su obispo, Cauchon, demasiado comprometido con los ingleses.

El rey dudaba y, mientras tanto, no autorizaba al ejército real a participar en el sitio de París ni hacía nuevas levas de tropas. Así, con tan escasos efectivos, no era posible que Juana obtuviera ningún éxito. Más bien al contrario, fue herida durante un asalto del 8 de septiembre de 1429 y en diciembre sufrió un nuevo revés en La Charité-sur-Loire; no obstante, en el año 1430 ya pensaba en organizar su venganza. Los borgoñones consiguieron sitiar la ciudad de Compiègne. El 23 de mayo, Juana entró en la ciudad, pero esta gran guerrera no tenía casi sentido del riesgo ni tampoco de maniobrar militarmente, por lo que intentó una salida arriesgada y se encontró pillada en una trampa cuando intentaba escapar a las fuerzas de Juan de Luxemburgo: el puente levadizo fue izado demasiado apresuradamente. Por instigación de los teólogos de la facultad de París, Juana fue entregada a los ingleses de Juan de Lancaster, su peor enemigo.

A partir de enero de 1431, un tribunal compuesto a tal efecto puso en marcha un proceso de naturaleza inquisitorial. El obispo Pierre Cauchon, totalmente entregado a la causa inglesa, trató de demostrar que Juana era una hereje y una bruja que debía ser condenada a la hoguera. Fue también sometida a un examen de virginidad, se vio obligada a defenderse sola durante cinco meses, durante los cuales se enfrentó con serenidad y espontaneidad a los interrogatorios, en los que demostró su enorme fortaleza y una capacidad de réplica fuera de lo común.

El 24 de mayo de 1431 fue condenada a cadena perpetua, sin duda después de haber abjurado. No obstante, sus acusadores le tendieron una trampa: quizá porque los soldados que la custodiaban noche y día intentaban abusar de ella, quizá porque eran las únicas personas con las que convivía, Juana volvió a utilizar su ropa de hombre. Enseguida fue acusada de nuevo y sometida a un segundo proceso, expeditivo esta vez. El 30 de mayo de 1431 fue condenada a muerte como reincidente y quemada viva en la plaza Vieux-Marché de Ruán. Una auténtica emoción embargó a la muchedumbre que asistió al martirio, si bien en el resto del país la noticia pasó totalmente desapercibida.

En el año 1456, Carlos VII, que había derrotado a los ingleses en Formigny y Castillón, comenzó a preocuparse por su reputación. Por eso creyó, llegado el momento, que era mejor no dejar crecer el rumor de que había sido ayudado por una bruja. Concluyó, pues, que era cuestión de rehabilitar la memoria de Juana de Arco y hacer de ella una santa. Con esa finalidad, un nuevo tribunal inquisitorial anuló la condena de Juana y el papa Calixto III la absolvió de sus pecados. En 1920, fue canonizada por la Iglesia e inscrita en el calendario de fiestas nacionales por la Chambre Bleu Horizon (nombre dado a la cámara de diputados elegidos el 16 de noviembre de 1919) después de la guerra.

Tras la muerte de Juana de Arco aparecieron diferentes impostoras, de las que la más célebre fue Jeanne-Claude des Armoises, que fue incluso reconocida por los hermanos de la Doncella de Orleans. Pero se trataba de una simulación, porque parecía inverosímil que los ingleses la hubieran dejado escapar, dado que, efectivamente, la temían y la aborrecían. El rey deseó negociar una liberación discreta... porque, realmente, le debía mucho.

El personaje de la Doncella planteó diferentes cuestiones que permanecen todavía sin respuesta. La principal es ciertamente la de su origen. ¿Era realmente descendiente de unos agricultores acomodados o era la hija natural de un hombre de la corte, donde su madre había sido camarera?

El verdadero beneficiario de esta prodigiosa epopeya fue el rey Carlos VII, un cínico calculador al que Juana de Arco convenció de la debilidad de sus dos adversarios.

Él se aprovechó de ese consejo y los derrotó.

Él mismo expulsó a los ingleses de Francia y su hijo fue el exterminador del reino de Borgoña de Carlos el Temerario.

En definitiva se forjó un gran mito, el de la mujer salvadora de la patria, una circunstancia que no es única en la historia de Europa. El recurso a una mujer carismática ya se puede encontrar, efectivamente, durante los primeros tiempos de la formación de diversas monarquías francesas: Santa Genoveva se enfrentó a los hunos, Juana de Arco a los ingleses, Juana Hachette a los borgoñones... Es el mito de la pureza de la nación que se defiende por sí sola, sin armas, con valentía, razón, determinación y fe. La nación es cristiana y así lo proclama.

El mito de Juana de Arco se remonta a 1456

Una idea que con frecuencia revolotea sobre la supervivencia del mito de Juana de Arco y su utilización política plantea que tanto uno como otra datan del siglo XIX y llegan a su máximo esplendor hacia 1914. No hay nada de eso. Juana de Arco «¿pastora, princesa o bruja?», para retomar el título de una obra de Micheline Peyrebonne, ha marcado la historia de Francia desde 1456, fecha de su rehabilitación.

Jean-Baptiste Coissac, en la colección «Gestes héroïques de douce France», le dedicó una biografía titulada *Jeanne, la bonne Lorraine*. Allí afirmaba:

> *Juana de Arco es la sublime realidad en la que se encarnaron las mejores virtudes de la nación francesa, y, cosa admirable, a medida que su vida se aleja en la historia, más se encumbra por el camino de la verdad. De tal manera que querer añadir a su vida adornos propios de la ficción se ha convertido, en nuestro tiempo, en un insulto a su memoria: para ser grande, basta con ser verdadera.*

¡Estamos en abril de 1914! Pero miremos más de cerca, y cronológicamente, lo que sucedió desde el proceso de Ruán y la condena a muerte de Juana de Arco, y cómo la historia de Francia ha contado el papel de esta mujer excepcional, una mujer a la que Yolanda de Aragón, el alma del partido nacional (aquí aportamos ya una pista para la reflexión), convirtió en su instrumento político milagroso.

Desde el siglo XVI, Juana de Arco recibió los elogios de los cronistas y de los estudiosos de la historia. Ha sido equiparada con los más antiguos personajes, con griegos y romanos, y con excepcionales figuras de la historia de la Edad Media.

Es situada a la altura de Carlomagno y de Du Guesclin. Casi nada.

Christine de Pisan es casi el único autor contemporáneo que ha hecho un elogio de Juana de Arco al llamarla la *nueva Judith*. Alain Bouchard la hizo aparecer en su *Mirouer des femmes vertueuses*, editado en 1546. Guillaume Postel hizo lo mismo en 1553, en *La merveilleuse histoire des femmes du nouveau monde*. A continuación, Juana aprovechó la lucha de los miembros de la liga contra los reformistas. Después, el diálogo histórico en torno a la heroína se ha ido construyendo a partir de una escisión. En el año 1583, Léon Tripaut hizo aparecer, en Orleans, en las dos lenguas —culta y vernacular, es decir, latín y francés—, *Les faicts, pourtraits et jugements de Jeanne Darc dicte la Puce-*

lle d'Orléans. Veintisiete años más tarde, Jean-Baptiste Masson publicó una obra titulada *L'histoire memorable de la vie de Jeanne d'Arc appelé la Pucelle d'Orléans*.

Era citada como un modelo virtuoso: «¡Historia memorable!». Semejante crítica de Juana de Arco se empezó a construir escasamente cien años después de su muerte.

Con la llegada del Renacimiento, los héroes antiguos volvieron a estar en primera línea. Fueron ellos los que se convirtieron en modelo para toda la sociedad y pasaron a acompañar en el panteón mítico a los personajes de la Biblia. Mitología y cristianismo mantuvieron en el olvido, durante un tiempo, a los grandes hombres que hacen la historia. Eran tiempos para la reflexión y el descubrimiento. El cristianismo se refugiaba en los mártires, los justos y los santos, que no buscan la gloria —salvo la de Dios—, y rechazan cualquier combate que no sea dirigido por Dios para vencer al mal. Los hombres del Renacimiento, por su parte, redescubrieron la Antigüedad y la viril elocuencia, la sabiduría de los filósofos, las epopeyas de Homero o de César, él mismo autor...

En Francia, Montaigne era escéptico sobre la importancia que se debía dar a la vida de los grandes hombres y a su ejemplaridad. Para él, era una quimera buscar la imitación. Y cuando intentó hacer una relación de los grandes hombres, no citó más que personajes antiguos y paganos: Homero, Alejandro, Epaminondas, el vencedor de Esparta... Ni siquiera se detuvo en Carlomagno o San Luis..., o sea que menos aún en Juana de Arco. El Renacimiento fue una apasionante excepción cultural.

En el siglo XVII —tiempos de héroes en la línea de Corneille—, las mujeres no fueron olvidadas y Juana de Arco se convirtió incluso en objeto de un debate ideológico.

El jesuita Edmundo Richer, autor, en 1611, de *De eclesiastica et politica protestate libellus*, para el que la Iglesia era una autoridad puramente espiritual y el poder temporal debía recaer en los hombres de su tiempo, publicó una *Histoire de la Pucelle d'Orléans*. Otro jesuita, Nicolas Cassin, la hizo figurar en buen lugar en su *Cour sainte*. Después, en 1656, Jean Chapelain editó una biografía épica, *La Pucelle ou la France délivrée*. Juana era presentada *virtule illustris*, es decir, como un ser destacado por la ejemplaridad de su vida.

Canto a la Doncella, y la santa valentía,
que en el punto fatal, en el que perecía Francia,
reanimando en su rey su moribunda virtud,
levanta a su país, a los ingleses sometido sin actitud.
El cielo se enfurece, el infierno enmudece su rabia,
pero ella, llenando su corazón de celo y de valentía,
gracias a su ardiente oración, entre sus tormentos,
consigue conmover los cielos y dominar los infiernos.

Para estos autores, muy a menudo eclesiásticos, se trataba de enviar una advertencia a las mujeres mundanas que tenían un comportamiento excesivamente frívolo y faltaban a sus más elementales deberes cristianos, con el deseo de guiarlas por el camino de la «devoción adecuada», por citar al padre Le Moyne en un texto de 1652.

Juana se convirtió en el tema de muchos textos. Podemos recordar: *L'Histoire tragique de la Pucelle de Domrémy* de Fronton du Duc y *La Pucelle d'Orléans* del Abad de Aubignac, texto que posteriormente fue versificado por La Ménardière.

Con Luis XVI, el héroe es único. Saint-Simon realizó el elogio, en ocasiones con ironía, pero siempre con grandeza. Así se pasó del culto al héroe vencedor absoluto al del gran hombre destacado sobre el que el jefe puede formular el elogio. Francia se organizaba y se estructuraba; no había necesidad de recurrir al héroe corneliano, indivisible y dominador del pensamiento ni de llamar a aquel que viene a salvarnos lejos de cualquier autoridad, tanto si era enviado por Dios como legitimado sólo por la voluntad de unificar.

Eran los tiempos de los servidores del Estado, el tiempo de Francia, el tiempo de la grandeza del país representado por el absolutismo real. Se temía el orgullo. Se conservaba el recuerdo de lo que se le había hecho a Fouquet, culpable de desmesura, de arrogancia, sin duda, y de gloria personal. No era un héroe. Sólo un rey heroico, San Luis, adquirió, a través de los textos de Bossuet, prestigio a los ojos del país y del rey... y aun así.

No, el culto se dirigía al propio rey. Pellison, Racine, Sain-Simon o Perrault fueron los primeros en compararlo con Apolo, Júpiter, Hércules, etc. No hay lugar para nadie más —ni Carlomagno, ni San Luis ni Juana de Arco, evidentemente—. Este dato es de gran importancia cuando se evoca la ausencia de

Juana en los frontispicios de la historiografía francesa. Sin embargo, esta inexistencia temporal no afectó a la suerte de Juana, a su papel histórico y a su misterio. No era más que el reflejo de una época. Y aun así, en los intersticios de algunas épocas en las que el pensamiento se orientó a la idolatría de un hombre o la vuelta a la Antigüedad, la presencia de Juana era más fuerte de lo que se cree.

Por otra parte, los militares retomaron, en el siglo XVIII, un lugar heroico en el panteón de Francia: Bayard, Du Guesclin, Turenne... y Juana de Arco. Pero Juana, en cambio, había pasado al bando de los adversarios. Era entonces considerada como una manipuladora que simulaba milagros para realizar el más ferviente servicio al bando de los armañacs. En el año 1672, Voltaire no se anduvo con rodeos. Sencillamente, la maltrata en un pastiche de epopeya heroica, *La Pucelle d'Orléans*, construido en veinte cantos, en los que utiliza con frecuencia efectos bufones y cómicos. Por ejemplo, la montura de Juana es un asno alado llamado *Pegaso* que tiene dos largas orejas y transporta a la amazona de manera casi inmanente a todos los lugares en los que su presencia es necesaria.

Llega incluso a hablar de «tante coglionerie» («tantas sandeces»):

> *[...]Desde lo alto de los cielos Denys aplaudía;*
> *en su caballo San Jorge temblaba;*
> *el asno entonaba su octava lancinante,*
> *la cual redoblaba el temor de los bretones.*
> *El rey que fue puesto en la fila de los conquistadores*
> *con Inés cenó en Orleans.*
> *La misma noche, la orgullosa y tierna Juana,*
> *habiendo enviado al cielo su bello asno,*
> *cumpliendo las leyes de su juramento,*
> *mantuvo su palabra a su amigo Dunois.*
> *Lourdis, mezclado con la tropa fiel,*
> *seguía gritando: «¡inglés!, ¡ella es la Doncella!»*

Todavía en 1755 analizó el fenómeno Juana de Arco en su *Essai sur les mœurs*. Denunció en él la credulidad popular, la intervención de la Providencia y la intolerancia religiosa. En cambio, los devotos mantenían el mito. Pero la réplica era más difícil. El padre Daniel lo intentó en su *Histoire de France*. El abad Nicolás Lenglet-Dufresnoy había publicado en 1753, mediante un laborioso trabajo, textos auténticos sobre el proceso. El debate no se vio influenciado. La hostilidad era tal que en el año 1793 las fiestas conmemorativas en su honor fueron suprimidas.

Durante el gobierno del Consulado, en 1802, Pierre Caze, subprefecto de Bergerac, «revelaba» en una tragedia en cinco actos de más bien poca calidad, *La mort de Jeanne d'Arc*, que Juana habría nacido de la relación adúltera de Isabel de Baviera, reina de Francia y esposa de Carlos VI, y del hermano de este, Luis, duque de Orleans. Misteriosamente habría sido llevada a la región de Lorena. Su nacimiento adúltero la convertiría en «princesa real», razón por la cual pudo con tanta facilidad asistir a una audiencia pública de su hermanastro Carlos VII, el 6 de marzo de 1429. Y a ello se debería también, sin duda, la facilidad con la que le confiaron responsabilidades militares. Esta tesis pasó desapercibida y fue rechazada por dos escritores, Lebrun y Berrichon de Saint-Prix. Pero en 1819, en *La verité sur Jeanne d'Arc*, Pierre Caze insistía en ella. Aceptaba el origen real de la heroína francesa ya sometida a las discordias franco-francesas. Como indica Micheline Peyrebonne en la obra ya citada:

> *Finalmente, en 1932, Jean Jacoby, que desconocía también los trabajos de Caze, la retomó por su cuenta en dos artículos que escribió, a finales de aquel año, en Le Mercure de France. Algunos meses más tarde, publicó un amplio volumen titulado Le secret de Jeanne d'Arc, en el que afirmaba que Juana era, probablemente, hija de Isabel y de Luis de Orleans. Después, en 1936, 1937 y 1944 aparecieron otras tres obras sobre el mismo tema. Estas publicaciones tuvieron la virtud de permitir el descubrimiento de los trabajos de Caze, que, a decir verdad, no habían sido bastante conocidos. Gracias a la brecha abierta por estos precursores, se sumaron bastantes más autores que se aplicaron a profundizar en la nueva hipótesis...*

Pero volvamos a comienzos del siglo XIX: en 1805, Dumolard realizó *La mort de Jeanne d'Arc*, en 1808 Napoleón restableció las fiestas en honor de Juana de Arco y, en 1819, Cartier hizo un *Jeanne d'Arc en Rouen*.

Hasta en el extranjero se aceptó la mitificación.

En el año 1800 fue aclamada una obra de teatro en Covent Garden titulada *Jeanne d'Arc,* sencillamente; Burk propuso, en Nueva York, un *Female patriotism of the death of Joan of Arc...*

Durante el siglo XIX estuvo siempre presente el tema de Juana de Arco. La Société de l'Histoire de France publicó entre 1841 y 1849, bajo la dirección de Jules Quicherat, una compilación de todos los trabajos historiográficos sobre Juana de Arco. Reunidos en cinco volúmenes, de alrededor de quinientas páginas cada uno, fueron publicados bajo el inacabable título: *Procés de condamnation et de réhabilitation de Jeanne d'Arc, dite la Pucelle, publiés pour la première fois d'après les manuscrits de la Bibliothèque nationale suivis de tous les documents historiques qu'on a pu reunir et accompagner de notes et d'éclaircissements.* Un título tan extenso tiene, evidentemente, su utilidad, ya que describe la importancia de los trabajos y del cuerpo documental puesto a su disposición.

Jules Michelet transformó, de manera profunda, en 1841, la visión de Juana de Arco en su libro *Jeanne d'Arc* (que fue el quinto volumen de su *Histoire de France*). En él construyó una heroína que encarnaba las virtudes del pueblo. En efecto, sus orígenes eran modestos y lugareños, no era una persona cultivada, su fe era la del carbonero y no la del teólogo, «su buen sentido impedía alinearla en las filas de los iluminados» y era muy humana dado que mostraba dudas y debilidades; pero también era ejemplar, enseñaba el camino que se debía seguir a sus comandantes y sabía crear una unidad de acción a su alrededor; era la portadora de un sentimiento nacional, el del pueblo francés. Insistía en defender que Juana de Arco constituía una de las referencias en el proceso de construcción de Francia:

> *Acordémonos siempre, franceses, que nuestra patria nació del corazón de una mujer, de su ternura y de sus lágrimas, de la sangre que ella vertió por todos nosotros.*

Era esa mujer joven avanzada que se ofrecía a su pueblo sin tener el apoyo del rey, ella sola contra todos. Representaba a la heroína popular.

Henri Martin, historiador republicano, publicó, en 1856, un libro sobre *Jeanne Darc* (el apóstrofo había desaparecido porque era demasiado aristocrático). Martin hizo de ella la encarnación del espíritu de las virtudes francesas. Juana era la «pura esencia» francesa. Según él, ella representaba a un «mesías de la nación que se oponía al clero romano»:

El pueblo lleva colgadas en el cuello medallas con su efigie como se hace con los santos canonizados; coloca retratos suyos y estatuas en las iglesias; en su honor se realizan colectas en los oficios religiosos para agradecer a Dios «que liberara a su pueblo gracias a la acción de una mujer»; la eleva por encima de todos los santos, a excepción de la Virgen María; es para el pueblo como Nuestra Señora armada. Cree que resucita a los muertos. Se cree gobernado directamente [por ella] desde el cielo. Transportado por ella, de alguna manera, a otro mundo, el pueblo vive en lo sobrehumano como en su atmósfera natural. Francia se convierte en un país de videntes, como la Galia de los druidas o el Israel de los profetas.

Legiones sobrenaturales combaten junto a los hombres de Francia. Juana dirige un doble ejército. En el momento de la marcha sobre Reims, la región del oeste vio cabalgar hacia el norte por los aires a importantes caballeros blancos envueltos en fuego. [...] La idea de que Francia sería salvada por una mujer ganaba adeptos día a día: se daba una de esas situaciones que llaman y suscitan el prodigio esperado. Alguien había oído la llamada de todos: las aspiraciones que llenaban la atmósfera estaban ya, en esos momentos, concentradas en una de esas almas extraordinarias que parecen descender a la tierra para la salvación de los demás y no para su propio sufrimiento.

La cuestión de la canonización de Juana estaba en el centro del debate. Henri Wallon planteó, en 1860, el tema en *Jeanne d'Arc*, y el padre Ayroles, en 1885, en *Jeanne d'Arc sur les autels*...

En el año 1878, con ocasión del centenario de la muerte de Voltaire, los republicanos y los clericales se enfrentaron a propósito de la cuestión de Juana. ¿Programar celebraciones o contracelebraciones?, ¿hacer conmemoraciones o no? El «gran hombre Juana de Arco» se levantó entre las dos Francias. ¡Voltaire quedaba superado! El *Bulletin de Versailles* de 1878 decía:

Voltaire fue el amigo de Prusia, el insultador de Francia, el insultador de nuestra gloria más pura, Juana de Arco. Por eso los franceses quieren homenajearla en París el 30 de mayo, antes de que las ruinas de la guerra y del sitio hayan sido reparadas.

Gambetta intentó —gran error— la síntesis:

Me siento bastante libre como para ser devoto de Juana de Arco, la Lorena, y admirador y discípulo de Voltaire.

En *La tour de la France par deux enfants*, de Augustine Fouillée, llamada *G. Bruno*, del que se han vendido más de ocho millones de ejemplares, Juana de Arco sólo ocupa tres páginas. Y si ella había oído voces, todas las nociones relativas a los ángeles o los santos han desaparecido. En cambio es una resistente al enemigo. Hasta los socialistas reivindican a esta Juana de Arco. Lucien Herr, bibliotecario de la Escuela Normal Superior, escribió en *Le parti ouvrier*, bajo el seudónimo *Pierre Breton*, en 1890, un artículo titulado «Notre Jeanne d'Arc», que rechazaba el derecho de la Iglesia católica a instaurar el culto a la persona que unos siglos antes ella misma había quemado en la hoguera: «Juana es nuestra, ella es nuestra, y nosotros no queremos que sea utilizada».

En el año 1897, Charles Péguy compuso su primera *Jeanne d'Arc*. Dedicó su obra «a todas aquellas y a todos aquellos que fallecieron, en su muerte humana, por la consecución de la república socialista universal».

En el siglo XIX, y hasta 1914, se publicaron al menos 191 biografías sobre la heroína de Domrémy.

En el siglo XX, el debate sobre la Doncella estaba en su punto culminante. Los republicanos, bajo el impulso de Joseph Fabre, trabajaron para la instauración de una fiesta en honor de Juana de Arco que sería una fiesta al patriotismo. En el año 1908, Anatole France publicó un *Jeanne d'Arc* laico. Los realistas pidieron que el 8 de mayo se convirtiera en el equivalente «blanco» del 14 de julio. En 1909 Juana de Arco fue beatificada. El sector clerical había conseguido su objetivo. Numerosas tragedias sobre la Doncella aparecieron aquel mismo año.

En el año 1914, nuevas obras plantearon la cuestión del heroísmo francés por la vía militar. Jean-Baptiste Coissac presentó una biografía épica: *Jeanne, la bonne lorraine*, publicada por Larousse, en la colección «Gestes heroïques de douce France». Todas las palabras que forman parte del título de la colección son palabras muy sopesadas. La publicación de documentos auténticos del proceso y de las memorias y crónicas se multiplicó. Se reeditaron tanto obras de Jean-Alexandre Buchon (1827) como de Lamartine, Michaud y Poujoulat (1837)... 1920 fue el año con mayor número de publicaciones. Juana de Arco fue canonizada y el domingo siguiente, el 8 de mayo, se convirtió en la fiesta del patriotismo. Péguy, Claudel, Bernard Shaw continuaron el debate impreso cada uno con una obra. Los franceses estaban más unidos que nunca en torno a una persona y divididos acerca de las ideologías subyacentes a aquella.

En tiempos del gobierno de Vichy, la diferencia de opiniones persistía. Juana se convirtió en el emblema de la Francia colaboracionista, la inspiradora del mariscal, la portadora de los valores patrióticos. Sacha Guitry presentó, en 1944, un *De Jeanne d'Arc à Philippe Pétain*. La confrontación ideológica estaba servida. Juana de Arco, después de haber sido —gracias a Michelet especialmente— una heroína republicana durante todo el siglo XIX, había caído ahora en manos del Estado francés. Hoy día, la extrema derecha del país galo todavía reclama una filiación directa con Juana de Arco. Cada Primero de Mayo es para el líder de la extrema derecha, Jean-Marie Le Pen, el momento de levantar los haces del fascio con un discurso a Juana de Arco.

La figura y su recuerdo no dejan de interesar. Juana de Arco intriga tanto como fascina a los historiadores, los escritores y los políticos. Su imagen es a la vez honrada, glorificada, admirada, criticada, rechazada, negada, burlada y escarnecida.

Philippe Contamine, en una comunicación pronunciada en una sesión pública de la Academia de Ciencias Morales y Políticas, el lunes 23 de junio de 2003, explicaba:

Con bastante regularidad, Juana de Arco suscita preguntas y polémicas, y hasta «revelaciones» sensacionales o incongruentes. Con bastante regularidad, algún aficionado con ganas de publicidad pretende descubrir su armadura, encontrar sus reliquias o incluso desvelar un fresco o una miniatura de su tiempo que se supone que la representa. A poco que uno no sea alérgico a una cierta sensibilidad que yo calificaría de «católica y francesa», algunas fórmulas que ella pronunció, dictó o que se le han atribuido resuenan todavía en la cabeza y demuestran que la «Hija de Dios», la «hija de gran corazón», joven y humilde agricultora como fue, sin saber, según su propia confesión, ni A ni B, no carecía de estilo y sobre todo estaba impregnada, como lo constató Bergson, de la más auténtica espiritualidad. A este respecto, no menos de cuatro de sus logia (arriesguemos la palabra) figuran en el último catecismo universal de la Iglesia católica. Es decir, que si bien en menor medida que hace un siglo o sólo medio siglo, Juana de Arco forma parte de la historia siempre viva y permanente de nuestra memoria.

En la misma presentación, añadía:

No creo que Juana de Arco pueda ser comprendida, en su acción y con el resplandor que surge de aquella personalidad de excepción, si se olvida que era vista (o más bien se veía a sí misma) como una profetisa, y que se le atribuían, con más o menos fortuna, un cierto número de profecías que corrían por el mundo.

El espíritu profeta de Juana, esa es la tesis desarrollada por diferentes historiadores.

Su época fue propicia a los profetas: Catherine de La Rochelle, el hermano Richard, Pierrone la Bretonne, Jeanne Claude des Armoises... Igual que los demás, ella oyó voces y tuvo sueños y visiones. Y fue anunciada: «La Francia destruida por una mujer [la reina Isabel] será salvada por una virgen de Lorena» (previsión de Marie Robine). Dio señales (la liberación de Orleans). Fue examinada por las autoridades. Hizo una revelación (el reconocimiento del rey entre la muchedumbre, al que señaló como heredero de Francia). Dijo poder conseguir por sí misma aquello que anunciaba (en eso se diferenció de los demás profetas y es ahí donde comenzó el mito) y se convirtió en comandante de ejército. Murió mártir.

El destino de Juana de Arco es «quizá la historia humana más hermosa», dijo el filósofo Alain. Fuera como fuese, este viaje en el tiempo a través de los textos de los historiadores, de los dramaturgos y de los escritores prueba, si fuera necesario, que el mito de Juana de Arco no comenzó en 1914.

El proceso a Juana de Arco

El 9 de enero de 1431 comenzó en Ruán el proceso contra una joven de diecinueve años. Dos años antes, Juana había recibido una misión humana y nacional: devolver Francia a los Valois con la bendición de Dios. El 6 de marzo de 1429, el encuentro de Chinon con el rey adquirió una dimensión sobrenatural. Tras confirmar a Carlos la legitimidad de su poder, ella consiguió una armadura y salió hacia la reconquista de Francia para tomarla a los ingleses. Su epopeya fue de corta duración. Un año después de la toma de Orleans, Juana fue capturada en Compiègne por los hombres de Juan de Luxemburgo. El 23 de mayo de 1430, en un punto del camino hacia Noyon, un arquero del bastardo de Wandomme desarmó a la Doncella. Posteriormente, encarcelada en los castillos de Beaulieu-en-Vermandois, de Beaurevoir y de Crotoy, Juana fue sometida a interrogatorios por los doctores de la Universidad de París, antes de ser entregada al obispo de Beauvais, Pierre Cauchon. Temiendo un golpe de mano de los armañacs, los ingleses prefirieron evitar París, por eso organizaron una parodia de juicio en Ruán...

En su sede de Ruán, el tribunal de naturaleza inquisitorial intentó probar el carácter diabólico de las visiones de Juana. Si su epopeya era obra del maligno, la consagración de Carlos VII, en Reims, podía convertirse en ilegítima políticamente. Detrás del proceso a Juana se perfilaba por lo tanto la derrota de los Valois. No podía haber dos reyes en Francia. Sólo la autoridad de Enrique VI debía ser reconocida.

Cauchon y sus colegas del tribunal inquisidor no negaban que Juana hubiera oído las voces del arcángel Gabriel o de Santa Catalina y Santa Margarita; lo que ellos cuestionaban era la interpretación del pretendido mensaje. ¿Podía ella, como simple hija de un agricultor de Lorena, jactarse de haber sido la elegida del reino? Pero más que las palabras en sí mismas, era el comportamiento de la joven el que intrigaba a sus detractores. Ante el continuo hostigamiento de sus jueces, Juana hizo gala de una serenidad sorprendente y de una gran sencillez. La humildad, la fe y la caridad fueron los motores de su existencia. «A la hora de hilar o coser, no temo a ninguna mujer de Ruán». Cuando Cauchon le preguntó la razón por la que sus proclamas eran de odio a los ingleses, la Doncella dio pruebas de cinismo: «Lo que sé es que serán perseguidos en Francia, a excepción de los que mueran aquí...».

El proceso de Ruán fue sobre todo el de una joven analfabeta que quiso asegurar su salvación sin la intercesión de la Iglesia. «He visitado al rey de Francia de parte de Dios, de la Santa Virgen María y de todos los santos del paraíso y de la Iglesia victoriosa del cielo, y por encargo de estos...», declaró Juana el día 27 de marzo de 1431. Este desafío a la autoridad eclesiástica se plasmaba esencialmente para los jueces en llevar ropas masculinas. Desde su histórico encuentro de Chinon, un traje «negro y basto» marcaba sus formas, y sus cabellos eran muy cortos. Según se había escrito en el libro veintidós del Deuteronomio, una mujer no podía vestir las ropas del otro sexo. Juana consideraba que no vestir sus calzas sería para ella lo mismo que traicionar la palabra divina. «¡No las llevaría sin el permiso de Dios!», decía ella.

Pierre Cauchon, por su parte, hacía de la cuestión de la vestimenta un asunto principal. De hecho, esperó en vano que ella cediera por sí misma, como última prueba de sumisión. Sin embargo, Juana no transigió: «Dadme un vestido de mujer, lo utilizaré si me dejáis partir». La prueba de fuerza duró hasta el epílogo del propio proceso.

El 24 de mayo, Pierre Cauchon organizó una puesta en escena en el cementerio de Saint-Ouen. Delante de una gran muchedumbre formada por habitantes de Ruán exhortó a Juana de Arco a «arrepentirse de sus actuaciones», pero ella nunca renunció a sus votos, nunca confesó falta alguna. La sentencia estaba dictada. En un primer momento, Juana fue condenada a cadena perpetua, a pan y agua. El inquisidor Jean Le Maître quiso salvar a Juana, pero esperaba su arrepentimiento. La Doncella decidió llevar un vestido (¡sin renegar de sus votos!). El 24 de mayo, la joven Lorena sintió miedo a morir, pero sin tener en cuenta a los ingleses. Estos últimos estaban furiosos y deseaban la desaparición de la bruja, porque mientras estuviera viva creían que representaba un peligro para el reino. El 27 de mayo, Juana fue nuevamente sorprendida con ropas de hombre para protegerse de sus carceleros... Pero para sus perseguidores se trataba de una nueva provocación. Dos días más tarde fue declarada reincidente, entregada al brazo secular y quemada viva. «Hereje, reincidente, apóstata e idólatra», estas fueron las palabras inscritas en la capucha que cubría a la condenada. Sin embargo, mientras le quedó un soplo de vida, Juana invocó a los santos...

Al conocer la muerte de Juana, Carlos VII no mostró ninguna compasión. Al contrario, cada vez parecía más evidente que el «rey de Bourges» (por el lugar en que se había refugiado) había utilizado a Juana políticamente. Por su parte, el joven Enrique VI fue coronado rey de Francia en Notre-Dame de París el 16 de diciembre de 1431.

Juan de Arco o la teoría racionalista de los ingleses

Es cierto que, desde el siglo XIX, Juana de Arco y su leyenda han provocado fuera de Francia una increíble admiración. En todas partes, historiadores, escritores, cineastas e incluso políticos continúan manteniendo el mito y contribuyendo al hacer de la joven de Domrémy, una de las principales figuras de la historia.

Los ingleses, en cambio, no sienten, quizá por chovinismo, una gran pasión por la Doncella. Tampoco se les puede reprochar. Pocas son las personas que sin ser ingleses alaban las gestas del almirante Nelson. Tampoco hay nada de sorprendente en que los británicos, si conocen bien a Juana de Arco, no tengan la misma imagen de ella que los franceses.

En primer lugar, no ven en ella un indomable y glorioso jefe militar, sino un simple juguete en manos de hábiles políticos, deseosos de mejorar el valor y la capacidad de sus tropas gracias a una pretendida «enviada de Dios». Los ingleses tienen razón, todo aquello no fue más que una de las primeras campañas de comunicación de la historia, y se conforman de buena gana con haber pagado los platos rotos por haberse burlado al constatar que era a una mujer a quien las autoridades francesas habían confiado la misión de poner orden en sus tropas.

En segundo lugar, se produce otro punto de divergencia en lo que concierne a los votos divinos que habría realizado la joven Juana y que le obligaban a expulsar a los ingleses de Francia. Se enfrentan en esa cuestión dos visiones de la historia. ¿Por qué el Todopoderoso habría preferido a los franceses? En esa cuestión, los británicos sencillamente rechazan la creencia y continúan sorprendiéndose hoy día de que la Iglesia católica haya podido canonizar a aquella joven mujer.

En tercer lugar, los ingleses se abstienen de discutir las pruebas tangibles que nos ha dejado la historiografía sobre Juana de Arco. Y siguen mostrándose, como siempre —después de haber evolucionado en sus juicios a través de los siglos— críticos en algunos puntos, aunque dan muestras de un cierto respeto hacia la figura de Juana. No solamente aceptan —no sin un cierto rechinar de dientes— que les infligió una humillante derrota en Patay, sino también, y sobre todo, se muestran seducidos —como lo estuvieron antes que ellos el rey Carlos VII y sus consejeros— por aquella mujer valerosa, convencida y convincente, cualidades maravillosamente resumidas por Daniel Bensaïd en su libro *Jeanne de Guerre lasse* (Gallimard, 1991):

> *Hay, en la fuerza magnífica que atrae hacia Juana los amores más contrastados, la intuición que manifiesta en ella un extraño principio de resistencia universal. En tiempos nauseabundos y mezquinos [...] Juana aparecía con absoluta frescura; en tiempos tortuosos, absolutamente franca.*

Algunos historiadores ingleses siempre han contestado que los franceses quemaron a Juana de Arco. Con ese mismo espíritu, los ingleses difunden, desde el siglo XVI, una imagen diabólica de Juana, una reputación de bruja que se perpetúa a lo largo de los siglos. Puede verse en la obra *Enrique VI* de Shakespeare, de 1590. Juana es presentada en esa obra como una mujer anormal, singular, trivial, histérica y licenciosa. Llega incluso a sugerir a los franceses que deberían estar reconocidos a los ingleses por haberlos liberado. Los historiadores ingleses glosan hasta la saciedad las enfermedades de Juana: histeria patológica, hermafroditismo y locura.

Algunas voces se han levantado, no obstante, para defender a la Doncella de Orleans. En el año 1796, el poeta Robert Southey, en el ligero y vibrante «Joan of Arc», tomó una posición muy favorable a Juana. Demostró que existía algún tipo de vinculación entre los planteamientos de Juana de Arco y los de la Ilustración, un avanzarse a la posición de los románticos. Juana era el símbolo de la virtud absoluta, de la patria, de la inocencia popular, de la fe sencilla, ardorosa y desintelectualizada. Pero la posición de aquel fue única en Gran Bretaña. Fue necesario esperar hasta 1924 para que dos grandes autores británicos, Bernard Shaw en su obra *Sainte Jeanne*, y Conan Doyle con su *Mystery of Joan of Arc*, abrieran una brecha en el oscurantismo inglés. La posición inglesa no es, no obstante, la única. Otras ya no son denigratorias, sino que más bien —siguiendo a los pensadores alemanes (Von Schiller) o italianos

(Verdi)— consideran a Juana de Arco como un «modelo de libertadora». ¿Y si Juana de Arco permitiese una buena reconciliación franco-inglesa, como dos naciones hermanas? Veamos qué decía Jacques Le Goff en una entrevista publicada en la revista *Histoire* en febrero de 2007:

> *Se ve en su comportamiento en el sitio de Orleans; ella era profundamente hostil a los ingleses porque estos querían desposeer a los franceses de lo que Dios les había dado. Pero no detestaba a los ingleses que respetaban a los franceses y se conformaban con su propio patrimonio.*

Por lo tanto, todo es posible.

¿Lo podemos saber todo de Juana de Arco?

Desde el 18 de junio de 1429, día de su victoria en Patay sobre las tropas inglesas de Falstaff, Juana de Arco no ha dejado de levantar pasiones, de fascinar y sobre todo de hacer reflexionar a los historiadores, pero también a los poetas, los pintores, los escultores, los músicos, los escritores, los cineastas, los políticos e incluso a la Iglesia católica. Todos ellos han intentado, sean cuales sean las repercusiones sobre la verdad, escribir, y sobre todo reescribir, la vida de aquella humilde agricultora impregnada de una espiritualidad y de una valentía fuera de lo común, o de aquella princesa de sangre real.

Desgraciadamente, muchos intentos de escribir sobre la «verdadera Juana de Arco» no pasaron de ser piadosas interpretaciones, simples divagaciones que no lograron otro resultado que convertir en legendaria su vida o, peor todavía, aumentar la confusión y ponerla en tela de juicio.

Se puede decir, por tanto, como para cada uno de los grandes episodios del pasado, que existe una historia dentro de la historia, que parece, en sí misma, irrefutable. Numerosos documentos y fuentes conocidas —dos judiciales, una epistolar y la última pura y simplemente historiográfica— son testimonio de la vida, la acción, el proceso y la ejecución de la Doncella.

Todo converge y deja poco espacio a la imaginación porque constituye incluso una de las referencias historiográficas más importantes de esta época.

La primera de estas fuentes no es otra que la transcripción oficial del proceso de Juana. Se celebró desde el 21 de febrero hasta el 30 de mayo de 1431 en las dependencias de la fortaleza de Bouvreuil, en Ruán. Cada minuto de esta «parodia de justicia», se diría hoy día —aunque no debemos olvidar que era considerada una bruja, remitiéndonos al contexto—, durante la que Juana debió hacer frente a sus jueces dirigidos por el poco escrupuloso Cauchon, fue recogido por los notarios en tres textos manuscritos, de los que uno puede ser consultado en la biblioteca del Palacio Borbón.

La segunda fuente es judicial. Convencidos de la nulidad del proceso de 1431, Guillaume de Estouteville, el legado pontificio y el gran inquisidor llevaron adelante, veinte años después de la muerte de la Doncella, una investigación para restablecer «la verdad sobre Juana de Arco» y conseguir que el proceso fuera declarado nulo. La investigación fue desarrollada con sumo cuidado. Fueron consultados no menos de quince testigos, todos ellos parientes, amigos, compañeros de armas o simplemente vecinos que fueron citados a testimoniar. Incluso los notarios del proceso de condena fueron a aportar su apoyo a la defensa. A pesar de ello, fueron necesarios tres procesos para conseguir la rehabilitación de Juana. La única consolación es que el desarrollo de estas tres acciones judiciales, apoyadas por numerosos testigos, también fue dejado por escrito y constituye hoy día un precioso y parece que irrefutable testimonio.

La penúltima fuente es hoy día aceptada por todos los especialistas, después de haber sido durante mucho tiempo contestada. Parece ocultar una mina de informaciones. Conocida por ser iletrada, Juana de Arco ni siquiera mantuvo, como todos los jefes militares, una importante correspondencia con sus gobernantes y sus enemigos. Rodeada de heraldos, ella, que no sabía más que firmar con su nombre, podía a su manera comunicarse por escrito con quien quería. Afortunadamente, algunas de esas cartas han podido ser descubiertas y nos ofrecen preciosas informaciones.

Finalmente, la última fuente y no la menos importante es la historiográfica propiamente hablando. Algunos de sus contemporáneos, como Christine de Pisan, Jean de Gerson, Jacques Gélu, Clément de Fauquemberque y algunos otros, amigos o enemigos, nos relataron en sus numerosos escritos la vida, la epopeya militar, el encarcelamiento, el proceso, la muerte y, finalmente, la rehabilitación de la joven heroína.

189

Por todo ello, teniendo en cuenta las pruebas y la irrefutabilidad de estas, es hoy día imposible hablar de leyenda y todavía menos contradecir la historia. Al contrario, no parece que falte ninguna pieza del puzle. Es legitimo, por tanto, preguntarse, a la vista de esas pruebas, por qué tantas personas han intentado modificar la historia real y sencilla que el filósofo Alain calificó como la «más hermosa del mundo».

Algunos misterios
concernientes a los papas

La vida de los papas está trufada de enigmas de todo tipo. Recuperaremos en estas páginas algunos casos (posesiones, nepotismos, asesinatos, actuaciones políticas, etc.) para comprender mejor que la realidad del papado desde San Pedro hasta nuestros días ha estado permanentemente marcada por crímenes, homicidios, envenenamientos, parricidios, adulterios, actuaciones políticas y teológicas inadecuadas... pero ¿por qué?

Gerbert, el papa «mago» del año mil, ¿era sabio o estaba poseído?

Nacido en el año 945 en el seno de una familia desheredada, Gerbert fue recogido por los monjes de Aurillac cuando se quedó huérfano. Muy pronto pasó a vestir los hábitos monásticos. Extraordinariamente inteligente, era muy conflictivo e insolente. Para desembarazarse de él, su prior lo presentó al conde de Barcelona, que lo llevó a sus tierras. Gerbert estudió el *quadrivium* (es decir, aritmética, geometría, música y astronomía). Aunque en el universo católico de la época sólo debía estudiarse teología, él descubrió y se interesó por la civilización árabe, las matemáticas, la astrología, la arquitectura y la alquimia, una formación que, aliada a su fuerte temperamento, hizo de él un personaje singular.

Gerbert se convirtió en un hombre de grandes conocimientos, hasta tal punto que enseguida se sospechó que podía ser brujo y se empezó a plantear la cuestión de si habría establecido un pacto con el diablo que le permitiera realizar aprendizajes tan rápidamente y adquirir tal nivel de conocimientos. A él se debe «la reintroducción de los tubos ópticos que aparecen en algunas miniaturas, que permitían, al apuntarlos hacia una estrella determinada y fijarlos en ella, mostrarla claramente a los alumnos. Los árabes los llamaban *anbûba*». En matemáticas, Gerbert fue uno de los primeros occidentales en divulgar el álgebra y las nueve primeras cifras árabes (no el cero). En la primera rama de las matemáticas, la aritmética, quiso perfeccionar, en especial, el ábaco de la Antigüedad; editó un tratado, el *Abacus (Regulae Abaci, Gerberti scholastici Abacus compositus, Regula de abaco computi)*. A la vez, escribió dos tratados sobre las operaciones aritméticas. En el primero, sobre la división: *Libellus de numerorum divisione, Regulae de divisionibus*, Gerbert inventó un procedimiento de división euclidiana.

Uno de sus alumnos, Bernelin de París, fue un destacado seguidor.

El emperador alemán, Otón, no se planteó cuestiones referidas a una posible brujería que afectasen a este genio; sencillamente, le propuso dirigir una abadía. Desgraciadamente para él, otros detractores y envidiosos de su saber lo perseguían, de manera que su abadía fue saqueada.

Peor todavía, Gerbert fue denunciado ante el papa, al igual que el emperador protector, de «comportamientos satánicos». Pasó a ser después consejero del arzobispo de Reims, donde continuó sus trabajos de investigación y abrió una escuela que se hizo célebre. Entre sus alumnos se encontraba Roberto, hijo de Hugo Capeto y futuro rey de Francia.

Publicó también doctas obras de teología y matemáticas en la tercera rama de las matemáticas, la geometría, compuso un tratado: *Isagoge Geometriae, Liber geometriae artis*, en el que establecía de una manera moderna los axiomas, los teoremas del punto, de la línea recta, de los ángulos y de los triángulos). Paralelamente, continuó su carrera eclesiástica. Tomó partido a favor de Hugo Capeto, el «usurpador», del que se convirtió en secretario, contra el último de los reyes carolingios. Preparó la celebración del concilio de la abadía de Sainte-Basle de Verzy, cerca de Reims, en junio del año 991, en el que fue depuesto Arnoldo.

Otón III, del que fue preceptor, lo proclamó «el filósofo más grande de su tiempo» y lo mantuvo en el seno de la Iglesia. Fue este quien apoyó su elección al trono papal el 18 de febrero del año 999. Fue coronado el 2 de abril. Eligió el nombre de Silvestre II, continuando la referencia iniciada por Silvestre I, papa bajo el emperador Constantino, aquel que estableció la libertad de cultos en Roma en el año 312 d. de C.

Instauró la tregua (o paz de Dios) por la que quedaba prohibido que se hiriese o matase a mujeres y niños, clérigos y viajeros durante las batallas entre soldados. Prohibió también los enfrentamientos armados durante la Cuaresma, el adviento, las fiestas de Pascua y desde la noche del miércoles hasta el lunes por la mañana todo el resto del año. Eran limitaciones tan extensas que se granjeó muchos enemigos entre las gentes de armas y la nobleza.

Intentó poner orden en la situación política de Europa y predicó la Cruzada contra los musulmanes. A pesar de lo mucho que había aprendido de estos, creía que era necesario liberar los Santos Lugares.

Un astrólogo había predicho que moriría en Jerusalén. Por eso, para asegurarse una vida larga y fructífera decidió no salir de Roma. Sin embargo, murió en 1003, cuatro años después de haber sido elegido para ocupar el trono de San Pedro, después de haber celebrado una misa en una capilla llamada... Jerusalén. De esa manera, se cumplió la profecía.

La leyenda del papa mago comenzó enseguida. Se dijo que, tras ser anunciada su muerte, el diablo se presentó en persona para llevarse su alma, que había comprado cuando Gerbert estudiaba álgebra entre los árabes de al-Andalus. La suya es una historia extraordinaria, la de un hombre destacado que marcó la cristiandad.

El misterio de los papas de Aviñón: ¿qué aportaron estos a la cristiandad?

El comienzo del segundo milenio fue para Europa occidental un periodo de grandes cambios. La caída del Imperio carolingio dio paso al desarrollo del feudalismo y a la presencia de la Iglesia católica, cuyo poder se vio al principio ampliamente reforzado por el éxito de las Cruzadas. Sin embargo, los tiempos cambiaban. La pérdida de Tierra Santa, combinada con el aumento del poder de los soberanos europeos, no tardó en debilitar al papado. Peor todavía, la guerra entre los güelfos (partidarios del papa) y los gibelinos (mercenarios a sueldo del emperador germánico) llevó el caos a la Península Italiana, especialmente a Roma, cuyo soberano pontífice se vio amenazado. De hecho, fue todo el poder de la Santa Iglesia el que comenzaba a irse a pique. No solamente la situación diplomática se complicaba día a día, sino que además el papa tuvo que hacer frente a una creciente oposición en el interior de la Iglesia. Resultaba difícil dominar a las órdenes mendicantes que predicaban la vuelta a los valores originales del cristianismo, en oposición al estilo de vida opulento del alto clero y a la corrupción que gangrenaba a la Iglesia católica. Bonifacio VIII vivió en continuo enfrentamiento con el creciente poder del rey de Francia Felipe el Hermoso. En efecto, no solamente este último se oponía ya a toda injerencia del papa en su reinado, sino que incluso envió un pequeño ejército a capturar al soberano pontífice y llevarlo a Francia a fin de ser juzgado. La empresa fracasó, pero el «atentado de Anagni», en el que un caballero francés abofeteó al papa, provocó un escándalo enorme y puso a la Iglesia católica en una situación difícil a la vez que la salud de Bonifacio VIII se degradaba día a día.

En 1304, la muerte de Bonifacio VIII marcó el comienzo de una intensa actividad diplomática. El concilio, presa de importantes presiones, tardó más de un año en ceder, finalmente, a las injerencias de Felipe el Hermoso, que quería que fuera nombrado un papa francés. En el año 1305, Bertrand de Got, arzobispo de Burdeos, fue finalmente proclamado en Lyon con el nombre de Clemente V. Este último, próximo al rey de Francia, no ocultaba su ansiedad ante la idea de viajar a Roma, donde reinaba el caos. Por eso, durante más de un año, la corte pontificia se desplazó por el sur de Francia antes de establecerse en Aviñón.

Instalado en esta ciudad situada en los límites del condado Venaissin, en tierras de su aliado el conde de Provenza, el nuevo papa se conformaba con una situación que esperaba que fuera transitoria. Sin embargo, su presencia en territorio francés lo mantenía sometido a la influencia maliciosa del rey Felipe el Hermoso, que no dudaba en imponer sus exigencias a un Clemente V que intentaba, a pesar de todo, resistir. Aunque este último se decidiera finalmente a disolver la Orden de los Templarios y a cerrar los ojos ante las exacciones que puso al rey en contra de aquellos desafortunados caballeros, logró, pese a todo, colocar a Enrique VII en el trono del Santo Imperio romano-germánico y evitar el proceso al difunto Bonifacio VIII, que habría aportado todavía bastante más descrédito al papado. Consumido por la enfermedad, murió el 20 de abril de 1314, y dejó a sus sucesores un balance equilibrado.

De nuevo, la Iglesia buscaba papa y, a pesar de haber una mayoría de cardenales franceses, hicieron falta casi dos años para que los presentes en el concilio llegaran a un acuerdo y eligieran finalmente un papa que querían que fuera de transición.

El ya muy mayor (setenta y un años) cardenal Jacques Duèze, antiguo obispo de Aviñón, fue proclamado papa con el nombre de Juan XXII y comenzó en 1316 el que, contra toda previsión, fue el pontificado más largo de la historia de los papas de Aviñón.

Político experimentado, puso en marcha numerosas reformas, entre ellas la de la fiscalidad pontificia, que no tardó en llenar la caja de la Iglesia. Por otra parte, comenzó también una lucha sin cuartel contra las numerosas formas de herejía que gangrenaban a la Iglesia, a pesar de que, paradójicamente, él practicaba la alquimia y la cábala, lo que le supuso recibir numerosas críticas e incluso algunas acusaciones de herejía. Para acallar todos esos ataques, renunció a esas prácticas ya en su lecho de muerte, el 4 de diciembre de 1334. A pesar de todo, el trabajo de Juan XXII no fue en vano. La mejor prueba fue realmente la paz que se instaló en la Iglesia católica. Un dato: no hicieron falta más que unos días para elegir a su sucesor.

El 20 de diciembre de 1334, Jacques Fournier, obispo de Mirepoix, ascendió al trono pontifical y tomó el nombre de Benedicto XII. Monje cisterciense, no tardó en atraerse el rechazo del conjunto de los miembros de su corte, exasperados por su extremo rigor y una austeridad muy especial. En efecto, no solamente puso fin al nepotismo tan en boga, sino que además concluyó la obra de su predecesor en la lucha contra las herejías internas de la iglesia y sometió finalmente a las órdenes mendicantes.

Para no añadir nada más a su deplorable imagen, Benedicto XII puso fin a los sueños de la corte pontifical, que aspiraba a recuperar los fastos de Roma, aceptando la construcción de un palacio papal en Aviñón. Aquel primer palacio, hoy día llamado Palacio viejo, fue levantado a su imagen y semejanza: una austera e inexpugnable fortaleza, símbolo de la voluntad de independencia del papa a la vista de su anfitrión, el rey de Francia. Desgraciadamente, si bien su obra al frente de la Iglesia católica fue innegable, a su muerte no había logrado afirmarse en la escena política internacional para poder influir en las relaciones entre Francia e Inglaterra, que, a fuerza de degradarse, condujeron sin alternativa a la Guerra de los Cien Años.

En el año 1342, el cardenal Pierre Roger de Beaufort fue, cosa extraña, elegido por unanimidad. Reemplazó al difunto papa Benedicto y comenzó, con el nombre de Clemente VI, un pontificado de balance moderado. Verdadero esteta, habituado a los fastos de la corte de los reyes de Francia, gastó sin medida. Construyó un nuevo palacio, acogió a los artistas más importantes de la época y organizó, durante todo su pontificado, fiestas memorables. En un aspecto más político, no escatimó ningún esfuerzo. Cuando la peste bubónica asoló Europa, él solo se levantó contra todos para defender a los judíos, acusados de propagar la epidemia. No dudó en interponerse entre Francia e Inglaterra para conseguir una tregua e intentar acabar con la Guerra de los Cien Años. Desgraciadamente, la muerte sorprendió demasiado pronto a este papa tan ambicioso. El 6 de diciembre de 1352 finalizaba el pontificado de Clemente VI, llamado el *Magnífico*, un papa que acabó con los recursos económicos de la Iglesia sin atajar la epidemia de peste ni poner realmente fin a la Guerra de los Cien Años.

Su sucesor, el papa Inocencio VI, elegido por su rigor, se esforzó desde su coronación en poner fin a las malas prácticas de la corte pontifical. Impuso determinadas reformas destinadas a aportar de nuevo recursos a la Iglesia y expulsó de Aviñón a los numerosos cortesanos que no hacían nada allí. En el campo diplomático, Inocencio VI obtuvo un éxito que le sería de fatales consecuencias. En efecto, después de haber conseguido una nueva tregua entre franceses e ingleses, se tuvo que enfrentar a las hordas de guerreros desocupados que saqueaban los campos de Europa. Estas compañías de mercenarios asolaban también las tierras pontificales, obligando no sólo al papa a dotar a su palacio de imponentes murallas, sino también a negociar en dos ocasiones a precio de oro la salida de las compañías de Arnaud de Cervole y de los «últimos incorporados». Estos dolorosos episodios permitían constatar una realidad: el papa no estaba bastante seguro en Aviñón, y el cautiverio del rey de Francia, caído en manos de los ingleses, no ayudaba nada a mejorar la situación.

En adelante, nada parecía impedir que los sucesores de Inocencio VI volvieran a Roma. Por otra parte, la elección del nuevo papa, un abad de Marsella que había adoptado el nombre de Urbano V en referencia a la ciudad romana, parecía en ese sentido una señal de peso. Después de haber limpiado, a cambio de dinero contante y sonante, la Provenza de las compañías que allí permanecían todavía, Urbano V decidió volver a residir en Roma. El 16 de octubre de 1367 entraba en una ciudad alborozada. No obstante, casi inmediatamente tuvo que enfrentarse a una oposición inesperada. Los cardenales franceses e italianos se enzarzaron en una guerra tal que el papa tuvo que dar marcha atrás y volver a Aviñón en el mes de septiembre del año siguiente. Agotado por tanto viaje y ajetreo, murió en diciembre de 1370, y dejó tras él la imagen de un papa honesto y valiente.

A pesar de esa primera tentativa fallida, la vuelta del papado a Roma parecía ya inaplazable. Por eso no resulta sorprendente que el saneamiento de la situación en los Estados Pontificios y la instalación de la corte pontifical en Roma fueran el principal objetivo de Gregorio XI, el nuevo papa, nieto de Clemente VI. Puso todo su empeño, desde su proclamación, en la cuestión y hasta se agotó en la tarea. Luchó en todos los frentes y mandó todas sus fuerzas a pacificar la Península Italiana; después incluso intentó poner fin a la Guerra de los Cien Años.

Extenuado tras de una vida de tanto esfuerzo, murió poco después de su llegada a Roma, el 27 de marzo de 1378.

En el momento de su muerte, la situación parecía clara. El papado había vuelto a la Ciudad Eterna y los Estados Pontificios estaban de nuevo en paz. Parecía cerrarse una página de la historia, además sin viejos rencores, siempre tan tenaces.

El pueblo italiano, consciente de que el cónclave contaba todavía con una mayoría de cardenales franceses, enloquecía ante la idea de que el nuevo pontífice pudiera decidir la vuelta de la Santa Sede a Aviñón. Así que la multitud no tardó en mostrarse amenazante y, enseguida, se salió con la suya. El arzobispo de Bari fue entonces el elegido con el objetivo de calmar la situación. Este adoptó el nombre de Urbano VI y no tardó en mostrar un carácter tan fuerte que se atrajo la enemistad de sus propios cardenales. Extremadamente contrariado, el alto clero se reunió en Fondi, en el año 1378, para declarar irregular la elección de Urbano VI y elegir a un nuevo pontífice que respondería al nombre de Clemente VII. La sorpresa fue absoluta, y nadie supo desde ese momento a qué papa apoyar. La crisis era inevitable y tomaría la forma de gran cisma de Occidente.

El nuevo papa se instaló muy pronto en Aviñón. Emprendió la lucha contra su predecesor, que rechazaba su destitución. La crisis era importante: dividía el mundo en dos y nada parecía poder unificar a la nueva Iglesia católica. Los cardenales italianos no dudaron en mantener el cisma eligiendo a Bonifacio IX como sucesor del papa destituido, mientras los grandes reinos tenían dificultades para tomar realmente partido a favor de Clemente VII, el cual murió sin haber conseguido afirmar su legitimidad.

Al igual que su predecesor, el nuevo papa, Benedicto XIII, se tuvo que enfrentar a la versatilidad de sus aliados en su deseo de reunificar la Iglesia. En efecto, ante su resistencia a dejarse influenciar, el rey de Francia no dudó en retirar su confianza al papa de Aviñón y situarlo así en una posición difícil. Además, no vaciló en asediar Aviñón para desalojar al soberano pontífice. Sin embargo, este último, pertinaz, no cedió y mantuvo la plaza durante más de siete meses.

Durante este tiempo, Bonifacio IX, tan nepotista como su predecesor, consiguió atraerse también la animadversión de sus nuevos aliados, y eso mientras Benedicto XIII recibía, gracias a una evasión heroica, una nueva ola de simpatías.

La situación se volvía cada vez más dramática.

Nadie era capaz de decir quién, si Benedicto o Bonifacio, era el papa legítimo. La muerte y sustitución inmediata de este último no vino más que a complicar el problema.

De hecho, fue necesaria toda la determinación de Segismundo, el emperador del Santo Imperio, para acabar con esta situación. Este convocó un concilio en el cual los cardenales destituyeron a los dos papas para elegir a Martín V en 1417 y poner así fin al cisma. Benedicto XII fue por esa razón el último papa de Aviñón.

Si estos papas cismáticos de Aviñón arrojaron, con frecuencia, descrédito sobre este exilio pontifical, también es cierto que no se puede generalizar.

Reconozcamos que algunos soberanos pontífices de Aviñón fueron grandes papas.

En todo caso, al margen de cuáles fueran los errores de su pontificado, todos intentaron con valentía, antes de 1378, en este periodo de transición entre feudalidad y modernidad, elevarse por encima de las herejías y emprender la lucha para lograr la paz en Europa.

El atentado de Anagni consagró la supremacía del rey de Francia sobre el papado

En 1296, Felipe IV el Hermoso sometió al clero francés al pago de un impuesto, el diezmo (una décima parte de las rentas), sin el aval del papa. El conflicto que entonces le enfrentaba al soberano pontífice se profundizó con nuevas causas. En 1303, Guillaume de Nogaret aconsejó al rey convocar un concilio para destituir al papa. Finalmente, viajó a Roma. Se enteró entonces, el 2 de septiembre, mientras esperaba el retorno del papa, que había salido hacia Anagni, su residencia de verano, de que este preparaba una bula de excomunión, aplicable desde el día 8, contra el rey de Francia. Este hombre de acción salió inmediatamente para Anagni, mientras un pequeño contingente militar comandado por los Colonna se dirigía igualmente al mismo lugar. Mientras los Colonna querían ejecutar al papa, Nogaret, de forma inteligente, se interpuso. Lo amenazó pero no lo ejecutó. Al día siguiente, los habitantes expulsaron a los Colonna, pero el papa había quedado roto psicológicamente. Vencido, se dejó morir.

Algunas semblanzas de papas que vivieron y murieron misteriosamente

En el Renacimiento: ocho papas para una crisis de gran calado en el seno de la Iglesia

Durante el Renacimiento, la función del soberano pontífice como jefe espiritual de la Iglesia universal fue puesta en duda por muchos creyentes. Un foso cada vez más profundo se abría en el seno de la jerarquía católica. La ciudad de Roma estaba carcomida por un verdadero desenfreno de vicios a cada cual más practicado. El Vaticano no quedaba al margen de esa situación y la curia, además, se entregó abiertamente al mercantilismo y al nepotismo: papas como Alejandro VI o Julio II no se esforzaron ni en disimular la existencia de sus amantes o sus hijos ilegítimos. Frente a esa situación, la respuesta no dejaba de crecer, pero todos aquellos que reclamaban una vuelta a la ortodoxia religiosa y una mayor democracia en el seno de la Iglesia fueron despiadadamente perseguidos. El movimiento de Reforma que nació y se desarrolló a continuación se alimentó de esa insatisfacción de los creyentes y de los numerosos excesos de la jerarquía eclesiástica.

No fueron menos de ocho los papas que se vieron inmersos en la tormenta durante la primera mitad del siglo XVI.

Alejandro VI (1492-1503): el 1 de enero de 1431 nació, en Xàtiva, Valencia, Rodrigo Borgia.

Su tío, el papa Calixto III, que se encargó de su educación, tuvo gran influencia en su carrera. Nombrado cardenal en 1456, a los veintiséis años, fue un claro producto de la nobleza de la corte de la época, seguro de su fuerza y de su rango. Manifestó muy pronto su capacidad como hombre de poder, pero también una codicia feroz; todo ello hizo de él una de las personas más ricas de su tiempo. Tampoco escapó a la corrupción general propia de su entorno y hasta tal punto se distinguió que el papa Pío II tuvo que advertirle.

Ordenado sacerdote en el año 1468, Rodrigo Borja inició relaciones dos años más tarde con una joven patricia romana, con la cual tendría cuatro hijos: Juan, César, Lucrecia y Godofredo.

Fue elegido papa el 11 de agosto de 1492 con el nombre de Alejandro VI, por una amplia mayoría de prelados reunidos en cónclave, si bien hubo fundadas sospechas de que había comprado algunos votos.

Hombre enérgico, se empeñó en poner orden en Roma, además de ocuparse de las artes y las letras. Dio, no obstante, pruebas de tolerancia, especialmente hacia los judíos.

Esta actividad «profesional» no le impidió, no obstante, continuar con los excesos de su vida privada. Puesto en dificultades por la invasión del rey de Francia, Carlos VIII, que tenía su mirada puesta en el reino de Nápoles, se vio obligado a refugiarse en el castillo de Sant'Angelo. Sólo se salvó por su estatus de soberano pontífice. A cambio de validar el repudio de la primera esposa de Luis XIII, nuevo rey de Francia, el papa negoció la ampliación de las propiedades de su familia y el apoyo de Francia contra sus enemigos italianos. Su hija Lucrecia se casó en San Pedro de Roma por tercera vez después de la muerte de su segundo esposo, mientras su hijo César, que cumplía a la perfección las pautas del modelo del príncipe expuesto por Maquiavelo, era codicioso, bribón y sin escrúpulos, e hizo de Alejandro VI el dueño absoluto de los Estados Pontificios por la espada, el veneno y las armas, y lo aprovechó todo para acumular riquezas extraordinarias.

El 6 de agosto de 1503, Alejandro VI murió repentinamente, al finalizar una velada festiva, en la que algunos vieron una mano asesina. En cualquier caso, su desaparición no supuso ningún verdadero disgusto.

Releamos lo que nos dijo Stendhal en su obra *Paseos por Roma*:

Alejandro VI tuvo que soportar el paso de Carlos VIII, joven príncipe sin voluntad, pero lleno de corazón. Animado por el cardenal Giuliano della Rovère, habría depuesto inmediatamente a Alejandro VI, pero el castillo de Sant'Angelo salvó al papa. Alejandro VI hizo la guerra por su cuenta a los Orsini y a los Vittelli, grandes señores de sus Estados. Esta guerra lo expuso a peligros personales. Tomó una nueva amante, Giulia Farnesio, Giulia Bella, con la que vivió prudentemente, como Luis XIV con madame de Montespan; aquella le dio un hijo en el mes de abril de 1407. Dos meses más tarde, Francisco Borgia, duque de Candie, hijo primogénito del papa, fue asesinado en las calles de Roma, después de celebrar una comida. Muy pronto se descubrió que su propio hermano, César Borgia, cardenal de Valencia, había sido el autor del crimen. Eran rivales y amaban los dos a la bella Lucrecia, su hermana.

Este hecho fue demasiado fuerte para el corazón de Alejandro VI, lo que demuestra que no existe el malvado perfecto; confesó en pleno consistorio, entre un par de sollozos, los desórdenes de su vida pasada; reconoció que había merecido este justo castigo de Dios. El bueno de Luis XII reinaba en Francia, y tenía la debilidad de querer conquistar nuevas tierras en Italia; llenó de favores a César Borgia, hijo del poderoso Alejandro VI; César tomó a su servicio a Leonardo da Vinci, al que nombró su ingeniero jefe.

Y continúa:

Paolo Giovio, obispo de la ciudad de Como, era un historiador tan mentiroso como tantas veces era bien pagado por mentir, eso es lo que nos enseñó de sí mismo. Pero fue también un hombre de carácter, contemporáneo de los acontecimientos. Estas son, según lo que nos dice, las circunstancias de la muerte del papa y de la enfermedad de César.

El papa había invitado a cenar al cardenal Adriano de Corneto en su viñedo de Belvedere, cerca del Vaticano, donde tenía la intención de envenenarlo. Tenía la suerte de que había hecho sufrir a los cardenales de Sant'Angelo, de Capua y de Módena, en otros tiempos sus ministros más activos, pero que se habían hecho ricos. El papa quería heredar.

César Borgia había hecho llegar ese día vino envenenado al copero del papa sin confiarle el secreto; únicamente le había recomendado que no sirviera ese vino más que después de recibir su orden expresa. Durante la cena, el copero se alejó un momento y, en su ausencia, un criado que no estaba al corriente del asunto sirvió ese vino al papa, a César Borgia y al cardenal Corneto.

Este último dijo enseguida a Paolo Giovio que en el momento que tomó aquel brebaje sintió en el estómago un fuego ardiente, perdió la vista y enseguida todos los demás sentidos. Finalmente, después de una larga enfermedad, su restablecimiento estuvo precedido por la pérdida de toda su piel. Alejandro VI murió después de algunas horas de sufrimiento; su hijo César quedó postrado en cama y fuera de circulación.

Pío III (1503): fue en Siena, en 1439, donde nació Francesco Todeschini Piccolomini, que se convirtió en papa el 22 de septiembre de 1503 y murió el 18 de octubre de ese mismo año, es decir, cuatro semanas más tarde. Se mantuvo alejado de Roma durante el pontificado de los papas anteriores y representó el candidato ideal del cambio, dado que no pertenecía a ninguno de los diferentes bandos, lo que podía permitirle tratar con el mismo miramiento a los Sforza, a los Della Rovere y a los d'Amboise.

Julio II (1503-1513): Giuliano della Rovere nació el 5 de diciembre de 1443, en Albissola, cerca de Savona. A pesar de proceder de una modesta familia de tejedores, el futuro Julio II se ajustaba perfectamente al calificativo de «príncipe de la Iglesia». Su tío, Francesco della Rovere, papa con el nombre de Sixto IV, no fue ajeno a su destino. De simple profesor de Teología en Pádua pasó a ser rápidamente cardenal. Ocupó diversos puestos en Francia, Suiza e Italia, donde, de paso, amasó una importante fortuna que invirtió en bienes inmuebles. Tenía una verdadera pasión por la arquitectura y se hizo construir un suntuoso palacio que planificó bien fortificado (nunca se sabe qué puede pasar). A semejanza de un miembro del alto clero al que frecuentaba, su vida privada no se mantuvo en la austeridad monacal: gran amante del arte y fino *gourmet*, era un feliz padre de tres hijos... hasta que contrajo la sífilis. Además de sus numerosas amantes, algunos también le atribuyen relaciones homosexuales.

Arquetipo del hombre con poder, tenía un sentido innato para la diplomacia y era astuto. Ocultación, manipulación y traición no tenían secretos para él. Su extraordinario dominio de estos temas le permitió sobrevivir entre el alto clero antes de alcanzar la magistratura papal.

Elegido para ocupar la silla papal el 28 de noviembre del año 1503, mostró su carácter autoritario durante los diez años que duró su Pontificado. Puso en marcha numerosas campañas militares —con gran escándalo de humanistas cristianos, como Erasmo— a fin de consolidar los Estados Pontificios. Combatió también contra Venecia y se dedicó, posteriormente, a perseguir a los franceses de Italia. Al mismo tiempo, Julio II hizo de Roma una ciudad imperial a mayor gloria de Dios. Puso en marcha numerosas obras de construcción y llevó a la ciudad a los más importantes artistas de su tiempo. Miguel Ángel, Bramante y Rafael realizaron entonces sus obras más bellas y renombradas. Los frescos de Miguel Ángel en el techo de la Capilla Sixtina, los de Rafael en la Stanza, la vía Julia y la estatua de Moisés son otros tantos testimonios de su gusto y su pasión por el arte. La primera piedra de la basílica de San Pedro fue puesta el 18 de abril de 1506.

Julio II murió en Roma durante la noche del 20 al 21 de febrero de 1513 después de haber marcado con su actuación toda una época.

León X (1513-1521): nacido el 11 de diciembre de 1475 en Florencia, Julio de Médicis fue el segundo hijo de Lorenzo el Magnífico y Clarice Orsini. Su educación, siempre orientada hacia el sacerdocio, al que su familia lo había destinado, fue dirigida por los mejores maestros de la época. Nombrado cardenal cuando sólo tenía trece años, estudió derecho canónico y teología, entró a formar parte del consistorio y después pasó a ser legado pontificio. A la muerte de Julio II fue elegido papa cuando no tenía más que treinta y ocho años, porque su candidatura fue apoyada por numerosos grupos de presión que esperaban obtener ventajas con esa elección. Parecía menos extraviado en sus funciones papales que sus predecesores, aunque únicamente los artistas no se sintieron defraudados, dado que León X era un esteta que apreciaba las artes, el teatro, la música y la poesía.

De una prodigalidad vertiginosa, actuaba tanto por su propio placer como por caridad hacia los pobres y, al igual que Francisco I, le gustaban las cortes brillantes. Sólo tardó dos años en dilapidar el tesoro acumulado por Julio II. Desde entonces, la búsqueda de fondos para el papado se convirtió en una obsesión hasta tal punto que los problemas se encadenaron. Fue vendido todo aquello que podía ser susceptible de ser comprado, por ello, León X estableció nuevos cargos, nuevos puestos, nuevas dignidades que pudieran ser comprados. Sin embargo, eso no era siempre suficiente, por lo que decidió lo que parecía impensable, vender lo que nadie hasta ese momento se había atrevido a plantear: ¡comerciar con la salvación de las almas! Gracias a las indulgencias, la Iglesia católica vendía la absolución y la vida eterna contra el pago contante y sonante de una cantidad de dinero. ¡Podían comprarlas los vivos, pero se vendían hasta para los muertos! Sin embargo, ni esos ingresos parecían suficientes para llenar el profundo agujero financiero del Vaticano. La Santa Sede era una corte en bancarrota.

Ese es, sin duda, el reproche más fuerte que se hace a León X, porque su plan doctrinal, su fe y su honestidad personal no son demasiado puestas en tela de juicio. Sin embargo, en conjunto también él contribuyó a que se pusiera en marcha la Reforma protestante y confirmó el ascenso del galicanismo francés... ¡siempre contra el dinero! Murió el 1 de diciembre de 1521 y dejó a su sucesor un déficit colosal.

Adriano VI (1522-1523): nació el 2 de marzo de 1459 en el seno de una modesta familia holandesa de Utrecht. Estudió en la Universidad de Lovaina, donde adquirió el grado de doctor en 1491; posteriormente, fue elegido tutor del futuro Carlos V cuando este tenía dieciséis años. El 9 de enero de 1522 fue elegido papa por unanimidad por el colegio cardenalicio. Una inmensa obra le esperaba. Aunque se mostró absolutamente decidido a poner fin a los abusos de la curia, a recuperar el orden en las finanzas vaticanas, a oponerse a la divulgación de la Reforma protestante y a salvaguardar a la cristiandad frente al expansionismo turco, acabó por agotarse en esa inmensa tarea sin obtener grandes resultados. Murió el 14 de septiembre de 1523 extenuado y enfermo.

Clemente VII (1523-1534): Julio de Médicis, nacido poco tiempo después de la ejecución de su padre, fue tutelado por su tío Lorenzo el Magnífico. El acceso de su primo León X a la dignidad papal le abrió amplias perspectivas. Cultivado y trabajador, le faltó, sin embargo, carisma y carecía también de una buena capacidad de decisión. Fue elegido papa el 18 de noviembre de 1523 entre el entusiasmo general.

Desgraciadamente, no estaba preparado para lo que le esperaba: la situación, tanto religiosa como política, era especialmente delicada. Su falta de capacidad crónica para resolver las cuestiones le llevó a buscar componendas con sus enemigos más que cultivar a sus aliados. La Iglesia acabó pagando un alto precio por sus errores.

Uno de los hechos más determinantes se produjo en el año 1526, después del sitio de Roma por las tropas del emperador Carlos V. Un ejército de mercenarios alemanes reunido por el emperador, mal alimentado y sin recibir su sueldo desde hacía meses, se amotinó y actuó al margen de cualquier control. La toma de Roma y el espantoso pillaje que se produjo dejaron una huella imborrable, además de muertes y violaciones por toda la ciudad. Ninguna mujer, religiosa o laica, escapó a los abusos de la soldadesca, ninguna iglesia quedó sin profanar, no hubo vivienda que no fuera saqueada ni prelado capturado que no fuera obligado a pagar rescate. Refugiado en el castillo de Sant'Angelo, el papa, impotente, sólo pudo contemplar la terrible situación. Clemente VII se vio obligado, finalmente, a pactar con el emperador: el 24 de febrero de 1530, Carlos V fue solemnemente coronado, en Bolonia, con la ansiada corona de hierro, símbolo de la nación italiana.

Sin embargo, lo peor todavía tenía que llegar: un cisma grave y sangrante con Inglaterra. Fue la historia de un divorcio entre Enrique VIII, rey de Inglaterra, y la reina Catalina, una Médicis, que acabó mal y al que el papa se negó a dar autorización después de varios aplazamientos. De hecho, el rey ya se había casado en secreto con Ana Bolena, había hecho validar el matrimonio por el arzobispo de Canterbury y había impedido la publicación de la bula papal que contenía la prohibición de tal acto. Clemente VII respondió dictando la excomunión de Enrique VIII y anulando el decreto del arzobispo de Canterbury. En represalia, el rey expulsó al nuncio del territorio inglés, rompió relaciones diplomáticas con el Vaticano y, después, en enero de 1534, hizo que el Parlamento británico estableciera la sustitución de la autoridad romana por la Iglesia inglesa. Clemente VII respondió con una confirmación de la validación del primer matrimonio y de la imposibilidad de la anulación.

La medida colmó la paciencia de Enrique VIII. En ese momento puso en marcha una campaña de represión despiadada contra el clero inglés que deseaba mantenerse fiel a Roma. La querella se saldó con un gran derramamiento de sangre. Sobre la cuestión del protestantismo alemán, Clemente VII, víctima de la indecisión, dejó que la situación se fuera envenenando hasta que ya fue irreversible. Murió el 25 de septiembre de 1534.

Pablo III (1534-1549): Alejandro Farnesio nació en Roma el 29 de febrero de 1468. Hijo de una familia adinerada, recibió una educación muy selecta. Fue nombrado cardenal-diácono por Alejandro VI en el año 1493, y después elegido papa el 12 de octubre de 1534. En línea con sus predecesores, tuvo tres hijos y una hija, a los que dotó públicamente de beneficios eclesiásticos con gran escándalo de sus contemporáneos. No obstante consiguió no tener grandes enemigos fundamentalmente porque era un gran diplomático. Su fortuna y su «recorrido profesional» no tuvieron que sufrir una eventual desconfianza por parte de los papas Borgia, Médicis o Rovere, con los que se codeó a lo largo de su vida. Tuvo que esperar hasta el año 1534 para acceder al trono de San Pedro, año en el que fue elegido casi por unanimidad por el colegio cardenalicio.

Una de sus primeras tareas consistió en intentar lograr la reconciliación entre Carlos V y Francisco I.

A la vez, Pablo III intentó poner orden en la corte pontificia. En el aspecto organizativo, procuró evitar la convocatoria de un concilio, para lo que reformó la Cámara apostólica, el tribunal de la Rota, la Penitenciaría y la Cancillería. En política exterior, se movió entre los grandes buscando la neutralidad e intentando conseguir la defensa e integridad de Italia.

Después de muchas vacilaciones, por fin convocó un concilio entre católicos y protestantes; fue el concilio de Trento, que celebró su primera sesión el 13 de diciembre de 1545. Después se reunió, hasta marzo de 1547, en siete ocasiones. En él se mantuvieron debates sobre las cuestiones más importantes, como la fe y la disciplina, que dejaron una huella importante en la historia de la Iglesia. Sin embargo, la continuidad del concilio fue aplazada por diferentes causas. Pablo III murió el 15 de abril de 1549, cuando contaba ochenta y dos años de edad. Dejó tras él una Iglesia que comenzaba a retomar la senda de la credibilidad y un cierto poder.

Julio III (1549-1555): Giovanni Maria Ciocchi del Monte nació en Roma el 10 de septiembre de 1487, hijo de un conocido jurista de la época. Nombrado para ocupar diferentes sillas episcopales, fue vicelegado pontificio y después prefecto de Roma en dos ocasiones bajo el pontificado de Clemente VII. Sin duda, hubiera sido ejecutado durante el saqueo de Roma por los soldados, si no hubiera sido liberado por el cardenal Pompio Colonna. Ocupó otras dignidades, entre ellas la de primer presidente del concilio de Trento. Encarnó entonces la defensa de los intereses pontificios frente a los de Carlos V.

La muerte de Pablo III supuso la aparición de nuevas discordias en el seno de la curia romana. Tres partes se enfrentaron: los franceses, los imperiales, que actuaban en la línea de Carlos V, y los que eran favorables a los Farnesio. Al cabo de diez semanas de cónclave fue elegido Julio III.

Enormemente criticado por practicar un indisimulado nepotismo, sus esfuerzos para reformar la Iglesia fueron finalmente muy escasos. Fue, sin embargo, un ferviente admirador de los jesuitas, a los que siempre mostró su apoyo. Consiguió restaurar provisionalmente la autoridad de la Iglesia de Roma en Inglaterra tras enviar a Reginaldo Polo como legado pontificio. Cuando murió, el 23 de marzo de 1555, una embajada compuesta por miembros del Parlamento inglés se desplazó a Roma para anunciar su acatamiento de la autoridad papal.

Queda, no obstante, un lado oscuro: Julio III fue enterrado no lejos de aquel al que la rumorología pública le reprochó tanta proximidad mientras vivió, su favorito Inocencio del Monte...

¿Por qué Bonifacio VIII, el papa italiano, fue humillado por el rey de Francia Felipe el Hermoso?

Nacido en Anagni en 1235 en el seno de una familia de la pequeña nobleza, Benedicto Caetani era autoritario e inteligente, impulsivo y colérico, y un destacado negociador como cardenal-legado. Fue elegido sucesor de Celestino V. Desde el momento de su llegada al trono pontificio se esforzó en perseguir al clan gibelino, del que, sin embargo, había sido aliado (especialmente de la familia Colonna).

Los acontecimientos más importantes de su pontificado vinieron marcados por sus relaciones con Felipe el Hermoso.

Bonifacio intentó restablecer la autoridad de Roma sobre todos los soberanos cristianos, tal como había deseado Inocencio III. A la inversa, el rey de Francia mantenía el principio de una monarquía de derecho divino y defendía la independencia de los reyes. La lucha de poder era áspera e intensa «y se enconaba con cualquier pretexto de diezmos retenidos por el rey de Francia y de inmunidades eclesiásticas».

Bonifacio situó, en su bula *Unam sanctam* (1301), al soberano pontífice por encima de todos los monarcas de la tierra. Felipe IV reclamó entonces la celebración de un concilio para condenar al papa, pero Bonifacio decidió publicar, como respuesta, un anatema contra el rebelde. El consejero real, Guillaume de Nogaret, fue entonces a visitar al papa para notificarle la convocatoria, en compañía de algunos esbirros de la familia Colonna, expulsados de Roma por el papa y de los que uno de sus miembros había sido enviado a galeras. Este, que se había evadido, abofeteó con su manopla de hierro a su enemigo. El papa tuvo, a pesar de la ofensa y la violencia, suficiente energía para gritar: «¡Aquí tenéis mi cuello, aquí tenéis mi cabeza, pero yo soy papa y moriré papa!». El encuentro se agrió bastante y acabó provocando un motín en Anagni.

Hecho prisionero, el papa fue liberado por la población y logró huir a Roma, donde murió poco después de «rabia y desesperación», escribieron algunos historiadores, a la edad de sesenta y ocho años.

Benedicto XI, un papa envenenado... con higos frescos

Benedicto XI, hijo de un notario, fue antiguo general de los dominicos, cardenal y obispo de Ostia, y uno de los extraños amigos de Bonifacio VIII. Papa desde el 22 de octubre de 1303 hasta el 7 de julio de 1304, anuló la excomunión dictada contra Felipe el Hermoso, levantó también las medidas tomadas contra Francia y ofreció su clemencia al partido Colonna —que dejó en un estado lastimoso su predecesor—, y a los altos dignatarios de la Iglesia.

Emprendió los trabajos de restauración del Vaticano, que se convirtió en la residencia principal de los papas. Nombró cardenales a tres dominicos y dejó un reputado *Comentario de la Biblia*. Murió el 7 de julio de 1304, tras un corto pontificado de ocho meses. ¿De qué murió? De una indigestión de higos frescos que se cree que habían sido envenenados. Su tumba, en Perugia, se convirtió en un lugar de peregrinación y centro de curaciones milagrosas. Fue beatificado en el año 1376 por Clemente XII. ¿Pero la cuestión del envenenamiento es verdad o fabulación histórica?

Gregorio XI, el último papa francés

Nieto de Clemente VII, fue el último papa francés. Pierre Roger II de Beaufort, nacido en 1331, fue cardenal a los diecisiete años elegido por unanimidad el primer día del cónclave. Tenía treinta y nueve años. Ordenado sacerdote al mes siguiente, fue coronado el 30 de diciembre de 1370. Fue llamado a Roma pero hizo oídos sordos a la petición. Le fue enviado entonces un emisario muy especial..., Santa Catalina de Siena, que obtuvo así una audiencia en 1376. Gregorio cedió por miedo a ser destituido y, el 13 de enero de 1377, hizo su entrada en la capital italiana.

Desde su llegada se reiniciaron los desórdenes y no pudo poner en marcha reformas que eran muy esperadas. Antes de morir, el 27 de marzo de 1378, nombró a ocho cardenales procedentes, igual que él, de Limousin, de los que cinco eran parientes suyos.

De hecho, en el cónclave que se abrió para elegir al sucesor al trono de San Pedro, dieciséis cardenales (cuatro italianos, once franceses —mayoría— y un español) se reunieron por primera vez desde 1303. Debía ser elegido un francés, pero los romanos asediaron el cónclave y plantearon a los reunidos que deseaban tener un papa romano «o de lo contrario dejarían sus cabezas más rojas que sus bonetes». Naturalmente, eligieron a un italiano, el arzobispo de Bari, Urbano VI. Nada más abandonar el cónclave, los franceses y tres italianos protestaron por esta elección forzada y nombraron a un papa francés, el cardenal de Ginebra, que adoptó el nombre de Clemente VII. Por eso en adelante habría dos papas; comenzaba el gran cisma de Occidente (1378-1417).

Europa se dividía: Inglaterra, Alemania, Hungría, Holanda, Bohemia y casi toda Italia se sometían a Urbano VI; en cambio, Francia, España, Escocia, Saboya y Lorena abrazaban el partido de Clemente VII. Los papas que, por su parte, pasaron a residir en Aviñón fueron declarados antipapas por sus adversarios de Roma, cuando el concilio de Constanza (1414-1418) devolvió el orden al trono de San Pedro.

¿Por qué se olvida la obra teológica de Pío XI?

Hace sesenta y dos años, el papa Pío XI publicó cuatro encíclicas que dejaron huella. Los historiadores han tenido tendencia a olvidarlas y han centrado su atención en Pío XII, especialmente en su toma de posición durante la segunda guerra mundial. Pero conviene recordar...

Cronológicamente, el 14 de marzo, Domingo de Pasión, el Santo Padre publicó la encíclica sobre el hitlerismo: *Mit Brennender Sorge* («Con una viva inquietud»); el 19 de marzo, festividad de San José, otra sobre el comunismo: *Divini Redemptoris*; el 28 de marzo la carta sobre México, que figura en Roma en la relación oficial de las encíclicas de Pío XI: *Firmissimam Constantiam*; y el 29 de septiembre, día de San Miguel Arcángel, *Ingravescentius Malis*, una encíclica sobre el rosario que era un nuevo ataque al comunismo.

Pío XI es conocido como el papa que calificó al comunismo como «intrínsecamente perverso», condenó con energía el nazismo, prohibió la Acción Francesa y proclamó a Santa Teresita del Niño Jesús patrona de las misiones. Sin embargo, su obra fue todavía más importante. Gran erudito, se dedicó también a la instrucción de los clérigos, a la reorganización de los seminarios, a la enseñanza del latín y de la doctrina de Santo Tomás de Aquino. Puso límite a las congregaciones misioneras al indicarles que los territorios que administraban no les pertenecían y que, por ello, debían respetar a las poblaciones evangelizadas. Se enfrentó al ascenso de las ideologías más violentas del siglo XX: el nazismo y el comunismo. A la vista de esa realidad se comprende mejor la publicación de esas encíclicas que aparecieron en el año 1937.

La encíclica *Mit Brennender Sorge* debe ser analizada en ese marco cronológico. Fue publicada el 10 de marzo, fechada el 14 y leída el 21, Domingo de Ramos. Con frecuencia se le ha reprochado el concordato que firmó con Hitler el 20 de julio de 1933, por el que se garantizaban algunos derechos a la Iglesia católica, en especial en materia de enseñanza confesional. Pío XI temía que, al igual que en la URSS, en Alemania se reprodujeran las persecuciones a los cristianos. Sin embargo, los nazis no respetaron este concordato. Responsables católicos fueron ejecutados la Noche de los Cuchillos Largos (en alemán, *Nacht der Langen Messer*). El cardenal Pacelli, secretario de Estado, que conocía muy bien Alemania, envió al menos cuatro notas de protesta a los representantes del Estado alemán. Nunca obtuvo una contestación.

Mit Brennender Sorge fue una respuesta a ese silencio. Esta encíclica, dirigida a los obispos alemanes, estaba pensada para ser leída en las iglesias de todo el país. Pío XI condenaba en ella las violaciones del concordato y el nazismo como ideología fundamentalmente anticristiana. Declaró sin ambages que:

Las experiencias de los últimos años sacan a la luz las responsabilidades: estas revelan las intrigas que desde el principio ya buscaban una guerra de exterminio.

Después, añadía:

Sólo las personas más superficiales pueden caer en el error que consiste en hablar de un Dios nacional, de una religión nacional; sólo ellas pueden emprender la vana tentativa de aprisionar a Dios, el creador del universo, el rey y el legislador de todos los pueblos, ante la grandeza del cual las naciones están «al igual que una gota de agua en medio del océano» (Isaías, 40, 15) en las fronteras de un único pueblo, en la estrechez de la comunidad de sangre de una sola raza.

También nos recordaba que:

El creyente tiene el derecho inalienable a profesar su fe y a vivirla como quiera. Las leyes que impiden o hacen difícil la profesión y la práctica de esta fe están en contradicción con el derecho natural.

De manera explícita, Pío XI dio una definición de la ley natural insertando su reflexión en el contexto político-histórico del momento:

Las leyes humanas que están en contradicción insuperable con el derecho natural nacen marcadas por un vicio original que ninguna coacción, ningún despliegue exterior de fuerza puede curar. A la luz de este principio debe ser juzgado el axioma: «El derecho debe ser útil para el pueblo». Ciertamente, se puede dar a esta proposición un sentido correcto, si se le hace decir que lo que está moralmente prohibido no puede nunca servir al verdadero bien del pueblo. Sin embargo, el paganismo antiguo reconocía ya que el axioma, para ser plenamente exacto, debía ser, en realidad, vuelto al revés y expresarse de esta manera: «Es imposible que una cosa sea útil si no es al mismo tiempo moralmente buena.

Y no es que sea útil porque es moralmente buena, sino que es moralmente buena porque es útil». (Cicerón, De officiis, III, 30). Una vez franqueada semejante regla moral, este principio significaría, en la vida internacional, un estado de guerra permanente entre los diferentes países. En la vida nacional, ignora, por la amalgama que hace de las consideraciones de derecho y de utilidad, el hecho fundamental de que el hombre, en tanto que persona, posee derechos que proceden de Dios y que deben permanecer frente a la colectividad fuera de todo ataque que tienda a negarlos, abolirlos u olvidarlos.

Como reacción a este texto, se produjeron en Alemania fuertes persecuciones contra los católicos: mil cien sacerdotes y religiosos fueron encarcelados en 1937 y trescientos cuatro sacerdotes fueron deportados a Dachau un año más tarde.

Las organizaciones católicas fueron disueltas y las escuelas confesionales prohibidas. En la encíclica *Divini Redemptoris*, Pío XI condenaba con energía el comunismo. Escribía:

No se puede decir que semejantes atrocidades sean fenómenos pasajeros que acompañan normalmente a todo proceso revolucionario, excesos aislados como los que se producen en todas las guerras; no, es el fruto natural de un sistema que está desprovisto de cualquier freno interior.

En el periódico *La Croix*, monseñor René Fontenelle, sulpicio, canónigo de San Pedro de Roma, explicaba cómo esta encíclica mostraba «la incompatibilidad absoluta entre el comunismo y el catolicismo, y glorificaba la doctrina social de la Iglesia, que reconcilia a los hombres con la práctica de la justicia y de la caridad». El redactor en jefe del periódico escribía, el 21 de marzo, en el mismo sentido: «Frente a la ideología comunista, el papa declaró que no hay más que una única vía, la doctrina social de la Iglesia».

Pío XI se situó en la misma línea que León XIII y su encíclica *Rerum Novarum*. Se desprende de este texto una llamada a un compromiso de los cristianos en la línea de Albert de Mun y de René de La Tour du Pin.

Con *Firmissimam Constantiam*, carta-encíclica dirigida al pueblo mexicano, «que requiere una solemnidad pascual», el papa hizo un llamamiento al desarrollo de un país perseguido que sufría y había conocido la guerra.

Finalmente, el 29 de septiembre, con *Ingravescentibus Malis*, Pío XI concluyó su reflexión. Centrada en el rosario, esta encíclica recordaba, no obstante, que:

> [...] *la eterna y suprema autoridad de Dios, que manda y prohíbe, es desdeñada y completamente negada por los hombres.*
>
> *El resultado es que la conciencia del deber cristiano se debilita, y que la fe es más tibia en las almas o se ha perdido por completo, llegando incluso a arruinar hasta los cimientos de la sociedad humana.*

El papa continuaba y denunciaba:

> *Así, por una parte, hay ciudadanos que se enfrentan en luchas atroces entre sí, porque algunos son propietarios de abundantes riquezas y otros tienen que ganarse el pan por sí mismos y con el sudor de su frente. En efecto, como ya sabemos, el mal alcanza tal nivel en algunas áreas que intenta destruir el derecho a la propiedad privada de manera que todo pudiera ser tenido en común por todos.*

Antes de morir, el papa Pío XI había redactado una nueva encíclica, *Humani Generis Unitas* («Sobre la unidad de la raza humana»), que condenaba el antisemitismo, el racismo y la persecución de los judíos. Conocida como «la encíclica perdida» planteaba, dos años después de la reflexión de 1937, una coherencia intelectual que este aniversario permitía subrayar. Jamás fue publicada.

¿Por qué toda esta obra, fundamental para la historia del catolicismo del siglo xx, ha sido olvidada?, ¿por qué se prefiere arrojar luz sobre Pío XII y su actitud durante la segunda guerra mundial mientras se omiten los textos de su predecesor?

La extraña muerte del papa Juan Pablo I: ¿hay realmente algún misterio?

> *Si encontráis un error, mirad, antes de eliminarlo o atajarlo, si podéis tratarlo con paciencia y permitir que la luz aclare lo que hay de Bueno y de Verdad, que, en general, no deja nunca de encontrarse (Juan Pablo I).*

Solamente treinta y tres días después del acceso al trono pontifical, el papa Albino Luciani, Juan Pablo I, murió repentinamente. De madrugada, a las cinco de la mañana, se descubrió su cadáver, sin duda víctima de un infarto, o de una crisis de uremia.

Los rumores más descabellados comenzaron a circular referidos a la muerte de este hombre amable, gran teólogo y sensible a la condición de las clases más desposeídas. El 2 de octubre, fue el polaco Karol Józef Wojtyla quien le sucedió con el nombre de Juan Pablo II. Pero ¿quién era el hombre que desapareció tan repentinamente?

Nacido en 1912, en Forno di Canale, pequeña ciudad de la Italia del norte que a lo largo del siglo XX dio no menos de seis papas a la Iglesia católica, Albino Luciani era hijo de una familia muy modesta. Su padre, trabajador temporero, se hizo vidriero y se instaló en Murano, donde mostró claramente sus inclinaciones hacia el socialismo, mientras su madre, empleada del hospicio y ferviente católica, no dudaba en mostrar su desacuerdo con los ideales de su esposo.

Situado entre esas dos posiciones, el joven Albino se encontró muy pronto enfrentado a las cuestiones espirituales, éticas y sociales de su tiempo. Muy influido por su madre, tomó posición desde que era muy joven y pronto confirmó su vocación por el sacerdocio. Cuando era todavía un adolescente entró en el seminario de Feltre, para pasar después al de Belluno. Sus excelentes resultados académicos le abrieron las puertas de la prestigiosa Universidad Gregoriana de Roma, donde obtuvo su doctorado en Teología con una tesis, que defendió brillantemente, titulada: *El origen del alma en el pensamiento de Rosmini.*

Ordenado sacerdote el 7 de julio de 1935, Albino Luciani fue nombrado vicario de su ciudad natal. Brillante y muy cultivado, no dejó de ser jovial, agradable y muy accesible. Apasionado de la enseñanza, ejerció en las aulas del Instituto Técnico Minero. En el año 1937 llegó al gran seminario de Belluno, donde ocupó primero la cátedra de Teología dogmática antes de ser nombrado subdirector de la institución. Durante diez años, Albino Luciani dio pruebas de tan gran sentido pedagógico que sus métodos de enseñanza llamaron la atención del episcopado. En el año 1947 le fue confiado el vicariado episcopal de la diócesis, cargo de importancia que incluía la dirección de la oficina de la catequesis. En esta época escribió un catecismo bastante innovador e impregnado de liberalismo y humanismo, que tuvo un gran éxito en todos los medios católicos.

En el año 1958, el papa Juan XXIII lo consagró obispo de Vittorio Veneto. En el año 1962 comenzó su carrera vaticana con su participación en el concilio Vaticano II. Encontró su propio espacio en la defensa de la concepción liberal del catolicismo y su voluntad indefectible de acercarse a los fieles. Siete años más tarde fue promovido al cargo de patriarca obispo de Venecia. Su ascensión en el seno de la jerarquía vaticana fue fulgurante. A pesar de ello, ninguno de los cargos parecía hecho a su medida. Sus cualidades para plantearse el mundo social, su empatía, su rigor moral y su inmensa cultura hacían de él un ser diferente. Por ello resultó absolutamente natural que en el año 1972 accediera a la vicepresidencia de la muy influyente Confederación Episcopal Italiana. Al año siguiente, el papa Pablo VI lo elevó a la púrpura cardenalicia. El nuevo cardenal Luciani compartía con Pablo VI una visión pesimista de la situación de la Iglesia católica.

El secreto de Fátima, que debía haber sido revelado en 1960, escondería, según rumores, la inquietud de la Virgen por la degradación del clero y de la fe de los fieles. Más devastadores todavía y aún más reales eran los movimientos libertarios nacidos en los años sesenta. Para Pablo VI, y todavía más para el futuro Juan Pablo I, sólo existía una salida a esta situación: hacer accesible al pueblo de Dios la doctrina de la fe. Gracias a su experiencia como profesor y a su paso por la dirección de la oficina de la catequesis, el cardenal Luciani comenzó una verdadera campaña pastoral internacional. Recorrió el mundo no tanto para convencer a los no creyentes, sino más bien para incitar a los fieles a reafirmar una fe demasiado a menudo maltratada. América del Sur, África y una parte de Europa comenzaron a conocerlo.

En agosto del año 1978, el Vaticano anunció la muerte de Pablo VI. Como siempre, el cónclave se reunió después del periodo de duelo establecido. Dos sectores se enfrentaban. En uno, los conservadores dirigidos por el arzobispo de Génova, el cardenal Siri, y los liberales del cardenal Benelli votaron, en todo caso en las tres primeras vueltas, por el cardenal Sergio Pignedoli. Por fin, a la cuarta votación apareció la fumata blanca.

El cardenal Albino Luciani se convirtió, contra todo pronóstico, en el nuevo pontífice con una aplastante mayoría.

Nadie parecía esperar tal desenlace, ni siquiera el principal interesado. Según el cardenal Gantin, Albino Luciani le había pedido al chófer que tuviera preparado el coche, entonces averiado, para volver lo más rápidamente posible a Venecia una vez acabado el cónclave. Sin embargo, la elección de este nuevo papa pareció contentar a todo el mundo. Y, al menos por una vez, no se tenía la impresión de haber recaído en un hombre por su poder o su influencia, sino por su bondad, su sencillez y su rigor moral. El cardenal Ratzinger, el actual papa Benedicto XVI, que participó en el cónclave, dijo más tarde a propósito de esta elección:

Tener como pastor de la Iglesia universal a un hombre que tenía tanta bondad y esa fe luminosa era la garantía de que las cosas irían bien.

No obstante, el nuevo papa parecía aceptar su elección con una cierta ansiedad. Su primera declaración: *Tempesta magna est super me* («Una gran tempestad ha caído sobre mí») es la prueba. En una época posterior el cardenal Ratzinger declaró sobre esta cuestión:

Él mismo se había visto sorprendido y sentía el peso de esa enorme responsabilidad. Se notaba que sufría un poco ante aquella elección que no se esperaba. No era un hombre que aspirara a hacer carrera; al contrario, concebía los cargos que había desempeñado como un servicio y al mismo tiempo como un sufrimiento.

Juan Pablo I, lleno de humildad, declaró por su parte:

No poseo ni la sapienta cordis *del papa Juan ni la preparación y la cultura del papa Pablo, pero estoy en su lugar y debo intentar servir a la Iglesia. Espero que me ayudaréis con vuestras oraciones.*

No obstante, el nuevo papa no ocultaba sus ambiciones al manifestar su deseo de devolver a la Iglesia católica su carácter universal.

Albino Luciani tomó el nombre de Juan Pablo I (Ioannes Paulus I) en homenaje a sus dos predecesores y a sus trabajos conciliares, pero también —y eso dice mucho sobre su nivel intelectual y espiritual— en referencia a la basílica de los santos Juan y Pablo, donde reposan los dux de Venecia, su ciudad. El nuevo papa ya comenzaba sorprendiendo a todos en el Vaticano al elegir un nombre no utilizado hasta entonces, cosa que no había sucedido nada menos que desde el siglo X y —más aún— seleccionando, hecho inédito, un nombre compuesto. Juan Pablo I ya daba muestras de reforma y de valor con un gesto altamente simbólico que anunciaba su voluntad de cambio.

Quería humanizar la Iglesia y en primer lugar el cargo pontifical. Por eso tomó de nuevo dos decisiones radicales. Rechazó expresarse utilizando la primera persona del plural, como marcaba la tradición, y prefirió hacerlo en singular para adquirir un carácter más próximo y accesible. Igualmente, su entorno tuvo que dar muestras de convicción, y sobre todo de obstinación, para que Juan Pablo I aceptase aparecer en la *sedia gestatoria* a fin de ser visto por los fieles. El día de su coronación, el nuevo papa hizo un novedoso gesto altamente simbólico al rechazar la tiara y preferir la mitra de obispo.

En el plano doctrinal, el nuevo pontífice se mostró, en cambio, más conservador. Ciertamente, la Iglesia debía humanizarse pero sin perder sus bases. Se apoyó en la encíclica *Humanae Vitae* de su predecesor Pablo VI. Por otra parte, tomó parte en el debate que agitaba a la sociedad occidental de la época manifestando una oposición categórica al aborto y a la regulación de la natalidad. Sin embargo, no olvidaba que uno de los objetivos de su pontificado debía ser el de atenuar las disensiones entre la Iglesia y los fieles. También quería emprender una política social de gran envergadura, reconciliándose por esa vía con una de las primeras vocaciones de la Iglesia.

A pesar de sus muy personales posiciones, el «papa de la sonrisa», como lo llamó Benedicto XVI con ocasión del aniversario de su muerte, fue inmediatamente apreciado por los fieles debido a su sencillez, su bondad y su accesibilidad.

No obstante, esta imagen no era compartida por todos. Tres hombres se manifestaron contra su autoridad: Gaston Tremblay, el canadiense de la Orden del Magnificado de la Madre de Dios, que se autoproclamó papa con el nombre de Gregorio XVII; Gino Frediani, autodesignado papa Emmanuel I; y Clemente Domínguez, otro Gregorio XVII convertido en papa de los Carmelitas de la Santa Faz, a petición, decía, de la Virgen María, que se le había aparecido. Durante su «pontificado», este último llegó a canonizar a Franco y excomulgar a Juan Pablo II y a la familia real española.

Después de apenas treinta y tres días de pontificado, Juan Pablo I fue encontrado muerto sin haber podido desarrollar sus proyectos. Esta desaparición, considerada muy pronto enigmática, mantiene todavía hoy un gran misterio sabiamente alimentado con todo tipo de rumores. La brevedad del pontificado de Juan Pablo I, su muerte repentina y el misterio mantenido por el Vaticano han alimentado todo tipo de especulaciones; a menudo, también, unas más extravagantes que otras. Analicemos los hechos.

• Primer punto: los informes relativos a las condiciones en las que se encontró muerto a Juan Pablo I se contradicen. Uno dice que habría sido hallado cadáver por uno de sus secretarios mientras mantenía entre sus manos el libro *La imitación de Cristo*, y otro atribuye a la hermana Vicenzia el descubrimiento de su cuerpo inerte en el lavabo. Estos informes, además de contradictorios, no son más que una pequeña parte de un amplio y complejo dossier.

• Segundo punto: numerosos analistas y críticos se preguntan y quieren saber qué oculta la no realización de la autopsia después de una muerte tan repentina. Sencillamente, el derecho canónico prohíbe que se practique la autopsia a un soberano pontífice. A pesar de las numerosas peticiones cursadas para reinterpretar esas disposiciones, no se hará ninguna investigación para conocer con detalle las razones de la muerte de Juan Pablo I. Por eso no tiene nada de sorprendente que todo tipo de rumores, hasta los más insospechados, intenten dar una explicación científica a esta muerte.

• Tercer punto y una de las explicaciones posibles: se sabe que la salud del nuevo papa era bastante frágil. Afectado por una uremia desde hacía muchos años, Juan Pablo I había aprendido a vivir con su enfermedad. No obstante, algunos piensan que fue esta afección la que se lo llevó mientras dormía. ¿Cómo? La explicación sería muy sencilla, demasiado sencilla incluso. Sin querer habría olvidado los medicamentos al salir de Venecia y de facto habría suspendido su tratamiento. Esta teoría, aunque podría ser posible, no parece muy aceptable. Semejante negligencia en alguien que sabe que está enfermo y cuya salud está muy debilitada desde su juventud no parece muy creíble. No era la primera vez, además, que resultaba elegido un papa que no tenía buena salud o que enfermó durante su pontificado. Es conocida la gran capacidad de los médicos del Vaticano para tratar a sus pontífices y lo fácil que es disponer de medicamentos. Por ejemplo, Pierre Orsini, convertido en Benedicto XII en el año 1724, sufría del corazón; en cuanto a Juan Pablo II, algunos ironizan incluso hasta criticar a su entorno por haberlo cuidado muy bien, o más bien por haberlo mantenido con vida «artificialmente» durante tanto tiempo.

El rumor recorrió rápidamente el mundo entero: el papa había sido asesinado, una suposición que empezó a verse como aceptable por los comentarios del cardenal Gantin, recibido en audiencia por la mañana y que a la pregunta «cómo lo encontró durante la audiencia», respondió así:

Muy bien. Fue él quien desplazó los asientos para que apareciéramos todos en la foto que nos iban a hacer. Todavía conservo esa foto, que guardo como una de las cosas más preciosas que poseo. Nadie podía imaginar que unas horas más tarde se iría a la eternidad, cerca del Señor.

• Cuarto punto y que ha dado lugar a mucha literatura: el hecho de que algunos de los cambios realizados por Juan Pablo I durante su corto pontificado no tuvieran continuación arrojó dudas sobre las circunstancias de su muerte. Enseguida fueron muy analizadas las pistas del cardenal Villot y la de monseñor. Marcinkus. Como explicó David Yallop, en 1984, en su libro *En nombre de Dios*, se habrían encontrado entre los documentos del difunto la carta de destitución del cardenal, a la que sólo le faltaba la firma pontificia. Pero ¿parece eso un móvil suficiente para cometer tal crimen? También ha sido evocado el desacuerdo entre Juan Pablo I y el obispo Marcinkus, que dirigía la banca vaticana. Es verdad que Juan Pablo I habría deseado reemplazar a Marcinkus a la cabeza de esta institución vaticana.

• Quinto punto: no era sólo la gerencia de la propia banca vaticana lo que el nuevo papa hubiera querido modificar. Más que el propio responsable general, Juan Pablo I se hubiera fijado en un cierto número de funcionarios del Vaticano, especialmente dedicados a temas de finanzas, que hubiera querido encargar a personas subalternas o incluso plantear cierto repliegue. Quizá se tenía una pista, pero no la prueba.

• Sexto punto: quienes teorizan sobre el complot asocian a estos elementos otros factores que harían de este «asesinato una de las más grandes maquinaciones del siglo». Los francmasones de la logia P2 (*Propaganda due*), que agrupa a hombres que trabajan en el Vaticano para impedir el ascenso del comunismo, habrían urdido determinadas artimañas bastante comunes, pero sobre todo ilegales, con la banca del Vaticano, algunas bancas americanas e italianas, así como con la mafia y el KGB. Pero, mejor aún, todas las dudas están permitidas.

Ciertamente, Juan Pablo I habría tenido en sus manos la relación de todas las personas implicadas y habría decidido poner fin a sus artimañas. Sin embargo, es difícil de afirmar que hubo un complot... sin pruebas materiales.

• Séptimo punto: las explicaciones dadas sobre su posible envenenamiento no son en absoluto convincentes. Según estas, habría sido envenenado con *digitalis purpurea*, planta herbácea que, al interactuar con sus medicamentos contra la uremia, habría provocado su muerte. Pero entonces, ¿por qué las autoridades vaticanas mantienen que había dejado su tratamiento?

• Octavo punto: se han formulado otras hipótesis contradictorias o sin relación aparente con las anteriores. El nuevo papa, si bien aparentemente conservador, habría deseado poner en marcha una política más bien liberal. También habría querido suavizar la posición moral de la Iglesia, especialmente a propósito de la sexualidad y de la contracepción. Pero, sin embargo, nada durante su corto reinado permite corroborar semejantes cálculos; no hay ningún escrito al respecto.

De hecho, nada permite confirmar tales suposiciones. La teoría del asesinato es simplemente una entre tantas otras. En efecto, nada impide, tal como se dijo al día siguiente de su muerte, que Juan Pablo I muriera de muerte natural por un infarto provocado por el cansancio, el estrés, o quizá por la ansiedad que mostraba, tal como nos lo ha explicado el propio cardenal Ratzinger, frente al extenuante trabajo que le esperaba. Realmente, numerosas razones habrían podido convertirlo en objetivo de un magnicidio, pero son las mismas razones que habrían podido suscitar preocupación en torno al estado de su corazón tan debilitado para que no se produjera el fallo definitivo.

Fuera como fuera, Juan Pablo I no volvió nunca a Venecia. Hoy día reposa en la cripta de la basílica de San Pedro de Roma. Y a pesar de la extrema brevedad de su pontificado, plasmó, según los términos del cardenal Rigali, «un pontificado breve, de transición, útil para preparar a la Iglesia para un papa polaco». Se subraya a este propósito que existen dos coincidencias significativas: una, que Juan Pablo I había sido elegido el 26 de agosto, día en el que se festeja en Polonia a la Virgen de Czestochowa, y otra, que murió el 28 de septiembre, día del aniversario de la consagración episcopal de Karol Wojtyla, el futuro Juan Pablo II. Sorprendente, ¿no?

Juan Pablo II: veintiséis años de un pontificado cuyo balance está por hacer

Los días que precedieron a la misa funeral por el papa Juan Pablo II constituyeron un acontecimiento mundial con un tratamiento mediáticamente sin precedentes, un momento histórico innegable, la expresión viva de la triple llamada dada en vida por Karol Wojtyla:

— por el combate incesante contra todos los totalitarismos (comunismo, capitalismo y neoliberalismo, cuyo ateísmo fue denunciado por el papa);
— por el espíritu interreligioso marcado por el «espíritu de Asís»;
— por la adhesión de la juventud a una idea que defiende plenamente la libertad humana, la ley natural y los derechos del hombre.

«La verdad os hará libres», le gustaba repetir a Juan Pablo II, citando al evangelista Juan. La libertad religiosa estaba en el centro de su pensamiento, una especie de humanismo integral, radical incluso, apremiante a veces, que le será reprochado por cuestiones sociales y morales.

¿Cuál fue el secreto de este papa, la personalidad más mediática del planeta, más que cualquier otra estrella? Nunca, bajo ningún pontificado, la Iglesia había multiplicado los actos políticos, jamás había hecho tantos gestos de arrepentimiento; asimismo, paralelamente, nunca había reiterado tanto su «verdad moral» dependiente sólo de Dios, lo que constituye para ella «la base inalterable y la condición irremplazable de la moralidad», y nunca tampoco se había enfrentado a tantas cuestiones relativas a las costumbres. ¿Qué es lo que pasó durante estos veinticinco últimos años con este papa venido del Este?

El 16 de octubre de 1978, los ciento once cardenales del cónclave acababan de elegir a un papa joven. Tenía sólo cincuenta y ocho años y no era italiano. Para suceder a Albino Luciani, papa pastor elegido el 26 de agosto de 1978, y muerto repentinamente sólo después de treinta y tres días de pontificado, el cónclave escogió a un polaco cuyo nombre era Karol Wojtyla. Fue el primer papa no italiano después de cuatrocientos cincuenta años y el primer papa eslavo de la cristiandad.

Empezaba a abrirse un capítulo muy interesante de la historia de la Iglesia. Por una parte, por la duración de su pontificado (veintiséis años y medio); por otra, porque este hombre valiente, de carácter eslavo, había conocido los violentos sobresaltos de la historia del siglo XX (el horror nazi y la dictadura estalinista) y los desgarramientos de una Europa profundamente dividida por la guerra, la política, así como la geográfica, económica e ideológicamente.

Su poderosa personalidad, asociada a su llamada para realizar una nueva evangelización, transformó el espacio religioso del último cuarto del siglo XX. ¿Tenía esta «segunda evangelización» una voluntad proselitista de reconquista?, ¿era una segunda Reforma?, ¿se trataba de una política para recuperar de nuevo las riendas del patrimonio cultural europeo?

Para responder a esta múltiple cuestión —que condiciona la opinión sobre la herencia que dejó Juan Pablo II— es necesario remontarse a su infancia, a sus años de formación, para comprender el estado de ánimo del pontífice cuando pronunció su primer sermón, el 22 de octubre de 1978, durante la homilía de la misa de inauguración de su pontificado. Se trataba de todo un programa —¿fue comprendido?— que hablaba del mundo y de los hombres, que hacía un llamamiento al camino por recorrer juntos:

¡No tengáis miedo! Abrid la puerta a la fuerza salvadora de Cristo. Abrid las fronteras de los Estados, los sistemas económicos, los sistemas políticos, los horizontes de la cultura y del desarrollo.

Todo su trabajo, durante los veintiséis años de su pontificado, estaría orientado a conseguir ese fin claramente definido.

Con una duración de veintiséis años y cinco meses, el pontificado de Juan Pablo II fue el tercero más largo de la historia por detrás de los de San Pedro (treinta y cuatro años para unos y treinta y siete para otros) y San Pío X (treinta y un años y siete meses), y por delante del papa social León XIII (veinticinco años, cuatro meses y diecisiete días). Además, hizo ciento cuatro viajes por el mundo para visitar ciento veintinueve países y otros ciento cuarenta y tres por Italia. Christine de Montclos, en *Los voyages de Jean-Paul II* (Bayard Centurión, 2000), considera tres tipos de viajes: los de reconciliación (Irlanda, el Líbano, Sarajevo...), los de movilización (Polonia y las Jornadas Mundiales de la Juventud) y los de cristianización (países ricos de Europa: «Francia, que hiciste la promesa de tu bautismo»...).

Como se ve, Juan Pablo II se batió en todos los frentes: por la paz, por los derechos humanos y por la libertad (desde Polonia hasta Irak, desde Haití hasta Argentina, desde Serbia hasta las fronteras de Rusia, país al que no viajó nunca). Abogó siempre «por la opción preferencial hacia los más pobres», a los que defendió en 1979 en la Conferencia General del Consejo Episcopal Latinoamericano (CELAM), en Puebla de México, que confirmó catorce años más tarde en su encíclica *Centesimus Annus*.

Beatificó a más de mil trescientas treinta y ocho personas y canonizó a cuatrocientos ochenta y nueve hombres y mujeres. Todavía siguen en curso más de dos mil procesos de canonización; un aspecto que ha levantado numerosas críticas. ¿Era para él una manera de recuperar la historia de los países sacudidos por el yugo totalitario, cuya memoria espiritual había sido destruida o como mínimo amordazada? La hipótesis corresponde a las convicciones de Juan Pablo II, como veremos más adelante, y a su relación con la dimensión espiritual del hombre y de la cultura. Pero las criticas sobre las beatificaciones excesivas no parece que afectaran a los fieles, dado que, en la misa funeral del papa, el cardenal Ratzinger fue interrumpido por la muchedumbre, que pedía a gritos «*Santo subito*» («Santo enseguida»). ¡No manifiesta eso también una respuesta a las críticas?, ¿o fue, quizás, una manipulación?

Juan Pablo II escribió catorce encíclicas: 1. *Redemptor Hominis* («Jesucristo, redentor del hombre»), 4 de marzo de 1979; 2. *Dives in Misericordia* («Dios Padre, rico en misericordia»), 2 de febrero de 1980; 3. *Laborem Exercens* («Trabajo del hombre y problemas sociales»), 19 de septiembre de 1981; 4. *Slavorum Apostoli* («Los santos Cirilo y Método, patronos eslavos»), 2 de julio de 1985; 5. *Dominum et Vivificantem* («El Espíritu Santo, Señor que da vida»), 30 de mayo de 1986; 6. *Redemptoris Mater* («María, madre del Redentor»), 25 de marzo de 1987; 7. *Sollicitudo Rei Socialis* («El verdadero desarrollo del hombre y de la sociedad»), 19 de febrero de 1988; 8. *Redemptoris Misio* («La Misión»), 7 de diciembre de 1990; 9. *Centesimus Annus* («La cuestión social a un siglo de la *Rerum Novarum*»), 1 de mayo de 1991; 10. *Veritatis Splendor* («Los fundamentos de la moral católica»), 6 de agosto de 1993; 11. *Evangelium Vitae* («Valor e inviolabilidad de la vida humana»), 25 de marzo de 1995; 12. *Ut Unum Sint* («El compromiso ecuménico»), 25 de mayo de 1995; 13. *Fides et Ratio* («Sobre las relaciones entre fe y razón»), 14 de septiembre de 1998; 14. *Ecclesia de Eucharistia* («Sobre la eucaristía y su relación con la Iglesia»), 17 de abril de 2003.

Se entrevistó con más de seiscientos jefes de gobierno, cinco presidentes de Estados Unidos y, en el caso de España, dos presidentes y un rey. Como se ve, sólo por estos datos ya ocuparía un lugar de honor en la historia.

Karol Wojtyla nació el 18 de mayo de 1920 en la ciudad de Wadowice, en Galitzia, Polonia, a unos cincuenta kilómetros de Cracovia, a las puertas de la frontera con Checoslovaquia, en el seno de una familia católica practicante. Su padre era militar. Su madre, hija de un curtidor de pieles, se encargó de criar a sus tres hijos, de los que uno falleció siendo muy joven. Karol tuvo una infancia feliz y llena de cariño, y fue muy buen estudiante.

Sin embargo, en 1929 sufrió un primer drama: la muerte de su madre, que le afectó mucho.

Educado por su padre, descubrió con él cierto rigor militar, pero sobre todo la poesía, la literatura y la lectura de la Biblia. Karol fue al instituto junto a su hermano mayor, Edmundo, futuro médico, una cálida fraternidad que se vio súbitamente cortada por la inesperada muerte de este, víctima de una epidemia de escarlatina, según se dijo. Este hecho le dejo una profunda herida que nunca cicatrizó porque su hermano influyó profundamente en él.

Realizó estudios secundarios de Letras. En 1937 llamó la atención por el discurso que se le encargó pronunciar con motivo de la visita a su instituto del arzobispo de Cracovia, Adam Sapieha. El cardenal se convirtió en su pigmalión. Continuó sus estudios y descubrió el teatro. En 1938 comenzó a estudiar en la Universidad de Jagellonne, en Cracovia. Sobrevino la guerra y la vida era dura en la Polonia ocupada: barbarie, saqueos, deportaciones, ejecuciones, etc.

En 1941 murió su padre. Especialmente entonces que no tenía familia, la educación cristiana lo acercó un poco más a la Iglesia. Quizá fue esa falta de familia la que, durante su pontificado, lo llevó a hablar cada día un poco más de la familia y de una unidad familiar fuerte basada en la educación del hombre.

Entró después en el seminario a la vez que se veía obligado a trabajar en las canteras de Zakrzówek, donde sufrió en su carne el frío y la fatiga. Continuó su formación con gran esfuerzo. Dudaba entre dedicarse a la carrera de actor o hacerse sacerdote.

Después de producirse la liberación de Polonia por parte del Ejército Rojo, continuó sus estudios de Teología. Bernard Lecomte, en su obra *Jean-Paul II* (Gallimard, 2003), explicaba cómo, en el año 1945, cuando los rusos llegaron a Polonia, un joven soldado entró en el seminario y le preguntó —a él que había dedicado un año de estudio a la lengua rusa— si podía entrar en la institución. Este primer contacto con el ateísmo fue curioso y llamativo. Para el futuro Juan Pablo II, la Rusia soviética era un país de ideología atea. Toda su vida vinculó estrechamente el marxismo con el ateísmo y asimiló la URSS a esta ideología atea.

Protegido por el cardenal Sapieha, comenzó su doctorado en el Athenaum pontifical de Santo Tomás de Aquino, en Roma, donde aprendió italiano. El día 1 de noviembre de 1946 fue ordenado sacerdote. Hizo, a imagen de San Juan de la Cruz, al que descubrió y buscó toda su vida, un recorrido espiritual marcado por el recogimiento, la oración, el abandono y la contemplación.

Paralelamente continuó una vida activa vinculada al teatro. En aquella época, trabajaba en la parroquia, donde su carisma encantaba a los parroquianos, especialmente durante los años de yugo estalinista. Pertenecía al grupo de *srodowisko*, en el que se combinaban actividades físicas y deportivas de montaña con reflexiones espirituales y de lucha contra la opresión ideológica.

En el año 1951 se vio de nuevo muy afectado en su vida amical y fraternal por la muerte del cardenal Sapieha. Más que familia, más que mentor, era su amigo y parroquiano abierto al mundo.

Siete años más tarde se convirtió en el obispo polaco más joven. Tenía treinta y ocho años. Era muy activo y mantenía la cabeza bien alta frente al poder comunista. Parecía obsesionado por el tiempo y mostraba una voluntad indefectible de ser útil, de no perder nunca el tiempo. Para él, el tiempo era un don de Dios que no se podía malgastar y que había que hacer fructificar.

La Iglesia polaca estaba dominada por monseñor Wyszynski, un político temible que gobernaba con mano de hierro. Con él, Karol Wojtyla participó en el concilio Vaticano II.

Pablo VI, que supo apreciar ese espíritu ágil y esa voluntad de acción a favor de la Iglesia, lo nombró cardenal en diciembre de 1967. Participó en la redacción de uno de los textos más controvertidos de finales del siglo XX: *Humanae Vitae*, donde ya rechazaba el aborto. Juan Pablo II no abandonaría nunca esa línea de pensamiento: la vida antes que nada.

Las señales de confianza del papa perdurarían y Pablo VI acabó por confiarle, en 1976, la prédica de los cuatro sermones de Cuaresma para el retiro de la curia.

Karol Wojtyla participó en el cónclave que eligió, en cuatro votaciones, al cardenal Luciani. ¿Cómo iba a imaginarse él que dos meses después la vida daría un giro tan drástico?

La muerte de Juan Pablo I sorprendió a la Iglesia del mundo, pero en el cónclave que siguió, en octubre de 1978, Karol Wojtyla fue elegido pontífice en la octava votación. Después escogió, para sorpresa de todos, el nombre de Juan Pablo II, «para hacer fructificar la herencia» de sus dos predecesores, Pablo VI y Juan Pablo I. Así se inscribió en la línea de doble filiación de la Iglesia, la de Juan el «teórico» y la de Pablo el «converso».

Lolek, como lo llamaban sus amigos polacos, fue elegido, tal como explica Bernard Lecomte, por una parte, gracias al desacuerdo entre los cardenales italianos y, por otra parte, por el hecho de que, desde 1965, Karol Wojtyla se mostró muy activo en torno al papel de la Iglesia en el mundo, tema sobre el que trabajó con Pablo VI. ¿No se ha dicho, además, que el cardenal americano, arzobispo de Filadelfia, de origen polaco, arrastró con su voto a los cardenales americanos? Pero en un cónclave, normalmente, nada se trasluce al exterior, ninguna información se filtra...

En su primera intervención pública anunció su programa:

Me presento ante todos vosotros para confesar nuestra fe común, nuestra esperanza, nuestra confianza en la madre de Cristo y en la Iglesia, y también para

retomar la marcha en el camino de la historia de la Iglesia, con la ayuda de
Dios y de los hombres...

Su pontificado se situó bajo el signo de la Virgen María.

Los primeros años de su pontificado son bien conocidos. Juan Pablo II
asumió la defensa de los pobres, criticó el capitalismo liberal, rechazó la brutalidad de los totalitarismos hacia el hombre y los dogmatismos ideológicos.
Se presentó como abogado incansable de los desheredados y de los derechos
del hombre (lo que le reprochó el ala más conservadora de la Iglesia). Fue
también un promotor infatigable de la ayuda a los países en desarrollo.

Defendió la libertad religiosa de todas las creencias. La reunión de Asís fue
un testimonio de ello: la foto de todos los dignatarios procedentes de múltiples confesiones ha dado la vuelta al mundo.

La gran afirmación teológica de Juan Pablo II es conocida, desde 1979,
gracias a la encíclica *Redepmtoris Hominis*:

Por su encarnación, el hijo de Dios está de alguna manera unido al hombre.

El papa se hizo peregrino, siguiendo los pasos de Pablo VI, cuyos viajes
fueron muy simbólicos.

El 2 de junio de 1979 realizó su primera visita apostólica... a Polonia. En su
casa, en un país torturado, por una parte, por el nazismo —visitó el campo de
concentración de Auschwitz— y, por otra, por la división de Europa negociada en Yalta, llamó a la libertad de los pueblos.

Así inició sus primeros viajes alrededor del mundo: Santo Domingo,
México, Alemania —el país de Lutero—, Ghana, el Zaire, el Congo, Kenia
(en el continente africano, que tanto amaba). Encadenó los viajes: Francia
—donde manifestó al presidente Giscard D'Estaing su profundo desacuerdo
con la ley Veil sobre el aborto—, Brasil, Guatemala —donde recordó el derecho de las poblaciones indias a sus tierras—, Haití... En 1982, el papa visitó
por primera vez España. En su recorrido por dieciocho ciudades, la mayoría
de sus discursos se centraron en la eucaristía. En una multitudinaria misa y en
el encuentro con los jóvenes reunió a un millón de personas.

Estamos en 1984. Juan Pablo II viajó a Japón, Corea del Sur y Papuasia,
en Nueva Guinea. También llevó a cabo una breve visita a España. En los

años siguientes multiplicó sus encuentros, viajes y peregrinaciones. Volvió a Francia en 1986 y a España en 1989. En 1991 volvió en dos ocasiones a Polonia.

Incluso en años de gran actividad, y superados los setenta años, continuó viajando incansablemente. En 1993 viajó a España con motivo de la clausura del 45 Conseso Eucarístico Internacional. En el año 1995 visitó doce países, entre ellos Marruecos. En este país de mayoría musulmana abogó por el acercamiento interreligioso:

> *[...] cristianos y musulmanes tenemos muchas cosas en común [...] creemos en el mismo Dios, el Dios único, el Dios vivo, el Dios que creó el mundo y llevó a sus criaturas a la perfección.*

Hizo seis viajes en el año 1997, entre ellos de nuevo a Polonia y Francia. Cuatro viajes en 1998, entre ellos a México, país que le ofreció una gran acogida. Y los viajes continuaron, a pesar de su creciente debilidad física.

Él, que era conocido como «el atleta de Dios», disponía de una gran fuerza psicológica, a pesar de que las enfermedades, entre ellas la de párkinson que no podía ocultar y que afrontaba con mucha dignidad, le obligaban a hacer un esfuerzo importante: peregrinación a Tierra Santa en el año 2000; viajes a Malta, Siria, Grecia, Ucrania, Kazajistán y Armenia en 2001; además de Asís, Canadá, México y Guatemala en 2002; España, Eslovaquia y la ciudad de Pompeya en 2003.

En 2004, cansado y muy disminuido pero sin renunciar a nada, viajó a Berna, en Suiza, y se desplazó, como peregrino de los enfermos y los inválidos, a Lourdes, en el que fue su viaje número ciento cuatro y el octavo que realizaba a Francia.

Jamás viajó, a pesar de que deseó hacerlo, ni a Rusia ni a China. Sin embargo, durante sus viajes, a esos casi ciento treinta países visitados, quiso envolver a esos dos Estados totalitarios en una especie de cordón espiritual. Tenía una voluntad enorme, un objetivo último: liberar al hombre del yugo totalitario y devolverle su dignidad y su derecho a mantener sus creencias y a la libertad religiosa. Juan Pablo II no dejó de recordar la exigencia de anunciar explícitamente el Evangelio, si bien sabiendo adaptar su discurso a las zonas geopolíticas a las que viajaba. Como recuerda Blandien Chélini-Pont (*Le Point*, núm. 1699):

Comprometió su propia mediatización física de sacerdote universal.

El año 2000 supuso un importante cambio en las relaciones entre los católicos y el pueblo judío. Después de haber realizado una visita histórica a la sinagoga de Roma, en 1986, y organizado en el Vaticano, en 1994, un concierto en el aniversario de la Shoah, durante el que fue recitado un Kaddish, Juan Pablo II decidió, en el año 2000, pedir perdón simbólicamente en nombre de los católicos, a la vez que depositaba un mensaje en el Muro de las Lamentaciones y visitaba el memorial de la Shoah. En su recorrido por Tierra Santa no se olvidó de visitar a los refugiados palestinos de Dheishe.

Juan Pablo II recordó, más que nunca, el deber de mantener la memoria, el sentido de la penitencia y el continuo compromiso de dar testimonio que debe guiar a los cristianos:

El hombre pecador debe conocerse y reconocerse por la reconciliación y la oración.

Al pueblo judío le recordó sin rodeos:

Sois nuestros hermanos mayores y, en cierto sentido, nuestros hermanos preferidos.

El resultado de ese viaje de peregrinación fue el jubileo del año 2000. El año jubilar llevó a Roma peregrinos procedentes de todo el mundo y permitió reconocer que la «Iglesia debe comunicar al mundo y comunicarse con él».

Posteriormente, a comienzos del año 2001, Juan Pablo II hizo un viaje de reconciliación a Grecia, Siria y Malta siguiendo los pasos de San Pablo. El papa pidió perdón a la Iglesia ortodoxa y comenzó, de nuevo, un trabajo pastoral de audiencia y de diálogo. Aprovechando este viaje, prolongó su combate por una paz real hecha de respeto, comprensión y atención a la verdadera libertad.

Después de una semana de locura mediática y loas tras la muerte de Juan Pablo II, algunos analistas criticaron el balance de su pontificado, y los periódicos comenzaron a titular: «Juan Pablo II, la gran hipocresía», y se preguntaron: «Por qué ninguno de sus mensajes ha sido tenido en cuenta» (*Marianne*, núm. 416).

Sin embargo, todos esos años estuvieron marcados por actos de gran importancia y cambios irreversibles. Recordemos especialmente cuatro acontecimientos de los que brotaron vivas renovaciones:

• El 13 de mayo de 1981 un joven turco, Alí Agca, consiguió herir gravemente al papa en la plaza de San Pedro al intentar asesinarlo. Mientras se debatía entre la vida y la muerte, halló fuerzas en la oración. Para Juan Pablo II, el sufrimiento era una prueba divina. Siempre hizo gala de una excepcional fuerza física y psíquica. Después dio una lección al mundo, intercediendo por Alí Agca: «Rezo por el hermano que me ha herido, a quien he perdonado sinceramente». El 27 de diciembre de 1983 fue a visitarlo a la prisión y darle su mano fraternal de perdón, mientras escuchaba lo que aquel quiso decirle. ¿Es posible ver detrás de la acción de este joven turco —parece que manipulado por los servicios de espionaje de la Europa Central— el poder de la URSS de Andropov? Numerosos especialistas así lo creen. Comenzó así una marcha para la Iglesia hacia el perdón que cada católico debe dar a su prójimo, de la cual el papa era a la vez el testigo de excepción y el actor.

• Desde los años setenta del siglo XX, la Iglesia católica se ha visto sacudida por fuertes movimientos internos. Los cambios suscitados por el concilio Vaticano II y su puesta en práctica no fueron aceptados fácilmente por todos los católicos. Una parte no insignificante de ellos, dirigida por monseñor Marcel Lefebvre, se opuso a determinados cambios litúrgicos, pero también, y especialmente, a cambios teológicos. En el centro del debate, la declaración sobre la libertad de religión (*Dignitis Humanae*). Este texto era, para Juan Pablo II, una de las claves del concilio, mientras monseñor Lefebvre consideraba que se trataba más bien de una herejía: «Sólo la Iglesia establecida en un Estado oficialmente católico corresponde a la voluntad de Cristo». Volvió a plantearse el riesgo de un nuevo cisma. El prelado francés consideraba que el Vaticano II había suscrito «un acto de irresponsabilidad». Durante meses, Juan Pablo II intentó mantener los contactos y el cardenal Ratzinger procuró reorientar a los integristas católicos hacia el Vaticano. Sin embargo, el 30 de junio de 1988 monseñor Lefebvre ordenó a cuatro nuevos obispos, a los que pidió que fueran los abanderados de la tradición. Él, junto a los cuatro obispos recién elegidos, fue excomulgado sine díe. La Iglesia católica se rompía públicamente. Juan Pablo II intentó un acercamiento hacia los católicos próximos a la tradición, si bien sufriendo profundamente esta rotura interna. La idea de la reconciliación no abandonó nunca su voluntad.

Hoy día, aunque aún existen personas que pueden ser llamadas «tradicionalistas», la crisis se ha atenuado y numerosos católicos tentados por el «lefebvrismo» han ido volviendo a la Iglesia católica del siglo XXI.

• En octubre de 1986, Juan Pablo II organizó en Asís un encuentro interconfesional, una jornada ecuménica de oración. Allí, comunidades religiosas muy diferentes compartieron textos, oraciones, cantos, etc. Este encuentro fue un acontecimiento tanto para la Iglesia católica como para el mundo. La imagen fue impactante. Se trataba de un primer paso en el sentido de establecer un diálogo interconfesional y de reconocimiento de la libertad religiosa. Fue en el año 2002, Juan Pablo II, después de este acto, se expresó en estos términos:

Deseo que el espíritu y el encuentro de Asís conduzcan a todos los hombres de buena voluntad a la búsqueda de la verdad, de la justicia, de la libertad y del amor, a fin de que todas las personas puedan disfrutar de sus derechos inalienables, y cada pueblo, de la paz. Por su parte, la Iglesia católica, que pone su confianza y su esperanza en «el Dios de la caridad y de la paz» (II Corintios, 13, 11), continuará comprometiéndose para que el diálogo leal, el perdón recíproco y la concordia mutua jalonen la ruta de los hombres del tercer milenio.

• El papa escribió textos y encíclicas fundamentales: la exhortación *Catechesi Tradendae* en 1979; *Dives in Misericordiae* (sobre el hombre redimido por Cristo) en 1980; la apostólica *Familiaris Consortio* en 1981; *Laborem Exercens* (sobre el trabajo) en 1981; *Redemptoris Mater* (sobre la Virgen María) en 1987; la carta sobre la dignidad de la mujer en 1988; *Redemptoris Missio* (sobre la actividad misionera) y *Centesimus Annus* (sobre la doctrina social de la Iglesia) en 1991; *Veritatis Splendor* (sobre la enseñanza moral de la Iglesia) en 1993; *Evangelium Vitae* (sobre el valor y la inviolabilidad de la vida) en 1995; *Fides et Ratio* (sobre la relación entre fe y razón) en 1998; el 3 de enero de 2001 la carta «A principios del tercer milenio»; el *Triptico Romano* (poemas) en 2003; la exhortación *Ecclesia in Europa* en 2003; *Levantaos: ¡vamos!*... el 19 de mayo de 2004.

Durante su pontificado, Juan Pablo II multiplicó los encuentros con los jóvenes: sin concesiones sobre el fondo, pero siempre con una actitud, una ternura y una alegría mil veces renovada. Organizó en el año 1985 las Jornadas Mundiales de la Juventud (JMJ), que se desarrollaron cada dos años. Aquellas reuniones festivas, de oración y diálogo, reunieron cada vez a centenares de miles de jóvenes: en España, Francia, Polonia, Filipinas, Estados Unidos, Canadá... Era el diálogo con la juventud, «fuente viva de la Iglesia», a quien los hombres deben dejar una buena herencia moral y espiritual.

El futuro preocupaba al papa, que dedicó mucho tiempo y muchos esfuerzos a estas jornadas. Cada vez, gracias a su excepcional carisma, los jóvenes le dedicaban una calurosa acogida, casi como si fuera un abuelo muy querido, aunque su discurso fuera a veces duro en lo que se refiere a la realidad vivida día a día por esa juventud tan diversa. Pero qué importaba, era preciso defender la vuelta a la palabra, la búsqueda de signos, la profundización en los interrogantes, el entusiasmo que da la fe.

Actor principal en el hundimiento del muro de Berlín, de la dislocación del imperio comunista y de la liberación de los países del Este, Juan Pablo II dedicó la primera parte de su pontificado a este combate.

En sus viajes a Polonia, el papa sopló sobre las brasas ya preparadas para incendiar el entorno, las de la resistencia a la opresión. Apoyó al sindicato Solidarnosc («Solidaridad»). El viaje que realizó en 1979 fue capital en ese proceso de dislocación. Entonces, volvió a plantear la necesidad de libertad religiosa, reclamó la independencia de Polonia y atizó el descontento popular cuando, en su discurso de Cracovia, dijo: «Es necesario abrir las fronteras». En el momento más álgido de la lucha defendió a Solidarnosc: «Solidaridad pertenece al patrimonio de todos los países»; profundizó un poco más la grieta. Con motivo del seiscientos aniversario de la victoria de Jasna Góra, volvió a Polonia, un país que estaba sufriendo y atravesaba una profunda crisis moral; entonces relanzó de nuevo el sindicato Solidarnosc e incitó al diálogo social cuando visitó los puertos de Szczecin y Gdansk. Recordó que jamás dejaría caer a su pueblo. La revuelta renació de nuevo con más fuerza organizada tanto en el interior como en el exterior.

En 1980, escribió una carta a Leonidas Breznev en la que le recordaba los acuerdos de Helsinki y pedía al presidente del Soviet Supremo que hiciera un gesto hacia Polonia, «indispensable para la distensión en Europa y en el mundo». Le pidió firmemente que fueran respetados «los derechos relativos a la soberanía, así como el principio de no intervención en los asuntos internos de cada uno de los Estados participantes» en los acuerdos de Helsinki.

Lech Walesa, el líder de Solidarnosc, fue recibido en el Vaticano como un jefe de Estado el 15 de enero de 1981. La mano de hierro estaba en marcha. Varios intercambios se produjeron entre las diferentes partes, hasta que monseñor Casaroli se dirigió, el 7 de junio de 1988, al Kremlin, llevando una carta del papa.

Esta «lucha» y este «diálogo» condujeron a dos acontecimientos importantes: el encuentro entre el presidente Gorbachov y Juan Pablo II en julio de 1989, y la caída del muro de Berlín, el 9 de noviembre del mismo año. Aquello que había comenzado con la elección de un papa eslavo conocedor del funcionamiento del bloque soviético había continuado con la crisis de Polonia y el surgimiento del movimiento Solidarnosc, que se había revitalizado gracias a las tomas de posición social del papa en *Laboren Exercens* (1981) y sus críticas al marxismo que se plasmarían en la Perestroika que desembocaría en la caída del muro de Berlín. Juan Pablo II estaba detrás de todo eso, en ese nuevo reparto político del mundo, en esa resurrección del continente europeo.

Unas pocas líneas no son suficientes para explicar todo lo relativo a un pontificado de veintiséis años y medio. La herencia fue muy amplia, sin duda. Pudo verse también en una última década en la que el papa, valiente pero en declive físico, mostraba sin queja, su propio sufrimiento, que se convertía en el de todos los hombres.

Había dado, conscientemente, la imagen antinómica de una Iglesia aparentemente inmóvil, a la vez que viajaba y no cesaba nunca de trabajar por la paz, la libertad, el diálogo interreligioso y el interés renovado por los jóvenes

Además, Juan Pablo II ha sido juzgado, por muchos, por su insistencia —cien veces renovada— en llamar a una posición firme sobre la sexualidad contenida, el rechazo de la contracepción, la prohibición del uso de los preservativos (de los que, sin embargo, no habló directamente) en un mundo sacudido por el sida, el control de la fecundidad en la pareja, la condena del aborto y la defensa del celibato de los sacerdotes... Aparecía en estos temas como un papa conservador, en realidad reaccionario. Es necesario leer más atentamente al papa, porque, para Juan Pablo II, los hombres y las mujeres son diferentes «si bien merecen una misma dignidad». Como explica Dominique Chivot (*Le Pèlerin*, núm. 6384):

> *Se le sitúa falsamente contra las teorías igualitarias sobre ambos sexos, porque defiende sus roles complementarios. Así se opone vivamente a todos aquellos que, especialmente en las organizaciones internacionales, creen que masculinidad y feminidad son características secundarias de un género humano único.*

¿Se olvidan los llamamientos en favor de los más pobres, el incesante combate por la paz y la reconciliación ecuménica?, ¿se olvida su condena a ideologías como el marxismo o el capitalismo liberal?, ¿se olvidan sus posiciones sobre el papel del trabajo manifestadas en línea con la *Rerum Novarum*, la encíclica de León XIII?, ¿se olvidan los viajes como peregrino, cuyo objetivo era recuperar la esperanza y hacer llamamientos al derecho de los pueblos a disponer de tierras?, ¿se olvida su condena de las dos Guerras del Golfo (la diplomacia vaticana llegó incluso a tratar con Sadam Husein mediante un viaje del cardenal Poupard a Bagdad en el año 2003 para intentar que no estallase la guerra)?

A la vista del fervor que suscitó en todo el mundo su muerte, parece que todo eso no se había olvidado. Juan Pablo II se mantuvo hasta el final como el testimonio fervoroso de una certidumbre firmemente anclada en la fe y forjada por su triple experiencia: como hombre venido del Este (hombre de teatro, trabajador manual, sacerdote... en un país torturado), como místico y como pastor y peregrino por el mundo.

«No tengáis miedo» fue su primer mensaje. Fue el vibrante actor de esa llamada a la esperanza durante veintiséis años. Sin miedo, se movió en un mundo en cambio, arrastrando tras de sí a los católicos que —en gran número— creyeron en él gracias a su personalidad excepcional y a su talento como comunicador. Dejemos paso a los historiadores, que sabrán analizar las cosas y situarán este pontificado sin par al frente de la transformación de la historia del mundo y de la evolución doctrinal de la Iglesia católica.

Las catedrales

El misterio de la construcción de las catedrales

Con frecuencia la Edad Media es considerada un periodo oscuro de la historia de Europa. Se ha creado la idea de que fue una época pobre, austera, violenta, de gran lentitud en todos los campos y marcada, sobre todo, por una total ausencia de evolución.

Nada más lejos de la realidad. Los siglos XI, XII y XIII están entre los más activos de la humanidad. Durante ese periodo se asistió a una gran evolución de las mentalidades. La rápida estabilidad política que se estableció hizo que pronto se olvidaran los dos siglos de miserias, hambrunas, epidemias, guerras feudales e invasiones bárbaras. Rápidamente se produjo en toda Europa un importante avance social y económico. El principio de las Cruzadas, la afirmación de la superioridad del poder eclesiástico y la emergencia de una nueva burguesía condujo a un periodo de cambios sin parangón en la historia de Europa. Fue el principio de una evolución cultural fuertemente creativa. La emulación, la inventiva y la «fe» recuperada permitieron, por ejemplo al rey de Francia, construir no menos de ochenta catedrales en sólo dos siglos, cada vez más hermosas, todas muy elevadas y esbeltas y, sobre todo, técnica y estéticamente innovadoras. Esta «carrera de la construcción» sin precedentes dio nacimiento a uno de los estilos artísticos más importantes de la historia de la arquitectura europea: el gótico.

Muy rápidamente, los obispos buscaron cómo mostrar todo el poder que tenían, porque la austeridad de las iglesias romanas no podía mostrar toda la grandeza del Dios todopoderoso. Los lugares de culto debían simbolizar ahora el poder divino. Se debían construir cada vez edificios más grandes, más altos y más luminosos. Las catedrales debían expresar la importancia de la fe, pero también mostrar la soberbia de los habitantes de la ciudad.

La palabra *catedral* procede de *cátedra,* que significa «trono del obispo». Así, la catedral es la iglesia del obispo. Llamada al principio *ecclesia mater,* era, pues, la iglesia madre, que tenía un papel importante en la vida de los fieles. De hecho, el culto se fue organizando desde finales de la Antigüedad y comienzos de la cristianización de Europa (todavía mayoritariamente pagana). Los sacerdotes construían iglesias y organizaban una jerarquía entre los diferentes lugares de culto para responder mejor a las necesidades de los fieles: iglesias, capillas y abadías. El conjunto era agrupado en diócesis, que conformaban un obispado bajo la responsabilidad de un obispo.

Las catedrales se convirtieron rápidamente en el epicentro de la vida de los cristianos. Lógicamente, las catedrales, construidas generalmente en el centro de la ciudad, constituyeron los edificios más grandes, más hermosos y más ricos de la diócesis, y formaban un enclave estratégico de la vida de la ciudad. Más aún que los demás centros de culto, las catedrales querían ser el símbolo de la fuerza de la religión y de la importancia de esta última en la vida de los hombres. La religión católica adquirió, a comienzos de la Edad Media, un lugar preferente entre las personas. En Europa avanzaba la cristianización y las catedrales eran erigidas en los mismos solares en los que había habido antiguos templos u otras construcciones dedicadas a cultos paganos.

Denominado en primer lugar como «arte ojival» por M. de Caumont, el estilo gótico pasó a ser muy pronto muy apreciado. Algunas personas equivocaban el sentido de la palabra «ojival» y confundían las nervaduras en cruz, que aligeran las bóvedas de arista, con los arcos agudos, considerados como la característica esencial de la arquitectura gótica. Fueron los maestros del Renacimiento quienes aclararon el error y calificaron esta arquitectura como «gótica», porque, en efecto, veían en ese estilo un origen bárbaro, godo, únicamente orientado al progreso técnico en detrimento de la armonía estética.

La arquitectura gótica fue tan importante y dominó durante tanto tiempo en Europa que parece necesario definir los elementos que caracterizan este estilo. Para resumir cuenta con:

— una decoración muy rica compuesta por diferentes elementos, como estatuas, vidrieras y pinturas. La Iglesia, conservadora de los valores simbólicos tradicionales, creyó que era oportuno utilizar las catedrales como vector cultural de la sabiduría;

— una construcción con tres elementos estructurales: el empleo sistemático de la bóveda sobre ojivas Cruzadas; la utilización del arbotante para estabilizar la bóveda y, finalmente, la presencia casi sistemática del arco apuntado en lugar del de medio punto, propio de la arquitectura románica.

No obstante, no todos los elementos tienen la misma importancia en la definición del gótico. El arco apuntado parece con diferencia el mejor elemento para caracterizarlo. A pesar de ello, estos arcos figuraban ya en algunas construcciones de estilo románico, de la misma manera que se encuentran arcos de medio punto en algunas construcciones góticas. Fue pues la bóveda sobre arcos de crucería la principal innovación que hizo evolucionar la arquitectura del románico y gótico.

Este estilo revolucionó profundamente la arquitectura europea. Muy rápidamente, el gótico superó las fronteras de la Île de France e incluso de Francia. Toda Europa cedió a la moda de las catedrales y abordó, de esa manera, uno de los periodos más ricos en creatividad estética en el mundo occidental.

Auguste Rodin decía:

Los constructores del gótico apilaron piedras, cada vez a mayor altura, no como los gigantes que quieren atacar a Dios, sino para acercarse a él.

Sin embargo, la construcción de tales edificios parecía irrealizable teniendo en cuenta los medios de la época. Las inversiones que representaban eran, además, considerables. El dinero —tanto hoy como ayer— es el gran caballo de batalla en materia de construcción.

Si determinadas formas de financiación parecen más importantes y regulares, otras son más frágiles y están sometidas a los avatares políticos y económicos de la época.

Esa era la razón, en muchos casos, por la que la construcción de uno de aquellos edificios podía durar sólo unos años o algunos siglos.

¿De dónde procedían esos fondos? Eso dependía de cada país. Los reyes de Inglaterra y de los reinos hispánicos tenían por costumbre financiar de manera relativamente importante la construcción de las iglesias de sus tierras y sus dependencias. Así, el rey de Inglaterra Juan Sin Tierra —duque de Normandía— dio más de diez mil libras para la realización de la catedral de Ruán; Enrique III aportó cien robles para la iglesia de Gloucester...

En Francia, en cambio, no se conoció ese favor real. Fue, por tanto, la financiación local la que aportó el costo exorbitante de estos edificios. Casi siempre fueron los mismos obispos quienes dirigieron esos proyectos; fueron ellos los que reunieron los fondos necesarios y movilizaron a todas las fuerzas vivas de la diócesis para que participaran, con tiempo o con aportaciones económicas, en la construcción. Señores, burgueses o artesanos, todos eran llamados a participar y a dejar su firma en las piedras.

Por otra parte, las donaciones de los peregrinos constituyeron una importante fuente de financiación. Llegados para rezar y recogerse junto a las reliquias —tantas veces dudosas— traídas por los cruzados, los peregrinos no dudaban en dejar pruebas de su generosidad. En ocasiones, hasta el papa intervenía para obligar a los eclesiásticos a que participasen en la financiación de los trabajos.

La evolución del estilo gótico fue tan rápida que los franceses podían descubrir paso a paso, en los siglos XIII y XIV, la audacia de Notre-Dame de París, la luminosidad de Bourges, la altura de Beauvais, la profundidad de las naves de Ruán... Esta oportunidad no se pudo disfrutar en los siglos siguientes.

Las construcciones más antiguas de la abadía de Saint-Denis se remontan a la época de los merovingios. Desde el reinado del rey Dagoberto, los reyes, los príncipes y todo el que tenía cierta importancia en el reinado de los francos recibían allí los sacramentos. Pipino el Breve y sus dos hijos, Carlomán y Carlomagno, fueron coronados allí reyes de los francos por los papas. Muchos otros se hicieron inhumar ahí. Saint-Denis fue, por tanto, uno de los principales polos de la vida religiosa en la Île de France. En consecuencia debía simbolizar correctamente tanto la gloria de Dios como la del reino de Francia. El abad Suger decidió reconstruirla a fin de que cumpliera mejor su rol. Este, hijo de un siervo, supo ascender, gracias a su talento, hasta la cima de la Iglesia y del Estado. En primer lugar fue consejero de Luis VI y después de Luis VII el Joven. También realizó un trabajo legislativo de primer orden. Aseguró, durante la Primera Cruzada, la regencia cuando el rey Luis VII marchó a reconquistar Tierra Santa y trabajó en la consolidación del reino aprovechando el nuevo orden social impuesto por las Cruzadas y las reformas impulsadas por el papa Gregorio VII. Nombrado abad de Saint-Denis a la vuelta del rey, se dedicó a transformar la abadía en una catedral digna de su rango.

Suger era un hombre fuera de lo común. Enfrentado a su gran rival, Bernardo de Claraval, que defendía la austeridad para los lugares de culto, quiso hacer —por su trabajo de constructor y decorador— de Saint-Denis el emblema de la religión católica. Eso significaba para el abad poner de relieve la fuerza divina mediante el aspecto majestuoso de esta catedral.

Sin embargo, el abad Suger no cedió de golpe a tanta audacia. En primer lugar hizo reconstruir una nueva fachada y la cripta de la iglesia abacial en un estilo puramente románico, muy de moda en la época. Suger únicamente descartó las vulgaridades arquitectónicas en vigor en el siglo XII, e hizo integrar en la fachada un esplendido rosetón que proporcionó por primera vez una gran cantidad de luz al interior de la iglesia.

Para ello, se inspiró en las nuevas construcciones que comenzaban a levantarse en el reino de Francia, especialmente en la catedral de Saint-Étienne, en Sens, cuyo aspecto esbelto y luminoso le impresionó enormemente. El coro de Saint-Denis fue absolutamente innovador. En él, el abad Suger puso todo su saber y su inspiración. El 11 de junio de 1144, el coro fue consagrado en medio de grandes fastos. Asistió el rey Luis VII en persona, su esposa Leonor de Aquitania y también todos los poderosos del reino de Francia: príncipes, señores, obispos, etc. Todas estas personalidades quedaron muy impresionadas por la altura de la nave, que simbolizaba la elevación espiritual hacia el Dios todopoderoso, pero también por la claridad que representaba la luz divina. Estaban ante un nuevo estilo arquitectónico, a la vez revolucionario y muestra de la fantástica evolución técnica, que exponía a la perfección la grandeza recuperada de la religión católica. Los invitados volvieron a sus casas ebrios de celos, o emocionados por la revolución estética que habían presenciado. Todos quisieron edificar una catedral tan bella y majestuosa. Comenzó entonces un periodo frenético de construcciones durante el cual los vasallos del rey de Francia levantaron ochenta catedrales en menos de dos siglos. Aproximémonos a algunos de estos edificios.

La catedral de Chartres: la referencia

La catedral de Chartres es, sin duda, una de las grandes obras maestras de la arquitectura gótica. Perfecta muestra de la maestría de los constructores medievales, se impuso a las demás por sus colosales dimensiones.

La regularidad de sus líneas y la unidad de su estilo arquitectónico dieron al edificio toda su fuerza y su gracia. Sin embargo, la construcción de la catedral no fue una cuestión fácil.

La primera iglesia construida en este emplazamiento databa del siglo IV, pero se había quemado en el año 743; otra construcción parecida padeció la misma suerte en 858 con motivo de las invasiones bárbaras. Construida de nuevo por el obispo Gisleberto, se quemó de nuevo en 1020. El obispo San Fulberto —entonces encargado de la diócesis— decidió recurrir a la generosidad de los peregrinos para construir un nuevo edificio.

Se edificó una cripta tan gigantesca como la iglesia que se construiría a continuación. Pero en 1134, esta iglesia fue una vez más presa de las llamas. Fue restaurada a partir de los restos que habían quedado y después acabada en 1160 con la edificación de dos campanarios. Pero, la noche del 10 de junio de 1194, un nuevo incendio dio al traste con todos los esfuerzos de San Fulberto. Sólo quedaron de la catedral las torres y la fachada.

Los cambios en curso en toda Europa y la existencia de un relicario mariano dieron una nueva importancia a la reconstrucción de la catedral de Chartres. En efecto, el lugar disponía desde el año 876 de un velo que había pertenecido a la Virgen María. Esta reliquia, muy visitada por los peregrinos llegados de todo el mundo, desapareció durante el incendio de 1020. En esas circunstancias fue incluso cuestionada la propia reconstrucción de la iglesia. Felizmente, la reliquia fue encontrada poco tiempo después, entre los escombros. Su recuperación fue de gran importancia dado que hizo que el legado del papa pidiera la reconstrucción de la catedral para albergar al «santo velo». Los trabajos se reanudaron y avanzaron cada vez a mayor ritmo. En 1220, la bóveda ya había sido acabada. En 1260 se finalizaron las torres. La catedral de Chartres, que podía ser divisada desde una distancia de treinta kilómetros a la redonda, fue por fin terminada. Símbolo de la fuerza divina y de la importancia de la religión en la vida de los hombres, la catedral disponía de numerosas vidrieras que representaban escenas no solamente bíblicas, sino también de la vida cotidiana. Destinada a instruir a los fieles de la diócesis, la ornamentación de la catedral era, de hecho, una verdadera Biblia de cristal y piedra, especialmente los pórticos.

Notre-Dame de París: modelo de arquitectura gótica

Edificio de grandes dimensiones en el centro de la capital, Notre-Dame de París fue, sin duda alguna, la catedral gótica por excelencia.

El entonces obispo de París Maurice de Sully comenzó la construcción de Notre-Dame en 1163. La catedral, que era entonces la más grande de Francia, necesitó más de ciento sesenta años de trabajo en el que participaron todas las corporaciones: canteros, herreros, escultores, vidrieros, etc.

Notre-Dame fue levantada sobre los cimientos de una antigua catedral dedicada a Saint-Étienne, cuyo plano aparece hoy día todavía representado en el pavimento. Cinco campañas de trabajo fueron necesarias para poder construir el prestigioso edificio.

En 1196, mientras todavía vivía su creador, Sully, el coro y el transepto fueron acabados. Este legó, a su muerte, una sustancial suma destinada a la colocación de la techumbre de plomo. Desgraciadamente, en 1218, los ladrones prendieron fuego al armazón del tejado y al maderamen al manipular los candelabros para cometer su felonía.

La reconstrucción tomó entonces un ritmo cada vez más rápido con la intención de acabarla hacia 1330. Concebida por un arquitecto anónimo, la catedral de Notre-Dame de París, única en su género, se reveló, por su audacia, como una de las principales joyas de la arquitectura gótica. Compuesta por cinco naves, la iglesia es una verdadera obra maestra que evoca un navío con sus remos.

El conjunto de la catedral simbolizaba la fuerza de la religión. Todo, hasta los más mínimos detalles, contribuía a ello. Así, Biscornet, el herrero, fue encontrado casi muerto en el taller donde fabricaba los herrajes de la catedral. Sus piezas resultaban tan bellas y tan perfectamente fabricadas que rápidamente se vieron envueltas en un gran misterio. Nadie se atrevía a señalar el origen de la fabricación, por lo que no se tardó en atribuir al pobre artesano una alianza con el diablo. ¡Sólo este último podía permitir a Biscornet realizar tales obras!

Saint-Étienne de Bourges

Henri de Sully, arzobispo de Bourges y hermano del creador de Notre-Dame de París, fue el promotor de la sustitución de la catedral románica. De hecho, la primera iglesia databa del siglo III, pero el edificio románico no fue construido hasta el siglo XI. A principios del siglo XII, Bourges obtuvo el título de ciudad real y comenzó un periodo de prosperidad que duró varios siglos. Fronteriza con Aquitania, entonces posesión inglesa, Bourges era un importante arzobispado, cuyo arzobispo había llegado incluso a tener el título de primado de Aquitania (su autoridad, poco contestada, se extendía hasta Burdeos).

Por eso la construcción de la nueva catedral alcanzó una dimensión política y de gran prestigio. La decisión de construir un edifico de gran envergadura se impuso como una necesidad.

Se quiso que la catedral de Saint-Étienne fuera no sólo gigantesca, sino realmente innovadora. El proyecto arquitectónico consistía en levantarla sobre una base sin transepto. Los trabajos comenzaron en 1195 y progresaron con bastante rapidez. Desgraciadamente, las características del suelo representaban un auténtico desafío técnico porque, desde comienzos del siglo XIII, aparecían importantes fisuras que hicieron que los trabajos se vieran continuamente ralentizados.

La catedral de Saint-Étienne fue consagrada el 13 de mayo de 1324, aunque la torre norte no estaba terminada. Los trabajos de finalización de esta torre, a finales del siglo XV, provocaron su hundimiento. Su reconstrucción, financiada por los fieles a cambio de una dispensa de ayuno durante la Cuaresma, le valió el sobrenombre de «torre de Mantequilla».

Coutances: ¿la perfección en la arquitectura?

La ciudad de Coutances dispuso de su primera iglesia gracias a San Ereptiole, que había sido el primer obispo de la misma. En el siglo VI, el obispo de la ciudad, a los veintidós años, fue el que se convertiría después en santo Lo. En el siglo IX, la iglesia fue destruida. Los obispos abandonaron entonces Coutances y se instalaron en Ruán durante más de un siglo.

La construcción de la nueva catedral fue impulsada en 1030 bajo la égida del obispo Godofredo de Montbray con la financiación de los hijos de Tancredo de Hauteville, rey de Nápoles y de las Dos Sicilias.

Reims, la catedral sagrada

En la ciudad de Reims fue levantada por el obispo Nicaise, en el siglo v, una primera catedral sobre los cimientos de las antiguas termas galorromanas. Este edificio, dedicado a la Virgen, fue el punto de partida de la religión católica en el reino de los francos. En efecto, Clodoveo recibió en ella el sacramento del bautismo en el año 498 y el hijo de Carlomagno dejó San Denis para hacerse coronar emperador en la catedral de Reims.

En 1207, el rey Enrique I fijó allí definitivamente el lugar sagrado de los reyes de Francia. Desgraciadamente, un violento incendio destruyó la catedral carolingia en 1210. Aubry de Humbert, entonces obispo de Reims, dedicó después sus esfuerzos a la construcción de una nueva catedral digna de cumplir su noble misión. El prestigio del edificio donde se guarda la «santa ampolla» con el óleo que ungía a los reyes de Francia, y centro del peso político de los obispos de Reims permite sospechar la riqueza que encierra el edificio. Fueron necesarios sesenta y cinco años para que los cuatro arquitectos que se sucedieron en la obra pudieran levantar el gran edificio, que constituyó una joya de la arquitectura gótica. El incendio del maderamen, en 1481, puso fin a los trabajos, sin que la gran cantidad de agujas previstas para adornar la catedral fueran nunca acabadas.

Lo que realmente sorprende en esta catedral es sobre todo su estatuaria, que muestra una riqueza inaudita. No se cuentan menos de 2303 estatuas, que ilustran el culto y la vida de los hombres. Si Chartres puede ser considerada como una Biblia de cristal, Reims es una Biblia de piedra.

La hermosa catedral de Amiens

Fue en el siglo III cuando la religión católica comenzó a introducirse en la ciudad de Amiens. Un tal Fermín, llegado de España, predicó y convirtió a los habitantes de la ciudad antes de ser martirizado, aunque la conversión también tuvo otro origen que debe ser citado: la caridad de San Martín, un soldado romano que se convirtió y ofreció la mitad de su capa a un mendigo.

Pero la construcción del primer edificio religioso se debió a San Fermín, santo que, después de haber sido decapitado, fue inhumado en Saint-Acheul, no lejos de Amiens. El obispo San Salve hizo traer, en el siglo VI, las reliquias del santo a la nueva catedral de madera situada en el mismo lugar donde se levanta la catedral actual.

De hecho, en 1206, el canónigo Walon de Sarton trajo con las Cruzadas una reliquia de San Juan Bautista. La llegada de peregrinos no tardó en dejarse notar, hasta el punto de que el obispo quiso construir una nueva catedral capaz de albergar dignamente las reliquias y el gran número de visitantes.

Los trabajos de construcción de esta nueva catedral comenzaron en 1220. Pero la alta densidad de población obligó a los maestros constructores a iniciar los trabajos por la fachada, planteamiento insólito en la época.

Los trabajos de la bóveda de la nave y del transepto, que comenzaron con gran celeridad, fueron acabados en 1245, a pesar de que la bóveda del coro no fue acabada hasta veinticinco años más tarde. En 1228, la construcción parecía acabada, sin embargo, durante el siglo siguiente se realizaron numerosas actualizaciones.

La catedral de Notre-Dame de Ruán

Varias catedrales se sucedieron en el centro de la ciudad de Rouen: en primer lugar un edificio carolingio que se mantuvo hasta el año 1020, cuando el hijo de uno de los duques de Normandía, el obispo Roberto, lo hizo sustituir por una construcción de estilo románico que fue acabada en el año 1063.

Cuando comenzaron a aparecer construcciones de estilo gótico, los habitantes de la ciudad no tardaron en reclamar que se edificara una catedral según el nuevo estilo. En 1145, esta voluntad de dar un aspecto gótico a la catedral se concretó en la construcción de la torre de Saint-Romain.

No fue hasta 1185 cuando se puso en marcha la trasformación completa del edificio.

La catedral fue construida durante el siglo XIII. Se quiso que cada cuerpo de obra tuviera su propia capilla. Los pórticos de las Libraires (al norte) y de la Calende (al sur) fueron puestos en marcha en 1280. A finales del siglo XV se acabó la construcción de la torre del sur, la célebre «torre de Mantequilla», cuyo nombre tiene un origen similar al de la torre de Bourges.

Meaux: unidad de espacio, alargamiento en el tiempo

Fueron necesarios muchos años para que la catedral de Meaux apareciera en todo su esplendor ante los que hacían de la arquitectura gótica un arte total. Su construcción comenzó en el siglo XII y continuó a lo largo de toda la Edad Media hasta ser acabada a mediados del siglo XVI. Este periodo tan prolongado no perjudicó a su unidad estructural. Pueden verse en Meaux las muestras de la evolución del gótico pero se observa también que se ha conservado cierta unidad. Es muy difícil dar una fecha exacta del comienzo de la construcción del edificio románico debido al incendio que hizo desaparecer los archivos del obispado.

Se cree, no obstante, que comenzó en 1175. La primera parte del siglo XIII vio cómo era acabado el primer coro, el transepto y la nave. Sin embargo, ya aparecieron algunas fisuras. El maestro constructor, que no había creído necesario hacer cimientos para la catedral, tuvo que poner en marcha importantes trabajos de restauración. El nuevo coro fue acabado en 1275.

Catedral de Cuenca: el primer gótico

Cuenca fue constituida como sede episcopal en el año 1183. La esposa de Alfonso VIII, Leonor de Inglaterra, vino acompañada por caballeros normandos, que fueron los que ejercieron su influencia en la construcción de la catedral, a pesar de que en esta época el estilo constructivo era el románico. De hecho, fue la primera catedral gótica de Castilla.

Las obras se iniciaron en el año 1196 y concluyeron en 1257. Pero, como es normal, sufrió transformaciones a lo largo de los siglos. Lo más destacado de esta catedral es que pertenece a un planteamiento muy inicial de la arquitectura gótica, estrechamente ligada al arte franco-normando del siglo XII francés.

Burgos: obra cumbre del gótico español

Fueron el rey Fernando III el Santo y el obispo don Mauricio los encargados de iniciar la construcción de la catedral, en el año 1222, siguiendo patrones góticos franceses. El monarca promovió la edificación del templo a partir de una antigua construcción, y se aprovechó además el recinto que ocupaba un palacio real. La vieja iglesia resultaba pequeña para una ciudad que representaba la capital del reino, con una potente sede episcopal y un núcleo comercial cada vez más dinámico. Es por ello que se decidió levantar la nueva catedral gótica.

Es un templo dedicado a la Virgen en el misterio de la Asunción. Aunque fue consagrada en 1260, posteriormente se fue ampliando y embelleciendo con diversos elementos: un grandioso claustro, las agujas de la fachada principal (siglo XV), el cimborrio del crucero (siglo XVI) y numerosas capillas.

Aunque es una construcción gótica (una de las obras cumbres del gótico español), posee elementos renacentistas y barrocos.

El diseño de la fachada principal está relacionada con el más puro estilo gótico francés de las catedrales de París y de Reims. Para resaltar el origen galo de la catedral, debemos decir que el primer maestro de obras fue un anónimo arquitecto francés.

León: *la pulchra leonina*

La construcción de la catedral de León tiene su origen en el triunfo del rey Ordoño II contra los árabes en la batalla de San Esteban de Gormaz, en 916. El monarca cedió su palacio real para la edificación del templo, la primera catedral española. Pero más de un siglo más tarde, tras muchas revueltas políticas y duras empresas bélicas, en 1067, el estado de la catedral era lamentable. El rey Fernando I, conmovido por este hecho, se decidió por la construcción de un nuevo edificio, que se mantuvo en pie hasta finales del siglo siguiente. Fue la segunda catedral.

La actual catedral de León, conocida como *pulchra leonina* y catedral de Santa María de Regla, se inició en el siglo XIII, concretamente en 1205, y presenta un diseño del más depurado estilo gótico clásico francés. Su estructura fundamental finaliza en 1301. Ya ahí empiezan los problemas, pues gran parte del solar se asienta sobre restos romanos, lo que dificultó la buena cimentación de los pilares. A estos inconvenientes se les suma la acumulación de humedad y la mala calidad de la piedra utilizada. Todas estas han sido razones para que ya desde el siglo XIV comenzaran a verse fallos en su arquitectura, que han seguido a lo largo de los siglos.

Como recuerdo del gótico francés, debemos decir que la planta es casi una réplica de la catedral de Reims, aunque algo menor.

Catedral de Toledo

La catedral se levanta sobre el lugar que ocupó la iglesia consagrada en 578 y más tarde la mezquita musulmana, convertida en tiempos de la Reconquista en templo cristiano. Al quedar esta desfasada con la evolución de la ciudad, se empezó a construir la actual catedral en 1226; terminó en 1300, aunque hubo obras durante dos siglos más.

Consagrada a Santa María de Toledo y conocida como la *dives toletata*, la estructura de la catedral tiene gran influencia del mejor gótico francés del siglo XIII pero adaptado al gusto español.

Catedral de Sevilla

En 1401 los canónigos de Sevilla se reunieron y decidieron hacer una iglesia por la que fueran tomados por locos. Sea como fuere, construyeron la catedral gótica más grande del mundo.

Su edificación se inició en el solar que había quedado tras la demolición de la antigua aljama de Sevilla. Este hecho se produjo por lo mal conservado que se encontraba el templo árabe después del terremoto de 1356.

Los trabajos se iniciaron en 1402 y se prolongaron hasta 1506. El resultado fue un grandioso templo gótico, muy austero y riguroso.

Como rasgo curioso, la catedral de Sevilla tiene como torre y campanario nada más y nada menos que la Giralda; además, uno de los anexos más importantes de la catedral es el patio de los naranjos, que actúa como claustro.

La catedral de Segovia: el gótico decadente

El gótico decadente (a veces fundido con las primeras manifestaciones renacentistas) que vivió la Península Ibérica se debió a la revolución política y económica de Castilla (conquista de Granada, unificación política y colonización de América) entre la segunda mitad del siglo XIV y las primeras décadas del XVI. Una de las grandes diferencias con el gótico clásico es que este estilo decadente sí alcanzó el mundo rural.

Conocida como la *dama de las catedrales*, por sus dimensiones y su elegancia, la catedral de Segovia fue construida entre los siglos XVI y XVIII. Aprovechó diversos elementos de la antigua catedral de Santa María, destruida en el año 1520.

Esoterismo y secretos de las catedrales

El periodo de las catedrales corresponde, en España, a los siglos XII a XV: lo vivieron, por aquel entonces, los reinos de Castilla, Navarra, la Corona de Aragón y el reino de Granada. En León, Burgos, Sevilla, etc., pero también en París, Reims, Ruán, Colonia, Estrasburgo y Basilea —en definitiva, en toda Europa—, se construyeron grandes catedrales.

Todo era secreto, cada detalle, cada escultura, cada representación... Gracias al gran número de esculturas que se colocaban, la iglesia gótica se convertía en una especie de «biblia de los pobres», de tal modo que el arte cristiano parecía alcanzar una amplitud casi enciclopédica.

Todo estaba representado: la moral, la virtud y el vicio. La catedral gótica se convirtió así en una especie de libro ilustrado que seguía los principales pasajes del Antiguo Testamento, del Evangelio (principalmente a través de la vida de Jesús) y de la vida de los santos. Ni siquiera la vida profana era olvidada en algunos lugares. De hecho, nada era verdaderamente decorativo, todo era simbólico. Cada escultura, cada vidriera, cada detalle estaba puesto para decir alguna cosa y quizás hasta para revelar ciertos secretos.

Existen innumerables leyendas a propósito de las catedrales góticas. Algunas son realmente interesantes y como mínimo turbadoras. Numerosos símbolos y algunas coincidencias alimentan la imaginación de los amantes del esoterismo, que sostienen teorías que a algunos pueden parecerles insensatas, pero que a otros —hay que aceptarlo— les son convincentes, incluso aunque susciten cierto desdén y la irritación de las autoridades religiosas, que no ven en ello más que simples casualidades.

Muchas de estas teorías descansan en el misterio que envuelve a los constructores de las catedrales. Los gremios, aquellas vastas y oscuras asociaciones —de las que algunos autores, como Pierre Ripert, hablan con claridad y precisión—, son, a veces, aceptados como el origen de la francmasonería. Su función era, como si dijéramos, perpetuar en el mundo la gran obra del templo renovado de Salomón. Los gremios habrían puesto en las catedrales numerosos símbolos reservados a los lectores introducidos en el secreto o destinados a la formación de aquellos que aspiraban a lograr la exaltación de su alma. Después de analizarla, hay que admitir que esta teoría es difícilmente contestable. Algunos dibujos muestran precisamente animales y personajes por encima de los cuales aparecen dibujadas figuras de diferentes formas. Estas últimas no tienen una explicación lógica, a menos que fueran utilizadas para memorizar alguna cosa diferente. No se trata de croquis que fueran simples ilustraciones, ya que servían para memorizar enseñanzas que eran transmitidas tradicionalmente por vía oral y que hallaron —en las catedrales— un soporte visual antes de la invención de la imprenta. Debemos destacar que, nueve siglos más tarde, los mismos gremios continúan visitando las iglesias y catedrales, durante su aprendizaje, para aprender en ellas «nuevas técnicas».

La teoría que imputa a los masones la perennidad de estos símbolos no es la única. En efecto, a comienzos del siglo XX, un alquimista que respondía al seudónimo de Fulcanelli publicó una obra dedicada a las catedrales góticas. Según él, era innegable que estas conservaban en las piedras símbolos relacionados con sus técnicas y conocimientos: la alquimia. Por ello, la representación de esta «ciencia» ocupa un buen lugar en el frontón de Notre-Dame de París, es omnipresente en las catedrales de Amiens, Ruán, Chartres y Bourges e incluso en la iglesia de Saint-Jacques-de-la-Boucherie, en la que la torre de Saint-Jacques, único vestigio del edificio, conserva innumerables esculturas herméticas para los profanos. Todo ello podría ser el resultado de la financiación de estos edificios por parte de alquimistas, como Nicolás Flamel (para Saint-Jacques-de-la-Boucherie) o Guillaume de París (para Notre-Dame, como nos explica el mismo Víctor Hugo en su célebre obra dedicada a la catedral parisina).

Parece, no obstante, improbable que estos constructores se sirvieran de estos lugares de culto para dejar la huella de sus enseñanzas arquitectónicas. Probablemente, se trataba más de una ciencia específica al enclave, comúnmente llamada *geometría sagrada*. El taller de construcción de la catedral se convirtió en el lugar ideal y simbólico; preparaba la obra que sería construida según el modelo espiritual que representaba el templo de Salomón. La planta en forma de cruz simbolizaba la tierra, el techo abovedado, el cielo y, entre ambos, los muros de piedra considerablemente elevados y bastante aligerados en espesor y por la inserción de vidrieras, gracias al progreso técnico de la arquitectura, evocaban la transformación del hombre, que pasaba de un estado material a un estado espiritual. El hombre se convertía así en un ser luminoso más próximo a su creador.

Estábamos ya muy lejos de los orígenes del culto, cuando la fe era celebrada en construcciones austeras, especialmente al principio, cuando estas eran las catacumbas de Roma.

Para otros, también amantes del esoterismo, era más interesante observar las similitudes entre las construcciones de las catedrales y la de los templos faraónicos. En efecto, todos esos edificios estaban provistos de tres entradas situadas en la fachada, de las cuales una era la principal. La orientación del eje principal estaba dispuesta con frecuencia hacia el Este y el acceso al altar se hacía por una avenida central. Más aún, si creemos a los especialistas en esoterismo, estos edificios habrían sido construidos en zonas de fuerte resonancia telúrica. Es cierto que la relación con la presencia de cursos de agua es exacta y refuerza esta hipótesis.

De hecho, las catedrales góticas fueron voluntariamente recargadas por sus creadores con imágenes. En general contienen, o más bien ofrecen —doble paradoja antinómica—, a la vista de cuantos se interesan, toda una simbología oscura pensada para los no iniciados, así como numerosos mensajes ocultos y, entre ellos, un gran número de incoherencias a la vista de quien se acerca a ellos con espíritu cartesiano.

En Chartres todavía se puede observar hoy día una vidriera bastante especial dado que está dedicada a la astrología. Si eso puede parecernos raro en nuestros días —¿a qué nivel de vulgaridad y trivialidad ha llegado la astrología?—, debemos recordar que, antes del Siglo de las Luces y la progresión del racionalismo, la astrología era estudiada en la universidad como una ciencia de pleno derecho. Hoy día, un símbolo astrológico puede convertirse, en el espíritu de los no iniciados, en el símbolo de una creencia o de un mensaje grabado en la piedra por los antiguos canteros.

El bestiario de las catedrales: ¿esotérico o religioso?

Si las fuentes más antiguas de bestiarios se encuentran en la Biblia y en las fábulas del *Physiologus*, un libro naturalista griego del siglo II, el término *bestiario* no apareció hasta el año 1119 utilizado por Philippe de Thaun. Procedente del adjetivo latino *bestiarius*, se trata de una recopilación de fábulas morales que fijan su acción en animales. Estas historias fabulosas presentan actuaciones imaginarias e influyeron visiblemente en los escultores de las catedrales.

Desde el punto de vista decorativo, las catedrales ofrecen —a la vista—, tanto en sus esculturas como en sus vidrieras, numerosas imágenes y símbolos cristianos o, en ciertos casos, esotéricos. Por ello, al margen de cuáles sean sus orígenes, cuando no se trata de las escenas más conocidas del cristianismo, estos temas se revelan para los menos herméticos como imágenes poco aclaradoras. No obstante, una cierta categoría de imágenes llama la atención de los visitantes de manera casi sistemática: los temas de animales. Los fantásticos bestiarios que embellecen estos edificios góticos no dejan de intrigar a los observadores. Ejemplo de bestiarios son las célebres gárgolas, que han hecho correr casi tanta tinta como agua de lluvia.

El bestiario medieval ha sido tachado muchas veces de esotérico. ¿Por qué? Muchos han visto en él mensajes no religiosos procedentes de los mismos constructores, que habrían ocultado secretos o incluso enseñanzas técnicas para las generaciones futuras. *El misterio de las catedrales,* del alquimista Fulcanelli, publicado en 1925, es ciertamente una obra maestra del género.

251

Parece que lo más realista es descifrar el bestiario a la luz de los conocimientos que se tienen de la cultura medieval y bíblica. Se sabe que las catedrales góticas querían ser auténticos libros ilustrados destinados a la enseñanza de los iletrados.

La imaginería utilizada con esa intención no estaba en absoluto cargada de esoterismo, sino más bien de referencias al Génesis, al Cantar de los Cantares, a los Evangelios, a las Epístolas, al Apocalipsis de San Juan...

Lo que parecía figurativo en aquella época se ha convertido —con el paso del tiempo— en incomprensible incluso para los creyentes. Peor todavía, no es suficiente, hoy día, tener referencias cristianas para entender esos bestiarios; es necesario también contar con amplios conocimientos de historia. Como demostró implacablemente Émile Mâle en *L'art religieux du XIII siècle en France*, todas estas iconografías encuentran su inspiración en las enciclopedias teológicas, como *La légende dorée* de Jacques de Voragine, La *Suma teológica* de Santo Tomás de Aquino, el *Rational des divins offices* de Guillaume Durand o incluso el *Speculum Majus* de Vincent de Beauvais.

Según estos textos, que tuvieron gran influencia en la cultura medieval, todo en la naturaleza es símbolo o más bien reflejo de la voluntad divina. Por eso también la catedral, que se propone ilustrar este mundo, es, a imagen del mismo, un conjunto de símbolos. Así, la cruz no es para nada un conjunto de maderas destinado a funestos fines, sino más bien la representación del símbolo de la Pasión de Cristo. De la misma manera, el cordero es una alegoría, pero polisémica esta vez, como muchas otras en la imaginería de las catedrales. En efecto, cuando este lleva también una cruz representa a Cristo ofrecido en sacrificio. Sin esa cruz, evoca al fiel o al pecador, tanto si se encuentra en el rebaño como si no.

Esta técnica de lectura es aplicable a buena parte de la iconografía gótica. Sin embargo, no es necesario ver un símbolo en todas estas imágenes ya que, a menudo, lo figurativo recupera sus derechos sobre la metáfora. A veces, incluso lo que podría aparecer como un símbolo no lo es en absoluto. Algunos de esos animales que pertenecen a un mundo como mínimo fantástico, como el ave fénix, pájaro inmortal, o el sciapodo, que con su única pierna fue con frecuencia representado en nuestras catedrales, no son para nada la ilustración de tal o cual voluntad o deseo divino ni representan el resurgimiento de antiguas ideas procedentes de los primeros tiempos de la religión.

Las reliquias: ¿arcanos religiosos o realidades físicas?

Las santas reliquias: ¿por qué?

Las reliquias, recuerdo corporal o material de una persona venerada, un santo, un mártir o un bienaventurado, son objetos de culto desde la noche de los tiempos. Los griegos, especialmente, practicaban con fervor este culto antes de que esta costumbre acabase por ser transmitida a favor de los tiempos a otras religiones tras la desaparición del paganismo. Los primeros cristianos rendían a los restos de sus mártires y de sus santos un ferviente culto, pero, en nuestros días, esta práctica se ha convertido en una particularidad de los católicos. En efecto, más allá de los protestantes, que rechazan categóricamente estos rituales, sólo los católicos y otros ortodoxos practican la veneración de las reliquias.

Al principio, los cristianos consideraban como reliquias los restos de los apóstoles o de los mártires muertos por su fe. Entonces los fieles adoptaron, para mantener su recuerdo, la costumbre de reunirse cerca de sus tumbas. Al igual que sus perseguidores, comenzando por los romanos, sentían por las tumbas y las reliquias que aquellas guardaban un respeto religioso y, sobre todo, disponían de leyes intransigentes acerca de la profanación. Las necrópolis, por esa razón inviolables, se convirtieron para los católicos en el lugar privilegiado para celebrar reuniones y celebraciones.

Hacia mediados del siglo II de nuestra era, la *Carta sobre el martirio de Policarpo* precisó, por primera vez, que los cristianos habían recogido los restos del cuerpo incinerado de Policarpo y los habían depositado en un lugar preparado para acoger a todos cuantos quisieran ir a celebrar su memoria. En aquella época no se trataba realmente de ir a rezar en ese tipo de celebraciones, sino más bien de participar en banquetes funerarios en los cuales se consideraba que se recibía la fuerza, la *virtus*, desprendida por los restos corporales de los mártires.

Después, progresivamente, ritos específicamente cristianos vinieron a sustituir las que habían sido prácticas paganas y quedó instaurado, en el siglo III, un ritual perfectamente establecido que se hizo obligatorio después de la conversión al catolicismo del emperador Constantino y del concilio de Nicea:

Los fieles deben mostrar respeto a los santos cuerpos de los mártires y a otros santos que viven en Jesucristo, cuerpos que en otros tiempos fueron miembros vivos de Jesucristo y del templo del Espíritu Santo, y resucitarán para la vida eterna y serán revestidos de la gloria. Dios mismo hace a los humanos mucho bien a través de ellos. De manera que aquellos que sostienen que no se debe rendir honores o veneración a las reliquias de los santos o que es inútil que los fieles les mantengan respeto, igual que a los demás monumentos sagrados, y que es innecesario que se frecuenten los lugares dedicados a su memoria, son absolutamente condenados, como la Iglesia ya los ha condenado y como los condena todavía.

Sin embargo, hacía tiempo que los más escépticos ya se preguntaban por el interés de esas prácticas y los teólogos tenían en esa cuestión grandes dificultades para dar una sola y creíble explicación.

Se pretendía que el crecimiento de los cabellos, la barba y las uñas fueran testimonio de la *virtus*. En el año 395 se organizó incluso la exhumación de los restos mortales, supuestamente, de San Nazario, muerto años antes, y se hizo decir a uno de los testigos, Paulin de Nole, que cuando los recuperaron...

La sangre del santo estaba tan fresca como si hubiese sido derramada ese mismo día; que su cabeza había permanecido intacta e incorrupta, y que la suavidad del olor que emanaba de su tumba era mejor que la de cualquier perfume.

Incluso San Agustín dudaba entre diferentes interpretaciones para explicar el poder milagroso de las reliquias y acabó por afirmar sin gran convencimiento que...

Dios mismo actúa, opera a través de los espíritus de los mártires como si estos viviesen todavía aquí abajo en su vida corporal o interviniesen a través de la intermediación de los ángeles (La ciudad de Dios, XXII, IX).

Extrañamente, la veneración de las santas reliquias impuesta a los cristianos obligó a las autoridades romanas a tomar disposiciones sorprendentes para la época. Dado que el número de fieles aumentaba de manera inversamente proporcional a la disminución del número de mártires y de santos, decidieron fraccionar los cuerpos para diseminarlos por los cuatro rincones del mundo cristiano.

Hoy día, siguen repartidas por todo el mundo innumerables reliquias de santos, fraccionadas o no, de las que las más conocidas son sin duda las de San Pedro en Roma, las de San Agustín en Pavía, o incluso las de Santiago el Mayor en Santiago de Compostela. Pero tanto si se echa de menos como si no, la veneración de las reliquias no está muy de moda en nuestra época, aunque los restos de los últimos cristianos beatificados continúen estando bien conservados, como, por ejemplo, los de Santa Teresita del Niño Jesús, depositados en Lisieux.

¿Son reales las reliquias de Cristo?

A pesar del poco interés que hay actualmente por el culto a las reliquias, cuya autenticidad se ve a menudo contestada por el progreso de los peritajes científicos, algunas continúan suscitando la admiración del público. Son las que se relacionan con la vida de Cristo. Estas siguen siendo muy visitadas, no ya sólo por los fieles que desean venerarlas, sino incluso por los agnósticos o los escépticos, que esperan tanto negar su existencia como hallar una prueba tangible de la vida de Jesús.

Es seguro que no queda nada por probar concerniente a la vida y muerte de Cristo, ni siquiera aunque recientemente algunos pseudoarqueólogos mal intencionados hayan afirmado y explicado a todo aquel que ha querido escucharlos que habían descubierto su urna funeraria. Lo importante en lo que nos concierne no es eso, ya que las reliquias de la Pasión de Jesús, mostradas como tales, son legión. Fueron muy buscadas desde los primeros tiempos del cristianismo, especialmente a partir del siglo IV, las ropas que llevaba durante la Pasión, los lienzos que impregnó con su sudor y su sangre, la sábana con la que fue embalsamado y, sobre todo, los instrumentos de la Pasión, entre ellos la cruz y la corona de espinas, que habrían sido encontrados y conservados. Desde siempre han sido objeto de gran codicia.

La historia de las tres reliquias más importantes, a saber, la cruz de la Pasión, la corona de espinas y el santo sudario, puede servirnos de testimonio (véase el apartado siguiente: «Las principales reliquias de Cristo y el santo sudario»).

Las reliquias de Cristo, objeto de codicia, han sido también objeto de un culto muy especial.

A diferencia de otras reliquias, las de Cristo, a condición de que su autenticidad sea confirmada, constituirían, en efecto, otra de las pruebas históricas incontestables, la única prueba tangible de la vida de Jesús.

En realidad, si en tiempos lejanos, cuando nadie se atrevía a dudar de su autenticidad, estas reliquias eran, evidentemente, objeto de culto sincero, hoy día su existencia desencadena otro tipo de pasiones. En esta época más materialista, en la que es necesario ver para creer, parecería que tenemos necesidad, contrariamente a la posición de la Iglesia, que pretende que la veracidad de las reliquias no cambie nada en la cuestión de la fe, de pruebas que confirmasen la vida de Jesús. Ahora bien, si desde hace algunas décadas la ciencia ha venido efectivamente, como ya hemos dicho antes, a desmentir algunas de las leyendas aceptadas por la Iglesia, ello podría servir, al contrario, para confirmar la veracidad de sus orígenes. Desgraciadamente, los científicos han sembrado, a veces, dudas sobre su propio trabajo por exceso de precipitación. Conviene recordar lo ocurrido en los años ochenta del siglo XX con la prueba del carbono 14 practicada sobre la sábana santa de Turín ante los objetivos de los fotógrafos y las cámaras de televisión de todo el mundo. Entonces, los científicos, seguros del poder de sus técnicas, concluyeron que el sudario era falso; ahora bien, hoy día, algunos de sus más prestigiosos colegas discuten aquella datación, como, por ejemplo, el profesor Gérard Lucotte, que ha conseguido demostrar la incapacidad del carbono 14 para datar tejidos tan antiguos como la sábana santa o la túnica de Argenteuil.

En resumen, todo puede ser discutible pero todo puede ser posible. Es difícil formarse una opinión, pero quizás es mejor así, porque ¿qué quedaría de la fe si la ciencia nos obligara a creer?

Las principales reliquias de Cristo y el santo sudario

Las lágrimas santas

Fueron las lágrimas derramadas por Cristo en el momento de la muerte de Lázaro y supuestamente recogidas por un ángel que las confió a María Magdalena. Muy controvertidas, están hoy día expuestas en una vasija de cristal en la iglesia de la Trinidad.

El santo cáliz

Evidentemente, la copa en la que Jesús y sus doce apóstoles compartieron el vino durante la última cena tenía que ser el centro de todas las atenciones. Quizá por eso hoy día existen varios. Dos, para ser exactos, dejando de lado el que fue destruido por las llamas en el incendio de la catedral de Troyes durante la Revolución francesa. El primero, que es el más conocido, se puede ver en la catedral de Valencia. El segundo se conserva en la de Génova. La Iglesia no reconoce estas pretendidas reliquias.

La túnica santa

La túnica que llevaba Jesús durante la Pasión, al igual que la cruz, habría sido encontrada por la madre de Constantino. Fue conservada primeramente en Constantinopla y después ofrecida a Carlomagno por Irene, la emperatriz de Bizancio, en el año 800, con ocasión de su coronación. Depositada y conservada en Argenteuil, después se perdió y fue reencontrada, salvada de las llamas y enterrada durante la Revolución. Hoy día todavía es visitada por un público muy numeroso el primer Domingo de Pasión.

La cruz

La cruz habría sido reencontrada en Jerusalén por la propia madre del emperador Constantino. Conservada primeramente en la Ciudad Santa, fue robada por los persas durante una de sus incursiones a Palestina a comienzos del siglo VII. En el año 630, el emperador bizantino Heraclio se la llevó a Constantinopla después de haber derrotado a los persas y ofreció los fragmentos a modo de regalo diplomático a los grandes personajes de la época. Por esa razón está hoy día dispersa por todos los rincones del mundo. Recordemos que uno de los fragmentos se conserva en la basílica de la Santa Cruz de Jerusalén en Roma, mientras que otro está en la Santa Capilla.

El santo sudario

Fue el velo que utilizó Santa Verónica para secar la cara de Cristo mientras ascendía al Calvario. Según la leyenda, la cara de Cristo habría quedado grabada. Hoy día, muchas iglesias reivindican que guardan esta reliquia, de la que existe un ejemplar en San Pedro de Roma, quizás el verdadero, si es que alguno lo es.

Los clavos

Según la leyenda, uno de estos clavos habría sido utilizado para servir de bocado al caballo de Constantino, y otro habría sido insertado en la diadema imperial. Otra leyenda pretende que uno de esos clavos fue incorporado a la santa lanza. Sin embargo, el abad de Saint-Denis presumía también de que tenía uno desde la época de Carlos el Calvo.

La santa corona

La corona de espinas fue en primer lugar conservada en Constantinopla antes de ser dejada en prenda en Venecia. Finalmente fue comprada por San Luis por la colosal suma para la época de 135 000 libras. Hoy día se encuentra en la Santa Capilla, que con esa finalidad fue construida en el siglo XIII.

La santa lanza

Se trata de la lanza con la que el soldado romano Longinus traspasó el costado de Cristo. Es, como la mayoría de las reliquias, ciertamente falsa. Jerusalén, en primer lugar, y Constantinopla después pretendieron poseerla, antes de que, en tiempos de la Primera Cruzada, alguna visión milagrosa permitiera descubrirla en Antioquía, en 1098. Desde entonces, la santa lanza conoció tal admiración que pareció que se multiplicaba. Mientras los bizantinos, apenas recuperados del saqueo de la ciudad, afirmaban haberla tenido siempre, Luis IX reclamaba haberla comprado y el emperador germánico defendía que tenía una en Magdeburgo.

La sábana santa

La sábana santa, conservada hoy día, como todo el mundo sabe, en Turín, tiene una historia bastante borrosa, especialmente en lo que respecta al primer milenio.

Según la versión generalmente admitida, este lienzo, que había servido para cubrir el cuerpo de Jesús cuando fue llevado a la tumba, habría sido robado por Otón de la Roche al duque de Atenas durante la Cuarta Cruzada y llevado a Besançon en 1208. Allí pasó a ser propiedad de la familia de Charny por una cuestión de sucesiones y alianzas, y habría estado expuesta en la iglesia de Sainte-Marie de Lirey construida para su conservación. Después de que se produjeran numerosos debates sobre su autenticidad, la sábana santa fue finalmente vendida, en 1452, a la familia Saboya, que hizo de la Sainte-Chapelle de Chambery su relicario y fomentó el culto que le es propio al hacerla exponer por toda Europa. Corrió serio peligro durante el incendio que destruyó Chambery en el año 1532, pero fue salvada de las llamas y trasladada a Italia. Finalmente, fue depositada, en 1578, en la capilla de los duques de Saboya, en la ciudad de Turín, donde permanece todavía.

¿Se puede explicar el fenómeno de las apariciones?

¿Qué es una aparición?

Una aparición es la manifestación visible de un ser invisible, sobrenatural. La historia judeo-cristiana está llena de apariciones.

¿No se apareció el mismo Dios a Moisés para transmitirle los diez mandamientos?

Las apariciones no tienen valor de dogmas, sino que son simples revelaciones que conviene colocar en el lugar adecuado. Jamás aportan nuevas doctrinas ni añaden nada a la fe de la Iglesia; son simplemente signos que pueden ayudar a reforzar la fe de los creyentes.

La posición de la Iglesia en cuanto a las apariciones está muy clara: estas ayudan a algunas personas a encontrar o incluso a recuperar la fe, pero no son absolutamente indispensables para adherirse a la doctrina. Las apariciones deben ser consideradas como un signo y en ningún caso como una prueba.

Por otra parte, la Iglesia toma infinitas precauciones en cuanto al reconocimiento de las apariciones, de las que, desde hace siglos, las autoridades eclesiásticas han tenido que estudiar un gran número de casos. Estas recogen y analizan todos los hechos que les son presentados, sin perder de vista, no obstante, que las falsas apariciones son muy abundantes, dado el gran deseo que sienten muchas personas de que Dios intervenga en los momentos difíciles. Jesús por sí mismo ya había advertido de este problema:

Surgirán, en efecto, falsos Cristos y falsos profetas, que enviarán signos y prodigios para engañar, si es posible, a los elegidos (Marcos, 13, 22).

Por eso, para evitar cualquier error, la Iglesia toma todas las precauciones durante la minuciosa investigación que dirige el obispo responsable del lugar en el que se haya producido la aparición. Perfil psicológico, higiene de vida, relaciones de los videntes, aportación espiritual de la aparición u ortodoxia del mensaje son sólo algunas de las cuestiones a las que la Iglesia debe contestar positivamente antes de resolver la cuestión.

Sin embargo, el papel de los teólogos y los especialistas en derecho canónico no se detiene ahí, ya que, una vez que se han podido cerciorar, les falta definir si esas apariciones son privadas o públicas.

Las apariciones privadas conciernen a la vida personal del beneficiario. El vidente se ve reconfortado o guiado en su vida espiritual por el mensaje que recibe durante la aparición.

En el caso de apariciones públicas, el vidente recibe un mensaje dirigido no a él, sino a la colectividad. Estas apariciones van generalmente acompañadas de signos sensibles, como, por ejemplo, una curación milagrosa.

Todo ello supone un trabajo de análisis a priori bastante ingrato pero que permite a la Iglesia limitar los riesgos cuando tiene que resolver sobre la veracidad de una aparición.

Historia de las apariciones

Desde el punto de vista histórico, el fenómeno de las apariciones no es nada nuevo. Como ya dijimos anteriormente, la historia judeocristiana está llena de casos de estas, dado que las primeras apariciones se produjeron en tiempos anteriores a los diferentes cismas que han marcado la historia de la cristiandad.

Así, la hagiografía dice que fue Gregorio Taumaturgo quien, en el año 231 de nuestra era, se habría beneficiado de la primera aparición privada. Angustiado por la responsabilidad de predicar correctamente la doctrina de la Trinidad, habría recibido la visita de la Virgen María, acompañada de San Juan Evangelista. En cuanto a la primera aparición pública, esta se habría producido en Puy, Francia, más o menos en la misma época. La Virgen María se habría aparecido a una mujer que no conseguía superar un fuerte episodio de fiebre.

Desde esa época, la lista de apariciones se ha visto considerablemente ampliada. Todos los años, además, las autoridades eclesiásticas deben hacer frente a una cantidad asombrosa de pretendidas apariciones de Cristo, de santos y sobre todo de la Virgen.

Algunas apariciones de Cristo

• Jerusalén: el primer día de la semana de Pascua, Jesús apareció en medio de los discípulos que se habían encerrado por miedo a los judíos. Tomás, ausente ese día, expresó sus dudas sobre la autenticidad y la naturaleza del personaje de esta aparición.

• Jerusalén: ocho días después de Pascua, Jesús se apareció de nuevo a sus discípulos. Tomás estaba allí esta vez, por eso aquel le pidió, a él que no creía, que lo tocara. Convencido, Tomás hizo profesión de fe.

• Burdeos: el 3 de julio de 1822, Cristo se apareció al abad Delort y a los fieles que lo rodeaban en el momento en el que se preparaba para exponer el santo sacramento.

Algunas apariciones marianas

• Nuestra Señora de Bétharram: la Virgen se apareció a un joven a punto de ahogarse en un río de los Pirineos centrales.

• Nuestra Señora del Pilar: la Virgen se apareció, en Zaragoza, en el año 40, al apóstol Santiago el Mayor.

• Nuestra Señora del Rosario: la Virgen se apareció a Santo Domingo, en 1208, en Fangeaux. Le enseñó a rezar el rosario y le comunicó que propagara esta devoción y la utilizara como arma poderosa en contra de los enemigos de la fe.

• Nuestra Señora de Garaison: la Virgen se apareció, en 1515, en Anglèze de Sagazan, a una agricultora de Monléon-Magnoac.

• Nuestra Señora de Grâces: la Virgen se apareció, el 10 de agosto de 1519, a Jean de la Baume, un leñador de la pequeña ciudad de Cotignac dans le Var.

• Nuestra Señora de Guadalupe: la Virgen se apareció a un amerindio en el año 1531.

• Nuestra Señora de Médous: la Virgen se apareció, en 1587, a Domenge Liloye en su pueblo, Bagnères-de-Bigorre, en los Pirineos centrales.

• Nuestra Señora de Laus: la Virgen se apareció regularmente a Benoîte Rencurel desde 1664 hasta 1718. Reconocida el 3 de mayo, esta aparición fue en adelante objeto de peregrinación a Saint-Étienne-le-Laus.

• París, calle de Bac: la Virgen se apareció en ese lugar a Santa Catalina Laboure, el 18 de julio de 1830, y ofreció al mundo la medalla milagrosa.

• Nuestra Señora de la Salette: la Virgen se apareció, el 19 de septiembre de 1846, a dos niños, Maximin Giraud y Mélanie Calvat.

• Lourdes: «No os prometo haceros felices en este mundo sino en el otro. ¿Queréis hacerme la gracia de venir aquí durante quince días?». La Virgen se apareció a Bernadette Soubirous en la gruta de Massabielle en 1858.

• Pontmain: en 1871, la Virgen se apareció a Eugène Barbedette, en primer lugar, y después a varias personas de la ciudad y a algunos niños. Les entregó un mensaje: «Rezad, hijos míos. Dios os concederá un poco de tiempo, mi hijo se deja alcanzar».

• Knock: el jueves 22 de agosto de 1879, hacia las siete de la tarde, en Knock Mhuire, en Irlanda, la Virgen se apareció a Mary McLoughlin y Mary Byrne.

• Fátima: en 1917, la Virgen se apareció a tres niñas pastoras portuguesas. Les transmitió su mensaje y les pidió que no lo revelasen al mundo. Hoy día ese mensaje, conocido como «los tres secretos de Fátima», se transmite de papa en papa.

• Banneux: de enero a marzo de 1933, la que se presentó como Virgen de los pobres hizo varias apariciones.

• Île-Bouchard: del 8 al 14 de diciembre de 1947, la Virgen se apareció en varias ocasiones a cuatro niños. La peregrinación fue reconocida en 2001 por el arzobispo de Tours André Vingt-Trois.

• Kibeho: de 1981 a 1985, la Virgen se apareció con regularidad a tres ruandesas, Alfonsina Mureke, Natalia Mukamazimpaka y María Clara Mukangango. Estas apariciones fueron reconocidas el 29 de junio de 2001.

Los misterios
de los peregrinos explicados

Las peregrinaciones comenzaron a realizarse en la Edad Media. Disponen de emblemas, símbolos o un gesto que se intenta comprender.

La cruz del peregrino

Se ignora cuáles eran al principio los signos conmemorativos. Los peregrinos utilizaron, muy pronto, como signo de reconocimiento insignias (*signa*) benditas, imágenes o amuletos que llevaban generalmente el monograma de Cristo o incluso la cruz, aunque todavía no con la forma definitiva con que la conocemos. Esta data del siglo IV.

La primera cruz, llamada *commisa* o *patibula*, cruz patibular en forma de *tau* griega, T, fue la que reproducía la cruz sobre la que eran crucificados los esclavos. Ese fue el castigo infligido a Jesucristo. Esta forma de cruz, del siglo III, era la que figuraba en amuletos o relicarios, y era bordada en los vestidos e incluso grabada en las tumbas. La cruz se convirtió, indudablemente, en el símbolo de las peregrinaciones.

Bordón, escarcela y oriflama

Los peregrinos iban a tomar el bordón y la escarcela antes de salir hacia los Santos Lugares, que recibían de manos de un sacerdote. Los reyes de Francia no eran ajenos a esta costumbre, que también debían practicar antes de emprender la peregrinación a tierras de ultramar; para ello se ponían la cruz sobre los hombros, después se dirigían al abad de Saint-Denis, patrón de Francia, y allí, después de la celebración de la misa, un prelado les entregaba el bastón de peregrino, o bordón, la escarcela e incluso en algunas ocasiones la oriflama. Luis VII, Felipe Augusto y Ricardo Corazón de León recibieron las insignias de los peregrinos antes de salir para las Cruzadas.

Los narradores de la Edad Media utilizaban la palabra «echarpe» en lugar de escarcela, porque asimilaban las escarcelas (es decir, las bolsas) a los echarpes que se ceñían los peregrinos. El nombre «bordón» se refería al largo bastón de los peregrinos que terminaba en una bola. Su etimología se remonta a la palabra *burdo*, el «mulo» en latín medieval, porque, en efecto, sustituía a la montura, es decir, era el punto de apoyo durante la marcha.

Indulgencias y jubileos

Al principio reservadas a los cruzados, las indulgencias eran dadas por los papas en las grandes peregrinaciones. La indulgencia procedía de una decisión papal que ofrecía la remisión de las faltas y los pecados. Más tarde, podrían ser compradas. Para beneficiarse, era necesario realizar una peregrinación de una duración mínima de dos semanas. En 1300 fue instituido el jubileo, que atraería a Roma a una muchedumbre de peregrinos. Inicialmente se había previsto que transcurriera un siglo entre dos peregrinaciones de tal importancia. Pero después se consideró que ese periodo de tiempo era demasiado largo y se redujo a cincuenta años.

En 1450, el papa Nicolás V ya autorizó cuatro manifestaciones especiales, con veinticinco años de intervalo entre ellas, en favor de lugares como Santiago de Compostela en España, Puy-en-Velay y Rocamadour en Quercy, Francia, y Canterbury en Inglaterra.

Los cánticos

A continuación presentamos el *Cántico de los peregrinos de Compostela*, tomado a partir de un manuscrito del siglo XIII. Destaca por su prosa imaginativa, misteriosa y teológica, que hechizaba a los peregrinos:

En honor del rey supremo, creador de todas las cosas, cantamos con alegría y veneración las grandezas de Santiago, que habita con los ciudadanos del cielo, y cuya Iglesia celebra la gloriosa fiesta. Desde que en el mar de Galilea reconoció al rey del mundo, lo abandonó todo para obedecer al maestro, como él lo llamaba, y comenzó a predicar sus santas leyes; enseñó la nueva fe a Hermógenes y a Filelus, bautizó a Josías y curó a un enfermo. Vio después al hijo transfigurado por el poder del padre y murió por él bajo la espada de Herodes.

Su cuerpo fue sepultado en tierras de Galicia, y aquellos que lo visitan dignamente comienzan una vida de gloria. Desde hace tiempo sus divinos milagros le permiten brillar por toda la tierra. Cuando habla, veinte cautivos son liberados; una madre ve revivir a su hijo ya muerto; un peregrino que acaba de morir es transportado por él desde Cize [monte de Astobiscar en la frontera franco-española] hasta Compostela e hizo, en una sola noche, doce días de marcha; otro, injustamente colgado, resucitó al cabo de un mes; un frisón cubierto de hierro fue sacado del abismo; un prelado ahogado volvió a estar vivo en su barco.

Este mismo santo dio a un caballero la fuerza necesaria para vencer a los turcos, retuvo por sus cabellos al peregrino que iba a perecer en las aguas y protegió de la muerte a quien se había arrojado desde la ciudadela.

Al tocar la cruz de Santiago, un hombre de armas se salvó; un dálmata pudo salir de la esclavitud y curarse; un mercader salió sin peligro de una alta torre, que bajó por sí mismo; un combatiente fue protegido ante la muchedumbre de los enemigos que lo perseguían. Fue también el apóstol el que se dejó ver bajo la armadura de un caballero en Étienne, servidor de Dios...

Estos son los milagros sagrados que ha realizado Santiago por la gloria de Cristo a lo largo de los siglos. Nosotros los cantamos con alegría dando gracias al Rey de reyes, en cuya presencia deseamos vivir la vida eterna. Digamos solamente Fiat, amén, aleluya y no dejemos de cantar. Ultreia esus eiai.

Algunas peregrinaciones

Canterbury en Inglaterra

Ciudad fundada por los romanos, Canterbury (en el condado de Kent) se convirtió, en el siglo VI, en el centro de la cristiandad en Inglaterra. Agustín, primer obispo en sentarse en el trono, en 597, fue canonizado. El 29 de diciembre de 1170, Thomas Becket, arzobispo de Canterbury, fue asesinado en su catedral por oponerse al rey Enrique II. Antes había sido su confidente. Algunos milagros se produjeron en el lugar donde se encuentra su tumba, que se convirtió en el centro de peregrinaciones más importante de Inglaterra. Enrique VIII, después de haber roto sus relaciones con el papa, hizo destruir su tumba y dispersar sus cenizas. Sin embargo, los peregrinos continuaron visitando la capilla de la Trinidad, donde estaba expuesto el relicario del canciller asesinado. La peregrinación se sigue celebrando el 7 de julio y el 29 de diciembre de cada año.

El Camino de Santiago

En el año 814 se encontraron las reliquias del apóstol Santiago. Con este hallazgo, Santiago de Compostela se fue convirtiendo progresivamente en un centro de peregrinaje (mediante la ruta del Camino de Santiago) para gentes de todo el mundo. A pesar de que, durante varios siglos (sobre todo el xiv y el xv), el Camino no fue muy concurrido, en la actualidad ha vuelto a conseguir su antiguo esplendor.

Mariazell

Desde el siglo xiii, los peregrinos visitan la estatua de la Virgen, hecha en madera de tilo, en la capilla de Mariazell, Austria. Entre otros milagros, ella ayudó al rey de Hungría a rechazar a los turcos en el año 1371. Desde Pascua hasta la fiesta de Todos los Santos se celebra todos los sábados por la tarde una procesión con antorchas.

Kevelaer

En 1641, un comerciante de Kevelaer, Alemania, oyó una voz que le mandaba

que construyera una capilla. El mismo día, su esposa recibió una imagen de la

Virgen María de Luxemburgo. Enseguida, con la complicidad del capellán, construyó la capilla para instalar la imagen. Al año siguiente, los peregrinos comenzaron a afluir en gran número y se levantó una iglesia de mayor tamaño. Desde el siglo XIX, la ciudad dispone de una basílica dedicada a María, una capilla del Santo Sacramento y un camino de la cruz. La peregrinación tiene lugar desde mayo (mes de María) hasta el mes de noviembre (Todos los Santos). Cada cincuenta años (jubileo de la peregrinación), la imagen mariana es sacada en procesión por la ciudad; se trata de una procesión solemne.

Czestochowa

En el monasterio de Jasna Góra (Polonia) puede verse la imagen de la Virgen Negra, que habría sido pintada por San Lucas. Este hecho fue el origen de la fundación de un centro de peregrinación especialmente conocido. Se le atribuyen numerosos milagros, especialmente el de haber detenido una invasión de los suecos en 1655. En el año 1717, la Virgen Negra de Czestochowa fue proclamada patrona de Polonia. Bajo el régimen comunista, la peregrinación fue prohibida.

El papa Juan Pablo II, en visita oficial a su país natal, realizó la peregrinación en el año 1978. Fue un éxito fenomenal y de gran repercusión en todo el mundo. Importantes ceremonias y procesiones que coinciden con las fiestas marianas tienen lugar el 3 de mayo, el 15 y el 26 de agosto, el 8 de septiembre y el 8 de diciembre.

Lourdes

Desde que se produjeron las apariciones de la Virgen a Bernadette Soubirous, en el año 1858, en la gruta de Massabielle, Lourdes se convirtió en uno de los lugares de peregrinación más visitados del mundo.

Es una peregrinación que cuenta con todo tipo de atenciones porque las autoridades creyeron oportuno edificar, en 1876, una basílica inmediatamente encima de la gruta y, en 1958, otra subterránea en las proximidades de la misma.

Asís, Nápoles, Loreto, Roma... ¡Cuántos lugares en Italia!

• Nacido en una familia de comerciantes acomodados, Francisco renunció a la riqueza familiar para dedicarse a los pobres. Fundó una comunidad de hermanos minoritas que fue el origen de la Orden de los Franciscanos. Recorrió toda Italia y el norte de África mientras predicaba la penitencia y la pobreza. El papa lo canonizó dos años después de su muerte, que se produjo en 1226. Su tumba, situada en la basílica de San Francisco, se convirtió en un lugar de peregrinaciones de gran importancia para la cristiandad. El día que se celebra su festividad, el 4 de octubre, se realizan ceremonias de gran solemnidad.

• La peregrinación a Nuestra Señora de Loreto es permanente, aunque se realizan ceremonias solemnes el 15 de agosto (fiesta de la Asunción) y el 8 de septiembre (fiesta de la Natividad de la Virgen).

• En la catedral de San Genaro, en Nápoles, se conserva el frasco con la sangre del santo. Esta sangre sí licua cuando se le acerca el cráneo del santo (otra reliquia). Esto tiene lugar el primer domingo de mayo y el 19 de septiembre.

• Permanentes son también las peregrinaciones a Roma porque las reliquias en la Ciudad Eterna son numerosas. La basílica de San Pedro es el edificio más grande de toda la cristiandad. Frente a la obra de Bernini, son miles los peregrinos que, en Navidad y Pascua, esperan la presencia del papa para recibir la bendición *urbi et orbi*.

Nuestra Señora de Laus

Después de tres años de una minuciosa investigación, monseñor Di Falco, obispo de Gap y de Embrun, reconoció finalmente el carácter sobrenatural de las apariciones de la Virgen María en Benoîte Rencurel (Francia). Ya era muy visitado por los peregrinos que llegaban hasta Nuestra Señora de Laus, el «refugio de los pecadores», para recibir la misericordia de Dios y ponerse bajo la protección de María, pero el lugar vivió, después del anuncio de su oficialización hecho en la primavera de 2008, una auténtica avalancha de visitantes.

El Diluvio y el arca de Noé

El Diluvio, ¿castigo divino o fenómeno climático?

Africanos, sumerios, chinos o europeos, todos creemos tener en la memoria colectiva el recuerdo de un cataclismo que habría devastado el planeta varios siglos antes de nuestra era. En total son trece los relatos de este tipo que han llegado hasta nuestros días y que nos narran de una manera sorprendentemente homogénea esta catástrofe. En cuanto a los cristianos, los escritos referidos a este mito aparecen consignados en los capítulos 6, 7 y 8 (véase el capítulo «Anexos») del Génesis y concretan que fue el mismo Dios el que, queriendo desterrar el mal de la superficie de la tierra, habría decidido aniquilar a toda la humanidad a excepción de un solo hombre, Noé. A este le pidió que se construyera un arca para albergar y salvar a una pareja de animales de cada especie.

El Diluvio es, por tanto, uno de los mitos más extendidos de la tierra. Entre los primeros escritos que hacen referencia a él, se encuentra en la mitología griega el mito según el cual Zeus provocó el Diluvio, pero salvó a Deucalión y Pirra para que repoblasen la tierra. Este tuvo su continuación en la mitología romana con el mito de Filemón y Baucis. También se encuentra, entre los textos más antiguos, la epopeya de Gilgamesh, un relato legendario correspondiente a la antigua Mesopotamia, generalmente datado en el tercer milenio antes de nuestra era, que narra la historia de Atrahasis, también encargado por los dioses de salvar de las aguas a la humanidad. Es una historia en la que los sumerios se inspiraron directamente para escribir, en torno al año 1200 a. de C., el episodio de Ziusudra. Es un texto en el que el relato bíblico del Diluvio y del arca de Noé halla directamente su fuente, como lo haría más tarde el Corán:

Le fue revelado a Noé: «En tu pueblo no habrá más creyentes que los que ya han creído. No te aflijas por lo que hagan. Construye el arca bajo nuestra mirada y después de nuestra revelación. Y no me preguntes más sobre los injustos porque ellos morirán ahogados».

Tal concordancia en relatos de pueblos con tantas diferencias culturales no puede más que plantear a los investigadores la pregunta de si el Diluvio realmente se produjo y cuáles fueron las razones.

Las huellas arqueológicas del Diluvio son muy numerosas y todas parecen acreditar el hecho de que una catástrofe natural habría marcado profundamente la superficie del planeta hace varios miles de años. En 1929, diferentes investigaciones arqueológicas realizadas en Ur, la antigua ciudad sumeria, condujeron a los estudiosos a hacer un descubrimiento como mínimo sorprendente. Una capa de arcilla de más de dos metros de espesor —evidentemente depositada por las aguas hace mucho tiempo— había cubierto los vestigios de una civilización hoy día desaparecida. Era una especie de capa de arcilla que representaba una línea de ruptura entre dos épocas, y cuyo espesor permitía pensar que el cataclismo meteorológico que la había provocado había sido de una amplitud jamás igualada posteriormente.

Después de esta primera constatación se realizaron numerosas campañas para saber si este fenómeno había sido local o había alcanzado una dimensión a gran escala. Una vez más, los resultados fueron sorprendentes. En todas partes donde las investigaciones avanzaban aparecía la misma capa de arcilla.

Algunos años más tarde, a finales del siglo pasado, los investigadores —apoyándose en los nuevos progresos de la ciencia— pusieron de manifiesto la existencia de dunas en el fondo del mar Negro. Aparentemente, no habría nada sorprendente para los no especialistas en esos temas, pero sí para los que lo son; estos, después de haber realizado diferentes pruebas, pudieron establecer que se trataba de dunas de tipo aéreo, es decir, formadas por el viento, y que debían de datar del séptimo milenio antes de Cristo. El mar Negro no existía en esa época, como lo prueba el descubrimiento de conchas de agua dulce hecho algunos años más tarde, un hallazgo que acreditaba la tesis según la cual el mar Negro habría reemplazado misteriosamente a un pequeño lago.

Indudablemente, uno o varios cataclismos asolaron la faz de la tierra hace algunos miles de años. Sólo hace falta saber cuándo tuvieron lugar exactamente, cuánto tiempo duraron y, sobre todo, quién o más bien qué los provocó.

La datación del Diluvio es precisamente la cuestión que levanta más polémica. Parece que los científicos no consiguen ponerse de acuerdo en esta cuestión. Si bien la mayoría de los textos coinciden en situar el Diluvio entre los años 3500 y 3300 a. de C., numerosos científicos ponen en duda esta posibilidad. Para apoyar su teoría, estos se basan una vez más en las investigaciones realizadas cerca de las orillas del mar Negro. En efecto, gracias a estas son capaces de decirnos que las conchas de agua dulce ya existían con anterioridad a la fauna que actualmente puebla los fondos de este mar, y también tienen hoy día la convicción, gracias a la datación con carbono 14, de que las conchas más antiguas de agua salada datarían de hace unos siete mil quinientos años. Según ellos, el gran cataclismo ecológico que han podido verificar habría ocurrido unos cinco mil años antes de nuestra era. Paralelamente, los arqueólogos han constatado, gracias al descubrimiento de restos de construcciones, vajillas y útiles, una incomprensible, por lo repentina, evolución tecnológica. Es una revelación muy válida que permitiría probar que no hubo un diluvio que, por sí solo, hubiera sumergido todo el planeta, sino más bien una sucesión de catástrofes naturales más o menos escalonadas en el tiempo.

Es pues imposible saber con precisión cuándo tuvieron lugar estos diluvios ni a lo largo de cuánto tiempo se fueron escalonando. Sólo nos queda intentar definir qué fue lo que pudo provocar esos cataclismos. Es una cuestión sobre la que el conjunto de la comunidad científica no parece tener ninguna duda. El periodo comprendido entre el décimo y el cuarto milenio antes de nuestra era corresponde, eso esta demostrado, al final de la última era glacial. Ahora bien, como se sabe, el calentamiento climático no ha comenzado en un solo día. La temperatura en la superficie del globo terráqueo ha ido progresivamente aumentando, grado a grado, y poco a poco el hielo se ha ido fundiendo, lo que ha provocado especialmente gigantescas inundaciones e inimaginables lenguas de barro. Es una teoría que, parece lógico aceptarlo, es de las más convincentes.

Nuestros antepasados tuvieron, por tanto, que enfrentarse a un cambio climático sin precedentes en la humanidad, a un cataclismo que, a falta de conocimientos científicos, ha sido con bastante lógica atribuido a la cólera divina.

El enigma del arca de Noé

Después de haber desmitificado la teoría del Diluvio, les faltaba a los investigadores arrojar luz sobre la existencia del arca de Noé. Según el conjunto de los relatos dedicados al citado Diluvio a través de las diferentes culturas, un hombre, Noé para los cristianos, habría recibido de Dios el encargo de construir un arca en la que debía embarcar una pareja de animales de cada especie con el fin de repoblar el mundo una vez las aguas volviesen a su nivel habitual. Fue una embarcación ciertamente monumental, que, según la Biblia, habría embarrancado en el monte Ararat, a 4500 metros de altura. De nuevo estamos ante una mitificación que resulta bien difícil de creer, sobre todo si se considera, a la luz de los trabajos realizados por los científicos, que el Diluvio no habría sido provocado por la voluntad divina. Sin embargo, ahora, después de tantos siglos, equipos de investigadores se suceden en la cima del monte Ararat para intentar descubrir los restos del arca.

Aclaremos en primer lugar que Noé tendría que haber sido un arquitecto naval muy preparado para poder realizar una nave capaz de trasladar sobre las aguas, además de a su propia familia, a una pareja de todos los animales de la creación. Las indicaciones de Dios, que aparecen en el Génesis, le podían ser de gran utilidad, pero, a decir verdad, incluso el Padre todopoderoso parecía un poco estrecho de miras en ese aspecto:

> *Constrúyete un arca de madera hecha de gopher; divídela en varias partes y calafatéala por dentro y por fuera con brea. Así es como debes hacerlo: el arca tendrá trescientos codos de longitud, cincuenta codos de anchura y treinta de altura. Harás en ella una ventana, que sólo tendrá un codo de altura. En un lado harás una puerta y construirás un piso inferior, y también un segundo piso y un tercero.*

Trescientos codos para cobijar corderos, vacas y cerdos quizá nos parezca un poco pequeño, incluso si, como precisó más tarde Orígenes (182-251):

Moisés, el autor del Génesis, contaba en codos egipcios, que, tradicionalmente, eran más largos que los nuestros.

No, el escepticismo en este tema es de rigor, y los diferentes intentos de los teólogos de la Iglesia para intentar acreditar este mito no han conseguido absolutamente nada.

¿Es creíble que el agua llegara a cubrir completamente la tierra, incluyendo las montañas más altas, tal como explica el Génesis?

Las aguas aumentaron y crecieron mucho sobre la tierra, y el arca navegó sobre la superficie de las aguas. Estas aumentaron todavía más y las más altas montañas que hay bajo el cielo quedaron completamente cubiertas. Las aguas se elevaron hasta quince codos por encima de las montañas, que quedaron totalmente cubiertas.

¿Es posible que el arca embarrancara sobre la cima del monte Ararat?

Las aguas se retiraron de las cumbres de la tierra, rebajaron su nivel y se alejaron; las aguas disminuyeron al cabo de ciento cincuenta días. El séptimo mes, al decimoséptimo día, el arca se detuvo sobre las montañas de Ararat.

Recordemos que este monte tiene su cima a unos 4500 metros de altura. Resulta difícil de creer toda esta cuestión del Diluvio.

Sin embargo, los científicos se relevan, incansablemente, allá abajo, en las fronteras de Turquía, a poca distancia de Armenia, para intentar encontrar finalmente alguna huella de la citada arca. Seguro que algunos pretenden haberla visto ya. Es el caso del historiador James Bryce, que, en 1876, habría encontrado en la cima de la montaña una viga de madera resinosa hecha a mano por el hombre. Algunos años más tarde llegaron las declaraciones de los miembros de una expedición de geógrafos turcos que afirmaban haber visto cerca de un camino restos del arca buscada. En 1955, dos alpinistas franceses recogieron por su cuenta un trozo de viga, tallada en roble por la mano del hombre y que, según la datación realizada con carbono 14, tenía unos cinco mil años. Sin embargo, ninguno de estos testimonios orales o materiales ha sido nunca corroborado.

Hoy día, las investigaciones continúan. La vía aérea ha pasado a ser la más utilizada por los científicos, que han ampliado el área de búsqueda y que, después de algunos años, proponen nuevas pistas. Entre ellas, dos parecen las menos fantasiosas. La llamada «anomalía de Ararat», en primer lugar, se trata de una mancha negra inexplicable y situada cerca de la cima del monte Ararat. En segundo lugar, el llamado enclave de Durupinar es una especie de saliente rocoso que parece aparentar la forma de un barco y que está situado a unos veinticinco kilómetros de Ararat. No obstante, hay que tomarse estas nuevas pistas, al igual que las más antiguas, con mucha precaución. Ya hemos visto a lo largo de todo el libro que la investigación científica aplicada a cuestiones míticas sirve con frecuencia para aportar más notoriedad a los propios investigadores que luz sobre la verdad histórica.

El misterio de los jesuitas y la influencia del «papa negro»

El nacimiento de la Compañía de Jesús se produjo a consecuencia del encuentro entre una época extraordinaria, el siglo XVI, siglo del Renacimiento, y un hombre excepcional, Ignacio de Loyola. Fundador y figura emblemática de la orden, este consiguió crear una nueva congregación en un mundo en constante cambio. ¡Qué proeza!, lograr consolidar en tiempos de la Reforma, con un papado omnipotente y apenas receptivo a las nuevas ideas teológicas, una nueva orden religiosa de prestigio y rigurosidad, que llegaría a ser, sin duda, una de las más importantes e influyentes en la historia del catolicismo.

A veces adulados, otras apelados o encomendados, los jesuitas también fueron, según las circunstancias, prohibidos, perseguidos e incluso masacrados. Cuatrocientos setenta años después de haber sido reconocida por el papa Pablo III, la Compañía de Jesús suscita todavía, cuando es nombrada, todo tipo de controversias. Considerados, en ocasiones, como hombres muy poderosos, sin bien hipócritas para algunos y demasiado rigurosos para otros, son, por el contrario, muy apreciados por una parte de la comunidad de católicos y —más sorprendente— por otros creyentes, dada su dualidad educativa, que ha sido, desde su origen, una de las características distintivas de la orden, que quiere seguir siendo hoy día sinónimo de buena formación.

Si la imagen de la orden no parece haber cambiado desde su fundación, la Compañía de Jesús ha sido sometida a duras pruebas por la historia. Continuamente se ha modernizado para poder continuar difundiendo la sencillez y la generosidad que constituyen su ideal. Los jesuitas, en otros tiempos tan poderosos, no dudaron hace unos treinta años, en tiempos del concilio Vaticano II, en abandonar sus privilegios para volver de nuevo a su vocación misionera y así demostrar su total aceptación de la autoridad papal.

Íñigo López, nacido en 1491, fue el pequeño de una familia con trece hijos. Hijo de Bertrán, señor de Ofiaz y de Loyola, fue —contrariamente a sus hermanos, todos dedicados a tareas militares— orientado a entrar en la Iglesia. Tonsurado a los siete años, el joven Íñigo continuó disfrutando de su libertad, especialmente en asuntos de amor y de honor. En efecto, puesto al servicio del tesorero general de Castilla, el joven no tardó en llamar la atención por sus éxitos en materia de amor y por su gusto por las armas. En 1515 se vio incluso implicado en un despreciable delito.

Sin que la naturaleza de este crimen haya atravesado el tiempo, se sabe hoy día que se vio entonces obligado a huir a Pamplona para entregarse al tribunal de Dios antes que padecer la ley civil. Después de una breve pena de prisión, abandonó su puesto en Castilla y llegó a ser virrey en Navarra. Las tropas de Francisco I entraron en Pamplona, en 1521, decididas a recuperar la Navarra que Fernando el Católico había incorporado a la Corona española diez años antes. Íñigo López cayó herido en la batalla bajo los proyectiles de los cañones franceses y, durante su convalecencia, a la vista de que no dejaba de pensar en la mujer inaccesible que desde hacía tiempo ocupaba su mente, pidió, para distraerse, un libro que fuera una novela de aventuras; sin embargo, en lugar de eso recibió *La vida de Cristo* y *La leyenda dorada*. En contra de toda previsión, Íñigo se apasionó por la vida de estos santos tan heroicos. Ciertamente, no había conseguido defender Pamplona, pero sus nuevas lecturas lo prepararon para intentar realizar obras más grandes todavía. Tenía treinta años y, tan pronto como pudo ponerse de pie, se fue como mendicante hasta Tierra Santa.

En un cuaderno fue anotando todas las experiencias y las reflexiones que lo condujeron por el camino de su nueva espiritualidad: esas notas se convirtieron en *Los ejercicios espirituales*, que constituyen, todavía hoy, uno de los fundamentos de la doctrina jesuita. A su vuelta de Jerusalén, donde sólo pasó poco tiempo, Íñigo se inscribió en la Universidad de Alcalá, lugar donde consiguió convencer a cuatro compañeros del interés de su experiencia espiritual. Los cinco jóvenes no tardaron en distinguirse, por lo que muy pronto se vieron perturbados por los servicios de la Santa Inquisición. Afortunadamente, el juicio a que fueron sometidos, tras ser arrestados los cinco jóvenes, tan rigurosos en su fe se saldó con su absolución. Íñigo se fue entonces a Salamanca, donde de nuevo se vio enfrentado a las autoridades eclesiásticas, que estudiaron con atención sus ejercicios espirituales, en los que, finalmente, no encontraron nada herético.

Sin embargo, el tribunal de Salamanca no se detuvo ahí, ya que, después, impidió a Íñigo y a sus compañeros predicar la palabra de Dios antes de que estudiaran Teología durante cuatro años. Desesperado y excesivamente controlado por la Inquisición, Íñigo marchó a París, donde confiaba en poder desarrollar su misión. Allí adoptó el nombre de Ignacio de Loyola y coincidió con Pierre Favre y Francisco Javier. Con ellos y algún otro formó un grupo de siete personas que el 22 de julio de 1534 pronunciaron sus votos al pie del Sacré-Coeur:

> Yo hago profesión y prometo pobreza, castidad y obediencia para siempre. Prometo también esforzarme especialmente en instruir a los niños y a los pobres. Prometo también una obediencia especial al soberano pontífice en todas las misiones que él me confíe.

Los siete amigos, conscientes, a pesar de la influencia de Ignacio, de que no había ningún jefe entre ellos, decidieron llamarse sencillamente la Compañía de Jesús. Salieron hacia Jerusalén y pasaron antes por Roma, hasta donde ya había llegado su fama de heréticos. Una vez más, el estudio de los ejercicios practicados por los miembros de la recién nacida Compañía de Jesús no reveló ninguna herejía y, en 1538, los siete camaradas pudieron ser recibidos por el papa Pablo III, al cual quisieron ofrecer sus servicios.

Enseguida fueron designados para catequizar a los niños romanos y se forjaron en esta misión una reputación que ya nadie ha podido quitarles nunca. En la ciudad de Roma, en Italia y en toda Europa se empezó a reclamar la presencia de estos «sacerdotes reformados», y Carlos V quiso enviarlos a divulgar la palabra de Dios a América. En toda Europa, nuevos candidatos acudían a la Compañía para convertirse en miembros de la orden. En el año 1539, los siete amigos se dieron cuenta de que había llegado el momento de dotar a la Compañía de una determinada estructura de funcionamiento.

En primer lugar era necesario nombrar a alguien que ejerciera el cargo de superior de la orden. Todos quisieron que fuera Ignacio, pero al principio este rehusó el cargo, porque marcado todavía, efectivamente, por sus desventuras del año 1515, temía recaer en las angustias de su infancia y no sentía que estuviera a la altura de la responsabilidad que conllevaba aquella posición. Por esa razón prefirió dedicarse a la redacción de un manifiesto en el que fijaría las características de la Compañía de Jesús. Una vez terminado, el documento fue presentado al papa Pablo III, que manifestó en la bula *Regimini Militantis* el reconocimiento de la Compañía de Jesús, a condición de que redactasen una constitución y eligieran a un superior. Después de cerca de un año de deliberaciones, Ignacio acabó por aceptar y se convirtió en el primer general de los jesuitas (el papa «negro»). Lo sería hasta su muerte, que le llegó en 1556.

Desde ese momento, la misión de los jesuitas adquirió toda su dimensión. En Roma ya visitaban a los necesitados, daban educación a quien quería recibirla y obraban siempre de acuerdo con el respeto a la condición humana. En el año 1548 se produjo, en Mesina, Italia, la apertura del primer colegio. Al año siguiente, Francisco Javier salió hacia la India y murió dos años más tarde en China. Durante ese tiempo, otros hermanos se dispersaron y fundaron comunidades cristianas en África, América y en todo el mundo. A petición de Ignacio, todas las experiencias de fundación de comunidades o de colegios eran puestas en común y después redactadas en forma de cartas que servían para fundar otras instituciones.

En 1556 murió Ignacio de Loyola, fundador de la Compañía de Jesús. Cundo la noticia llegó a Roma, el rumor de que el «santo había muerto» ya circulaba por toda la ciudad. Ignacio de Loyola fue beatificado en 1609 y canonizado en 1622. Detrás de sí dejó más de un millar de miembros de la orden dispersos por más de doce países en todos los rincones del mundo. Pero legó, sobre todo, una naciente comunidad sólida y extraordinariamente dinámica.

Hoy día hay más de veintiséis mil jesuitas repartidos por todo el mundo, que forman, sin duda alguna, la orden religiosa más prestigiosa que ha tenido la cristiandad.

Su vocación de dedicación a la enseñanza, apoyada por la utilización de una pedagogía participativa y moderna, los mantiene en la vanguardia de su campo de acción.

Los jesuitas han recorrido con voluntad misionera (Francisco Javier, Matteo Ricci...), tal como en su momento prometieron al papa Pablo III, todo el mundo para llevar la palabra de Dios, pero sobre todo para hacer el bien, ayudar y enriquecer la formación de los pueblos.

Su rigor bien conocido y, a menudo, prohibido los ha convertido en tutores de conciencias o confesores de los creyentes más importantes de Europa y de todo el mundo.

Su erudición los situó en el centro de todos los debates teológicos o políticos que se produjeron en Europa hasta el siglo XVIII.

Esa fue sin duda la razón por la que la Compañía de Jesús se vio perseguida a mediados del siglo XVIII. Numerosos ataques se lanzaron contra los jesuitas. En Portugal, el primer ministro temía tanto la fuerza de los sucesores de Ignacio de Loyola que decidió expulsarlos bajo un pretexto falaz. En Francia, la bancarrota del padre Lavalette, superior de las misiones antillanas, sembró dudas sobre los miembros de la Compañía de Jesús, que se vieron sorprendidos por la decisión del papa de prohibirlos en toda Europa.

Paradójicamente, sólo los soberanos no católicos, como Federico II de Prusia y la gran Catalina de Rusia, rechazaron modificar el estatuto de los jesuitas. De hecho, hubo que esperar a la finalización de la Revolución francesa (tras el encarcelamiento del papa Pío VII por Napoleón) para observar un cambio respecto a la Compañía. En efecto, en el año 1814, tras la caída del emperador, Pío VII recuperó la Santa Sede y ordenó inmediatamente el restablecimiento de la Compañía de Jesús.

A pesar de los importantes cambios que ha conocido el mundo y los que conoció en países como Italia, Rusia y China, o en España, donde los jesuitas fueron desterrados y la compañía disuelta y después refundada, esta orden vivió una renovación extraordinaria. En todos los campos, en todas las disciplinas y en todas las artes, los jesuitas estuvieron entre los más brillantes pensadores del siglo XX.

Gracias a su enorme cultura, a su lógica y a su independencia de criterio, los teólogos, pensadores y filósofos pertenecientes a la Compañía de Jesús han sabido dar a la orden un aire diferente, pero tan propio como el que se le conocía antes del siglo XVIII. Sus misiones vuelven a destacar en todas partes y el número de jesuitas en el mundo alcanzó la cifra de veintiséis mil a finales del siglo XX.

Siempre fieles a los ejercicios de Ignacio de Loyola y a los votos pronunciados por este y por sus seis compañeros en 1534, los jesuitas llegaron a aceptar sin problemas comenzar de nuevo —a petición del papa— el más ingrato de los combates, el de difundir por el mundo entero el mensaje divino, el de reiniciar un trabajo que deseaban realizar de la mejor manera posible después de varios siglos: «Transmitir la palabra de Dios en todos los continentes».

¿Son signos del cristianismo los siguientes fenómenos?

Los reyes sanadores de escrófulas

La escrófula, un tipo de absceso tuberculoso que afecta a la cara y al cuello, fue objeto, se dice, de abundantes milagros. Desde la Alta Edad Media, los reyes de Inglaterra fueron los primeros en sanar, si se hace caso de la leyenda, mediante una sencilla imposición de manos a las personas infectadas. Pero, cuando la medicina moderna certifica que en una gran mayoría de estas lesiones se daba una desaparición espontánea, ¿se puede defender todavía que se daban casos de curaciones milagrosas?

En aquellos tiempos, los soberanos británicos habían adoptado la costumbre de tocar, en sus salidas públicas, a todas las personas con escrófulas que se presentaban ante ellos, mientras pronunciaban la siguiente frase ritual: «El rey te toca, Dios te cura». Ahora bien, si desde un punto de vista médico la eficacia del método era más que discutible, era muy eficaz en términos de comunicación, dado que contribuía a asentar el prestigio y el poder de origen divino del soberano que practicaba la imposición de manos. ¿Cómo se podía dudar de un rey asistido por Dios en todo lo que aquel emprendía, incluida la más repulsiva de las misiones, la curación de las escrófulas? A la vista de las raras curaciones registradas, sólo algunas personas no podían quejarse de la falta de eficacia del «toque real».

Por otra parte, los demás soberanos europeos, comenzando por los franceses, no se quedaban atrás y también ellos se olvidaron de la repugnancia que podían sentir al tocar tantas escrófulas. San Luis (Luis XI) tocaba diariamente escrófulas, mientras Luis XIV dispensaba sus «milagrosos» tocamientos en gigantescas ceremonias celebradas, para más solemnidad en la catedral de Reims. En cuanto a Luis XVI, parece que llegó a tocar a lo largo de su reinado cerca de 2400 escrófulas, o sea, un centenar menos que su predecesor, el rey-sol, una hazaña, a pesar de todo, habida cuenta de la época en la estábamos. En efecto, en el siglo XVIII, el de la Ilustración, la cuestión ya quedó sólo para las personas más sencillas, quizá gracias a hombres tan influyentes como Saint-Simon o Voltaire, que no ocultaban su escepticismo frente a ese supuesto don real que la Iglesia ya rechazaba reconocer por sí misma. Sin embargo, Carlos X aún intentó algunos años más tarde retomar aquella estúpida tradición con motivo de su coronación, aunque sin mucho éxito.

Las personas ya no se dejaban engañar en esa cuestión. La real imposición de manos no ha logrado nada nunca, si no es mejorar la popularidad de los soberanos que la practicaban.

El Grial

La palabra «Grial» es un nombre común que apareció por primera vez en el *Libro de Perceval* (o *El cuento del Grial*), la última obra de Chrétien de Troyes (hacia 1190), si bien el autor no dijo nunca qué contenía aquel «recipiente». La palabra procede del occitano *gradal* (actualmente *gramal*, designa en Toulouse el recipiente en el que se cuece una especie de fabada), y esta del término latino *gradalis*, que viene, a su vez, del griego *crater*. Es, por lo tanto, un recipiente y eso es todo lo que dice la etimología. Pero si la historia del Grial y de su búsqueda aparecen por primera vez en la obra medieval de Chrétien de Troyes, es imposible no descubrir su origen en la mitología.

Los relatos celtas irlandeses nos hablan de un «recipiente de abundancia y de inspiración» que daba a la vez alimentos y sabiduría. Para los nórdicos, es el caldero en el que los soldados caídos en el campo de batalla se alimentaban mientras esperaban el banquete sagrado de Odín. Ese Grial, fuente de vida, estaba presente en muchísimas creencias y era fuente inagotable, símbolo de vida, de sabiduría y de eternidad, que, como todo mito, evolucionó con el paso del tiempo.

Hacia 1190, inspirado en aquella lejana creencia, Chrétien de Troyes hizo de ese Grial el ideal de su héroe: Perceval. Asociado a los Evangelios apócrifos, según los cuales el Grial era una esmeralda que se habría caído de la frente de Lucifer y habría servido a José de Arimatea para recoger la sangre de Cristo, Chréstien de Troyes hizo de la búsqueda del Grial un símbolo.

Si bien la Iglesia rechazaba la validez religiosa de estas leyendas escritas en el siglo IV y juzgadas como gnósticas, no dudó, en cambio, en utilizar ese mito pagano y el de los caballeros de la Mesa Redonda. La recuperación de esas teorías y la utilización política y religiosa que se hizo de la muy prolija literatura arturiana de Chrétien de Troyes son una muestra.

Mientras los Plantagenet se reían del proceder del rey Arturo y mantuvieron el mito, las autoridades religiosas no hicieron más que aprovecharse de esta «publicidad» providencial. No sólo venía a reforzar el realismo de símbolos tan importantes como la crucifixión de Cristo, el vaso de la Cena y el cáliz que sirvió para la eucaristía, sino que la más noble búsqueda del Santo Grial era un perfecto vector para difundir los valores de la ley y de la moral. En realidad, es de hecho imposible no ver en el Grial «cristiano» una interpretación de las leyendas mitológicas, de la misma manera que es necesario dar un origen multicultural a este vaso sagrado. ¿No será la leyenda de Aladino una visión oriental de estas leyendas ancestrales?

Sea como sea, la fascinación de los hombres por el Grial no ha cesado nunca. Hoy día, incluso, algunas personas recorren el mundo desde Rennes-le-Château hasta Etiopía, pasando por la capilla de Rosslyn, en Escocia, a la búsqueda de ese vaso sagrado. Pero esa exploración es en vano y muy a menudo un simple juego, o una reflexión espiritual personal.

Iglesia y fe en la Edad Media

En el siglo XI, todo el mundo creía en un Dios salvador de los hombres. Pero las luchas internas de la Iglesia continuaban. En el año 1054 se consumó el cisma entre las Iglesias de Oriente y Occidente. Gregorio VII (1073-1085) puso en marcha un *aggiornamento*, conocido con el nombre de *reforma gregoriana*, orientado hacia el modelo de una vida apostólica. Los padres del desierto, San Agustín o San Benito, se convirtieron en los modelos a seguir. San Bernardo condenó, por su parte, la riqueza decorativa de la obra de arte porque acababa distrayendo de la dimensión interior. En cambio, en el mismo periodo, el abad Suger exaltó lo bello, lo decorativo, como medio para llegar

285

hasta Dios. No había en la época, como se ve, uniformidad de pareceres. A partir del siglo XIII, existieron dos tipos de cristianos: los laicos (agricultores, artesanos, comerciantes y militares) y el clero, formado por monjes y curas que estaban al servicio de Dios. Estos debían observar el celibato y tenían como primera misión orar a Dios y dar a conocer el Evangelio, a fin de asegurar la vida eterna al mayor número posible de hombres y mujeres.

En la Edad Media, el pensamiento religioso era muy sencillo, realmente binario. Para la Iglesia católica existían dos mundos después de la muerte: el paraíso con Jesús, y también el Dios Padre, y el infierno con el demonio. Por eso, durante su vida terrenal, un cristiano debía intentar ganarse el paraíso, lo que significaba que debía rezar con regularidad, asistir a misa y dar una parte de sus bienes a la Iglesia para pedir perdón.

Después de más de mil años de decadencia, la Iglesia emprendió, durante la segunda mitad del siglo XI, una reforma orientada a impulsar su esplendor. En plena Edad Media, el mundo cristiano vivió según el «augustinismo político» instituido por el papa Gregorio VII, es decir:

> [...] *una sociedad sagrada y feudal, organizada según una doble jerarquía, temporal y espiritual, en la que el soberano pontífice es el único jefe* (L. Touchgues, 2000 ans d'histoire de l'Église, R. Perrin, 2000).

Así se llegó hasta el papa Inocencio III, que impuso el arbitraje pontifical sobre todos los asuntos.

Satanás, que no era igual a Dios, sino un ángel caído, un ángel maligno, no tuvo un papel preeminente en los primeros tiempos del cristianismo ni durante la Alta Edad Media. Fue necesario esperar al nacimiento de la sociedad feudal para que el demonio apareciese con todo su aspecto lúgubre. La Edad Media creó un mundo dual: el diablo y el buen dios, el bien y el mal. Antes de que apareciese esta dualidad, el cristianismo luchaba contra las herejías, y especialmente contra el maniqueísmo, que creía en dos dioses: un dios del bien y un dios del mal. La Edad Media se constituyó de otro modo, dado que, si no hacía del diablo un dogma y el purgatorio no era reconocido, la humanidad estaba entonces representada por el hombre atraído en dos sentidos diferentes por el bien y el mal. El diablo aparece en una imagen estereotipada en piedra o en las pinturas cristianas, está allí, bajo la forma de serpiente tentadora, de pecado de la carne o, peor todavía, de figuras antropomorfas horribles y difíciles de reconocer.

La bipolaridad de la humanidad aparece en el frontón de las catedrales. Como escribió Xavier Coadic en *Présences du diable* (Trajectoire, 2003).:

> *A menudo en el nártex de las iglesias se hallan escenas de juicios o de diablos, representados con cuernos y con garras con las que arrastran a los muertos. En algunas escenas en las que las almas son pesadas por Jesús, los diablos hacen trampas apoyando todo su peso en la balanza [...] este diablo, a menudo presente en las iglesias góticas, no muestra siempre un carácter tan maligno.*

Las órdenes franciscanas y dominicas («Orden de los Hermanos Predicadores») iban a predicar a los mercados de las ciudades, donde preconizaban un vida alejada de toda riqueza, una vida de abandono y de alejamiento de los placeres. La predicación se convirtió en un medio educativo permanentemente utilizado, que se vio encuadrado entre dos voluntades:

— suscitar un marco religioso: el predicador difunde la verdad al servicio de la Iglesia;
— proponer una exigencia profética: es decir, un cambio de vida, un retorno al Dios individual. Además, en la Edad Media, el sermón fue un vector de comunicación y de transmisión de cultura y de saber a los laicos.

La movilización de la Europa cristiana contra el islam se puso en marcha. Aquella estaba dispuesta a liberar los Santos Lugares. Los papas y algunos príncipes hicieron llamamientos a participar en las Cruzadas a partir de la ocupación de Palestina, en el año 1071, por los turcos selyúcidas. La tumba de Cristo ya no podía ser visitada por los cristianos y la indignación puso en pie de guerra a toda la cristiandad. El papa francés Urbano II llamó a recuperar Tierra Santa.

La primera de las ocho Cruzadas estaba en marcha. Organizada a las órdenes de Godofredo de Bouillon, duque de Lorena, estaba formada por cuatro ejércitos. Jerusalén fue liberada en julio de 1099. Godofredo de Bouillon organizó la administración de Tierra Santa y rehusó el título y la corona de rey de Jerusalén. En el año 1187, el sultán Saladino recuperó los Santos Lugares y se organizaron, a partir de ese hecho, otras siete Cruzadas.

La segunda fue predicada por San Bernardo y comandada por Luis VII, rey de Francia, y Conrado III, emperador germánico. Las Cruzadas no llegaron a recuperar Damasco y Edesa.

La tercera reunió a Felipe Augusto, Ricardo Corazón de León y Federico Barbarroja. San Juan de Acre fue tomada, pero Jerusalén permaneció en manos de los turcos.

La cuarta se acabó vergonzosamente con el saqueo de Constantinopla y la fundación, entre 1204 y 1261, de un reino latino.

La quinta y la sexta, conducidas por los alemanes y los húngaros, permitieron a los cristianos recuperar Jerusalén, Nazaret y Belén. Sin embargo, en el año 1244, Jerusalén pasó de nuevo a manos de los musulmanes.

Las dos últimas Cruzadas fueron dirigidas por San Luis. En el primer intento fue hecho prisionero en Mansura. En 1270, ya de vuelta a Francia —después de haber sido liberado mediante el pago de un fuerte rescate—, organizó una Octava Cruzada y desembarcó en Cartago, pero se declaró una epidemia de peste y el ejército quedó diezmado. El mismo San Luis fue alcanzado por ella y murió el 25 de agosto de 1270. La reconquista ya no podría ser militar.

En razón de los abusos eclesiásticos, se organizaron movimientos religiosos contra el clero, sus riquezas y su alejamiento tanto del pueblo como de la vida cristiana. Aparecieron diferentes herejías, todas referidas a la Biblia, de las que bastantes rechazaban el bautismo, como la de los patarinos de Milán, la de los cátaros, que recuperaron la cuestión del maniqueísmo, o la valdense, fundada sobre una voluntad de pobreza... La respuesta de la Iglesia fue rápida: por una parte, las Cruzadas de los pequeños señores del norte de Francia contra los albigenses y, por otra, la Inquisición.

La filosofía de la Edad Media, llamada también *escolástica*, estuvo dominada por el deseo de acomodar la filosofía griega a la doctrina cristiana. El pensamiento medieval, heredero del cristianismo, fijó sus raíces en una teología que se presentaba como el desenlace de las doctrinas de Platón, Aristóteles y los estoicos. Los grandes pensadores de la Edad Media estaban sobre todo preocupados por la armonización de la filosofía pagana de los griegos con el pensamiento religioso de las tres grandes religiones monoteístas: prioritariamente el cristianismo, políticamente vencedor, pero también el judaísmo y el islam.

El cristianismo se apoyaba en la razón divina a través de la revelación. Y pretendía conducir la filosofía a su plenitud, más que con la razón humana, puesta de manifiesto por la filosofía pagana como «incapaz de conducir hacia la verdad», a través de la religión.

Se construyó en toda la Europa medieval una «suma intelectual a base de piedra y pinturas». Catedrales, iglesias, capillas y abadías eran otras tantas representaciones portadoras de simbolismos, que respondían al impulso espiritual del siglo XII. La concepción de la religión vista como la elevación progresiva y directa del mundo terrenal hacia el infinito divino daba nacimiento a una arquitectura de la verticalidad, clara y armoniosa, capaz de arrastrar a la muchedumbre y dar a la ciudad un impulso vital. Ese deseo de elevación lo explicaba el abad Suger así:

> Noble resplandece la obra, pero la obra que resplandece debe aclarar los espíritus a fin de que caminen por la verdadera luz hacia la auténtica claridad de la que Cristo es el portador (Alberto Martín, Le Moyen Âge européen, Hachette, 1963).

Por otra parte, los constructores de catedrales, los colegas que iban de taller en taller para realizar su trabajo, pero también sus rituales o sus logias, acabaron siendo los difusores de una propaganda religiosa, de una fe en Dios ligada al hombre, de una investigación de excelencia y verdad única en la historia de la cristiandad.

Al rechazar la doctrina agustiniana de la iluminación divina, el «doctor de la Iglesia» ponía en Aristóteles los medios necesarios para una justa conciliación de la razón y de la fe «a fin de constituir la teología como ciencia». El tomismo (por Santo Tomás de Aquino) como es conocida esta doctrina, ocuparía pronto su propio espacio en el mundo católico, un poco «como la réplica de la lógica de Aristóteles a los Diálogos de Platón».

La Edad Media filosófica —y por tanto teológica— se clausuró con algunas publicaciones y algunos anuncios de revueltas o aggiornamento:

— la publicación de la *Docta Ignorantia* de Nicolás de Cues (1401-1464);

— la difusión de la *Theologia platonica* de Marsilio Ficino (1433-1499);

— la condena a la hoguera (1415) de Juan Huss, que había traducido el Evangelio al checo y predicó la reforma de la Iglesia católica.

¡Sitio a los grandes humanistas y reformadores del siglo XVI! Estos reprocharon a los filósofos de la Edad Media haber olvidado la Biblia y los textos evangélicos, haber abierto un camino al paganismo (Erasmo), haber entregado las llaves de la teología a la moral griega (Lutero) y haber hecho demasiadas concesiones a la violencia como medio de propaganda y de defensa de la Iglesia católica. Pareció pues, al llegar el final de la Edad Media, que la filosofía medieval había abierto la puerta a una laicización de la teología.

Tras el hundimiento de la sociedad feudal, el hombre del Renacimiento hizo un esfuerzo de erudición, encontró y tradujo los textos antiguos, reintegró los elementos antiguos en la arquitectura, descubrió el cuerpo humano, lo disecó y lo pintó... Aprendió a jugar *oculis ac rationibus*, «por el análisis visual y el razonamiento». ¡El mundo medieval, su filosofía y su fe no daban más de sí!

El Nuevo Testamento

El Nuevo Testamento o Nueva Alianza reagrupa el conjunto de escritos referidos a la vida de Jesús desde los primeros años del cristianismo, considerados como auténticos por las Iglesias cristianas. La palabra «testamento», ya utilizada durante el Antiguo Testamento, deriva de la palabra griega *diathiki*, que significaba «contrato» y que fue traducida al latín como *testamentum*, «testamento». Sin embargo, la palabra griega para referirse a «contrato» tiene un sentido más amplio, por eso algunos prefieren —desde hace algunas décadas— referirse al concepto «alianza».

El Nuevo Testamento comprende los cuatro Evangelios canónicos, los Hechos de los apóstoles, numerosas Epístolas (la mayoría debidas a Pablo) y el Apocalipsis según San Juan.

La clasificación de los libros no es cronológica, dado que no se conoce con precisión la fecha en que fueron escritos. La progresión se hace según la siguiente lógica: la vida de Jesús explicada por cuatro discípulos; la historia de la Iglesia primitiva; las Epístolas enviadas por los primeros discípulos a las primeras comunidades cristianas (textos para la enseñanza, consejos y sobre todo preceptos religiosos); el Apocalipsis de Juan, del que Paul Claudel decía: «Es la más oscura, la más difícil de las recopilaciones sagradas», y que fue completamente comentado por Victorin de Petteau a mediados del siglo III.

Los textos originales no son conocidos y la cuestión de las fuentes queda ahí siempre latente. Los textos referidos son, además, copias y copias de copias. El papiro cristiano más antiguo actualmente conocido es el papiro de Ryland (Manchester). Fechado en el año 125 d. de C., fue descubierto en Egipto y da testimonio de la existencia del Evangelio de Juan en la primera mitad del siglo II en ese mismo país. Poseemos cinco mil documentos de tamaños diferentes y escritos en diversas lenguas, como el armenio, el griego y el latín, que han servido a los exegetas y a los historiadores para recuperar informaciones y para reconstruir el origen de los Evangelios. A estos hay que añadir los textos apócrifos («ocultos» en griego), entre ellos los Hechos de Tomás, y los protoevangelios de Santiago... Estos confirman, tanto por ser la antítesis como por sus tendencias heréticas, los estudios analizados. A veces, lo maravilloso triunfa sobre todo. Fue el sabio alemán J. J. Griesbach quien, a mediados del siglo XVIII, dio por primera vez el nombre de *sinópticos* a los Evangelios de Mateo, Marcos y Lucas en razón a su parecido. El planteamiento de estos tres Evangelios es relativamente similar. Pero la cuestión crucial vuelve a ser la de las fuentes. En 1817, Friedrich Schleimacher lanzó la hipótesis siguiente. Mateo y Lucas, independientemente uno de otro, hicieron referencia a dos fuentes: por una parte el Evangelio de Marcos y, por otra, la fuente Q (es decir *Quelle*, «fuente» en alemán), una recopilación de *logia* («sentencias»). Esta fuente no ha sido encontrada nunca. Eso también podría querer decir que Marcos era anterior. Esta teoría es discutida por una parte debido a algunas modificaciones —realmente menores, pero comunes— de Mateo y Lucas respecto al texto de el primero y, por otra, por los pasajes que no son comunes más que en Mateo y Marcos. ¿Por qué?

Añadamos a eso «el profundo respeto por el texto sagrado que los cristianos heredaron de los judíos» y la tolerancia que constituye la permanencia en el texto de numerosos pasajes poco gratos o susceptibles de una interpretación viperina (Mateo, 11, 19; Marcos, 10, 18; Marcos, 13, 32). Si hubiera querido, la Iglesia los habría podido hacer borrar.

Después de la resurrección de Jesús, los discípulos comenzaron a querer extender la Buena Nueva. El testimonio inicialmente oral pasaría a ser escrito. A finales del siglo V, el canon de la joven Iglesia cristiana definía los veintisiete libros del Nuevo Testamento, de los que los cuatro primeros son los Evangelios, tantas veces transmitidos, copiados, vueltos a copiar e interpretados, a veces subrepticiamente modificados por un copista y otras marcados por la actuación de algún monje, censurados o con comentarios apologéticos...

Los Evangelios

La traducción del Evangelio siempre ha sido una cuestión compleja, como lo señala Jean Grosjean, traductor de la Biblia (*AHM*, febrero de 2005). Además, como recuerda André Chouraqui en el prólogo de *Pacte Neuf*, es necesario «encontrar, oculto en las palabras griegas, hebreas o arameas, el pensamiento exacto que expresaban». Por otra parte, en esta traducción se intenta «restituir la idea desarrollada en su contexto semántico». Los Evangelios constituyen la fuente que brota de la fe cristiana y, en ese caso, cada uno posee una origen personal:

— Lucas permite una comprensión histórica, clásica, que transmite de manera ordenada como si extendiera por la tierra el mensaje divino; todo ello inscrito en un marco de admiración por el mundo romano;
— Marcos propone un anuncio de «la Buena Nueva de Jesucristo, hijo de Dios» (Marcos, 1, 11). Se trata de una revelación que llega a todos los que acogen la Buena Nueva;
— Mateo se detiene en una revelación única que va más allá del entendimiento humano: «Lo que María ha engendrado viene del Espíritu Santo» (Mateo, 1, 20-23);
— Juan permite una doble aproximación: histórica y precisa por una parte, y portadora del don sobrenatural por otra. «En el comienzo era el Verbo... y el Verbo era Dios» (Juan, 1, 1).

Los Evangelios no nos relatan todos los mismos hechos ni los mismos milagros, ni dan todos idéntica importancia a una frase o a un encuentro...

A pesar de poner mucho cuidado en edificar la consistencia de los testimonios (ejemplo: Lucas, 1, 1-4), los Evangelios no relatan hechos poco elaborados. Proponen acontecimientos releídos y meditados en la fe. La redacción de los mismos fue realizada a distancia de los hechos explicados. En ese sentido, la conclusión del Evangelio según San Juan explica:

Jesús obró ante los ojos de sus discípulos otros hechos que no son relatados en este libro. Estos han sido recogidos para que creáis que Jesús es Cristo, el Hijo de Dios, y para que, al creer, tengáis vida en su nombre (Juan, 20, 30-31).

No se puede ser más preciso... en la imprecisión.

Los Hechos de los apóstoles

Considerados como el «segundo volumen de los Evangelios de Lucas», los Hechos —como son citados— tienen carácter de un diario personal de Lucas, que los escribió en primera persona del singular. Habrían sido redactados entre los años 63 y 90 y describen el nacimiento y el crecimiento de la Iglesia en Jerusalén después de la ascensión de Jesús; la difusión del Evangelio en las proximidades de Jerusalén y los viajes por el mundo mediterráneo de uno de los primeros misioneros, el apóstol Pablo (Saúl de Tarso, convertido en el camino a Damasco). Aunque Pablo no estuvo al lado de Jesús es considerado y se considera a sí mismo como un apóstol.

Las Epístolas

El cristianismo ha insertado veintiuna Epístolas redactadas por los apóstoles en el Nuevo Testamento. Estas cartas —género muy utilizado en la Antigüedad— están divididas con frecuencia en tres partes: una dirección, un cuerpo y una fórmula de despedida.

La mayoría de las cartas ha sido asignadas a Pablo. Existen otras también «atribuidas» a Pedro o Juan... Las Epístolas son atribuidas a alguien porque los exegetas buscan cómo determinar si los autores citados al principio del texto son los verdaderos. Los destinatarios pueden ser varios: una iglesia o varias, determinadas comunidades (romanos, corintios, gálatas, tesalónicos...) y particulares (Judas, Tito, Filemón), etc.

El Apocalipsis según San Juan

Texto muy comentado, oculto y extraviado, el Apocalipsis es la revelación (*apokalupsis* en griego) de Dios a los hombres. Dios, el creador, el único rey, el único juez, resolverá sobre la suerte de los hombres y de los países, hará balance de los actos realizados en la tierra. El libro comienza con estas palabras:

> *Feliz aquel que lee y aquellos que escuchan las palabras de la profecía y que recuerdan las cosas que allí están escritas. Porque el tiempo está próximo (1, 3).*

Se trata pues de un mensaje de felicidad y no del libro terrible y maléfico utilizado por algunos movimientos, entre ellos ciertos grupos sectarios. Las descripciones son detalladas, simbólicas (visiones de caballeros, trompetas, dragones y animales), y las cifras son misteriosas. No se trata —como se ha llegado a escribir— de indicaciones codificadas que invitan a realizar identificaciones exactas y adivinaciones, tampoco de que se realicen cálculos cronológicos. Consiste en un lenguaje en forma de parábola y metafórico que también se encuentra en los profetas del Antiguo Testamento (Amos, que amenaza a los impíos del «Día de Yahvé», Ezequiel o Joel, es decir, los maestros en el estilo apocalíptico).

El mensaje es también de orden político. El autor —¿de qué Juan se trataba?— escribió hacia el año 95 d. de C., bajo el régimen de Domiciano, y denunció el carácter satánico del cesarismo idólatra del Imperio romano, que intentaba hacerse venerar como si fuera una divinidad. Detrás de «las figuras del dragón, de los animales y de la gran prostituta», es a él al que hay que ver.

Los cristianos tienen un solo maestro, un solo Señor, un solo Dios, que, al dar su vida en la cruz por su amor a los hombres y al resucitar de entre los muertos al tercer día, reveló que el amor es la fuerza suprema. Sólo Dios puede dar la vida eterna.

La palabra de Dios no envejece nunca; lo que él ejecuta permanece para siempre en la tierra: Dios es, según el Apocalipsis, «el que era, el que es, el que viene». El autor que escribió desde la isla de Patmos se dirigía a las siete iglesias situadas en Asia Menor en un estilo potente, alegórico, demostrativo y visionario. Se concentró en los aspectos teológicos y escatológicos, y puso por delante, especialmente en el título dado a cada una de las secciones, nos dice Jean-Pierre Prévot en una obra titulada *Guide de lecture du Nouveau Testament* (Bayard, 2004):

La centralidad del Resucitado en este admirable escenario imaginado por Juan y que lleva precisamente como título y programa: Revelación de Jesucristo.

La profecía de San Malaquías

Es un texto misterioso descubierto según la leyenda en 1590 y atribuido de manera totalmente arbitraria a San Malaquías, un obispo irlandés. La profecía homónima, también llamada la *profecía de los papas*, es un escrito esotérico cuya veracidad es puesta en duda por la Iglesia y por los investigadores. Sin embargo, como la mayor parte de las profecías que han salpicado la historia, la de San Malaquías tiene larga vida y todavía hay en nuestros días algunas personas que creen en las predicciones que recoge, como que el pontificado de Benedicto XVI, el papa actual elegido en el año 2005, será el último antes del fin del mundo.

Presentada en un texto que ocupa cinco páginas, que contienen no menos de ciento once divisas, acompañadas de otro texto que anuncia el fin del mundo (véase el capítulo «Anexos»), la profecía de San Malaquías es, de cualquier forma, un documento sorprendente. En efecto, esta profecía sobre los papas tiene todas los elementos para sembrar la inquietud entre las personas que la lean.

En primer lugar, las divisas, todas redactadas en latín, corresponden de manera sorprendente al papa Celestino II (1143-1144) y a sus ciento diez sucesores. Así, el décimo de la lista, el papa Lucio II (1144-1145), perseguido por el senado de Roma, es asociado a la divisa *Inimicius expulsus*. La divisa número treinta y seis de la lista: *Corvus schismasticus* («cuervo cismático») le sienta como un guante a Nicolás V (1328-1330), el soberano pontífice al que corresponde dado que había nacido en el poblado de Corberia y vio cómo su elección provocó un cisma en la cristiandad. *Peregrinus apostolicus*, que, en esta larga lista de sucesores, designaba a Pío VI (1775-1799), parece bien confirmada por el viaje de este papa a Alemania, realizado por los intereses de la Iglesia y del sitio apostólico. Finalmente, y este será nuestro último ejemplo, Juan Pablo I, cuyo pontificado, recordémoslo, terminó una noche de media luna al cabo de treinta días de haber sido elegido, vio en el texto su nombre asociado a la máxima *De mediate lunae* («mitad de la luna»).

Finalmente, esta es la sentencia que subraya la enumeración de todas las divisas:

In persecutione extrema sanctae romanae ecclesiae sedebit Petrus Romanus, qui pascet oves in multis tribulationibus; quibus transactis, civitas septis collis diruetur, et Judex tremendus judicabit populum suum. Amen.

Su traducción («En la última persecución de la Santa Iglesia romana, la silla [pontificia] será ocupada por un romano llamado Pedro, que hará pastar a las ovejas en medio de grandes tribulaciones; después de mí, la ciudad de las siete colinas [Roma] será destruida, y un juez terrible juzgará a su pueblo») está sujeta a debates, y también dispone de bazas para suscitar entre los amantes de las predicciones apocalípticas un buen número de reflexiones.

Sin embargo, todos los indicios de los que disponemos en la actualidad nos permiten pensar que esta profecía de San Malaquías no es más que una desvergüenza cuyo origen e interés siguen siendo, a pesar de todo, bastante poco atractivos.

En primer lugar, es importante referirse a la imaginación de la que dan muestras los aficionados al esoterismo para justificar la relación entre las divisas y los papas a los que se refieren. Escudos, villas natales, días de nacimiento, astrología...: todo está superado, pero conviene decir que, si algunas correspondencias pueden parecer preocupantes, la mayor parte son como mínimo puras fantasías.

San Bernardo de Claraval, amigo próximo y biógrafo del primado irlandés, no hizo nunca referencia a ninguna profecía. Además, Ange Manrique, depositaria de los archivos de San Malaquías, no ha encontrado nada de todo eso.

Finalmente, todos los autores —y han sido muchos— que se han acercado a la vida del santo varón nunca han acreditado esa profecía.

Por otra parte, algunas divisas parecen directamente inspiradas por los rumores o surgidas por errores cometidos por los biógrafos pontificios. Es el caso de *Lupa Caelestina* («loba celestina»), que hace referencia a una pretendida pertenencia del muy agustiniano papa Eugenio IV a la cofradía de los celestinos. El redactor de esta profecía no solamente fue influido por esa información errónea aunque muy extendida en la época, sino que, sobre todo más adelante, fue evidente que este texto había sido redactado de manera apócrifa hacia finales del siglo XVI, fecha en la que apareció por primera vez. Porque, efectivamente, nadie había oído nunca hablar de esta profecía de San Malaquías antes de su aparición en el año 1595 en el *Lignum vitae, Ornamentum et decus Ecclesiae* de Arnold de Wyon, una obra en la que el editor veneciano incluyó un gran número de textos de diferentes procedencias.

¿Qué hay que pensar, finalmente, de esta profecía de los papas? En primer lugar, conviene admitir, sin margen de duda, que fue atribuida a San Malaquías por error o por un deseo malintencionado, con el único objetivo de darle al documento la legitimidad de la que carece a todas luces. Sólo nos falta saber por qué, y las opiniones en este sentido son muy numerosas. ¿Quién podía tener interés en redactar en el siglo XVI una profecía que anunciase que el Apocalipsis tardaría siglos en llegar? Nadie, a menos que la razón de esa maquinación fuera otra, con lo que entonces la única explicación posible pasa a ser política, como comenta con gran claridad el abad Joseph-Épiphane Darras en su *Histoire générale de l'Église depuis la création jusqu'à nos jours* (1854):

> *Fue con este papa [Celestino II] con el que comenzaron las conocidas profecías sobre los soberanos pontífices, atribuidas a San Malaquías... Estas no fueron publicadas por primera vez más que cuatrocientos cincuenta años después [de la muerte del santo], en 1595, por el monje benedictino Arnold de Wion. Esta circunstancia ha hecho suponer que debieron ser realizadas con el deseo de dividir el cónclave de 1590, en el que se eligió a Gregorio XIV, porque las profecías anteriores a este papa son muy claras y muy precisas.*

Anexos

Anexos

El Diluvio en el Génesis

Capítulo sexto

El Eterno vio que la maldad de los hombres era mucha en la tierra, y que, además, todos los pensamientos de su corazón se orientaban diariamente hacia el mal.

El Eterno se arrepintió de haber creado al hombre sobre la tierra y sintió dolor en su corazón.

Y dijo el Eterno: «Exterminaré de la faz de la tierra a los hombres que he creado, desde el hombre hasta la bestia, hasta los reptiles y las aves del cielo, porque me arrepiento de haberlos creado».

Pero Noé cayó en gracia ante los ojos del Eterno.

He aquí la posteridad de Noé. Este era un varón justo e íntegro en su tiempo; Noé vivía en la obediencia a Dios.

Noé tuvo tres hijos: Sem, Cam y Jafet.

La tierra estaba corrompida ante Dios y llena de violencia.

Dios miró la tierra y he aquí que estaba corrompida; porque toda carne había corrompido su camino en la tierra.

Dijo, pues, Dios a Noé: «He decidido poner fin a todo ser, porque la tierra está llena de violencia; voy a destruirlos con la tierra.

»Hazte un arca de madera de gofer; harás aposentos en el arca, y la calafatearás con brea por dentro y por fuera.

»Lo harás de esta manera: el arca tendrá trescientos codos de longitud, cincuenta de anchura y treinta de altura.

»Harás en el arca una ventana que tendrá un codo de altura; pondrás una puerta en un lado del arca; y le harás un piso inferior, un segundo y un tercero.

»Yo voy a provocar un diluvio sobre la tierra para destruir toda carne en que haya espíritu de vida bajo el cielo; todo lo que hay en la tierra morirá.

»Pero estableceré mi alianza contigo; entrarás en el arca tú y tus hijos, y tu mujer y las mujeres de tus hijos entrarán también.

»Y de todo lo que vive, de toda carne, harás entrar en el arca dos de cada especie, para que tengan vida contigo; serán macho y hembra.

»De las aves según su especie; del ganado según su especie y de todos los reptiles de la tierra según su especie; dos de cada especie entrarán contigo para que tengan vida.

»Y toma contigo de todo alimento que se come, y almacénalo contigo, a fin de que sirva de sustento para ti y para ellos».

Y así lo hizo Noé; lo hizo todo conforme a lo que Dios le había mandado.

Capítulo séptimo

El Eterno dijo a Noé: «Entra en el arca, tú y toda tu casa, porque he visto que, entre toda esta generación, tú eres justo ante mí.

»Tomarás contigo siete parejas de todos los animales puros, el macho y su hembra, más una pareja de los animales que no son puros, el macho y su hembra.

»También siete parejas de las aves del cielo, macho y hembra, para conservar viva la especie sobre la faz de la tierra. Porque, pasados siete días, haré llover sobre la tierra cuarenta días y cuarenta noches, y exterminaré de la faz de la tierra a todos los seres vivientes que hice».

Noé hizo todo lo que el Eterno le había mandado.

Noé tenía seiscientos años cuando el Diluvio cayó sobre la tierra.

Y Noé entró al arca con sus hijos, su mujer y las mujeres de sus hijos para escapar a las aguas del Diluvio. De los animales puros y de los que no eran puros, de las aves y de todo lo que se mueve sobre la tierra, entraron con Noé en el arca de dos en dos, un macho y una hembra, como Dios había mandado a Noé. Y sucedió que, al séptimo día, las aguas del Diluvio cayeron sobre la tierra. El año seiscientos de la vida de Noé, en el segundo mes, a los diecisiete días del mes, fueron rotas todas las fuentes del gran abismo, y las cataratas de los cielos se abrieron.

La lluvia cayó sobre la tierra cuarenta días y cuarenta noches.

Ese mismo día entraron en el arca con Noé Sem, Cam y Jafet, hijos de Noé, la mujer de Noé y las tres mujeres de sus hijos con ellos: ellos y todos los animales según su especie, y todo el ganado domesticado según su especie, todos los pájaros según su especie y todos los pequeños pájaros, todos los que tenían alas.

Entraron, pues, con Noé en el arca, de dos en dos, toda la carne en la que había espíritu de vida.

Entró macho y hembra de toda carne, como Dios había ordenado a Noé; después el Eterno cerró la puerta tras él.

Y el Diluvio cayó cuarenta días sobre la tierra; y las aguas crecieron y alzaron el arca, que se elevó sobre la tierra.

Y subieron las aguas y crecieron en gran manera sobre la tierra; y flotaba el arca sobre la superficie de las aguas. Las aguas crecieron y subieron mucho sobre la tierra; y el arca flotó sobre la superficie de estas.

Las aguas crecieron más y más, y todas las altas montañas que había bajo el cielo fueron cubiertas. Las aguas subieron quince codos por encima de las montañas, que quedaron cubiertas.

Todo lo que se movía sobre la tierra murió, tanto los pájaros como el ganado y los animales, todo lo que llenaba la tierra, y todos los hombres.

Todo lo que tenía aliento, espíritu de vida en sus narices y estaba sobre la tierra seca, todo murió. Así fueron exterminados todos los seres que vivían sobre la faz de la tierra, desde el hombre hasta los animales domesticados, los reptiles y las aves del cielo: fueron exterminados de la tierra. Sólo quedó Noé y los que con él estaban en el arca.

Y las aguas cubrieron la tierra ciento cincuenta días.

Capítulo octavo

Dios se acordó de Noé, de todos los animales y de todo el ganado domesticado que estaba con él en el arca; y Dios hizo soplar un viento sobre la tierra y las aguas disminuyeron.

Y las fuentes del abismo y las cataratas del cielo se cerraron; y la lluvia no cayó del cielo.

Las aguas se retiraron de la faz de la tierra: secándose y alejándose; y las aguas se retiraron al cabo de ciento cincuenta días.

El séptimo mes, el decimoséptimo día del mes, el arca se posó sobre las montañas de Ararat.

Las aguas fueron decreciendo hasta el décimo mes. Ese décimo mes, el primer día del mes, las cimas de los montes quedaron al descubierto.

Al cabo de cuarenta días, Noé abrió la ventana que había hecho en el arca.

Envió un cuervo, que salió y estuvo yendo y viniendo hasta que las aguas se secaron sobre la tierra. También envió una paloma, para ver si las aguas se habían retirado de la faz de la tierra.

Pero la paloma no halló donde posar la planta de su pie, y volvió al arca porque las aguas estaban aún sobre la faz de toda la tierra. Entonces, él extendió su mano y, tomándola, la hizo entrar consigo en el arca.

Esperó todavía otros siete días, y volvió a enviar la paloma fuera del arca.

Y la paloma volvió a él al atardecer; y he aquí que traía una hoja de olivo en el pico; Noé entendió que las aguas se habían retirado de la faz de la tierra.

Aún esperó otros siete días, y envió nuevamente a la paloma, la cual no volvió ya más a él. En el año seiscientos uno de Noé, en el primer día del primer mes, las aguas se secaron sobre la tierra. Noé quitó la cubierta del arca, miró y he aquí que la faz de la tierra estaba seca.

Y en el vigesimoséptimo día del segundo mes la tierra se secó.

Entonces Dios habló a Noé, diciéndole: «Sal del arca, tú y tu mujer, y tus hijos y las mujeres de tus hijos contigo. Saca contigo a todos los animales de toda carne que están contigo, tanto las aves como los animales domesticados y todos los reptiles que se arrastran sobre la tierra: que se extiendan por la tierra, que sean fecundados y se multipliquen sobre la tierra».

Entonces Noé salió con sus hijos, su mujer y las mujeres de sus hijos.

Todos los animales, todos los reptiles, todas las aves, todo lo que se mueve sobre la faz de la tierra, según sus especies, salió del arca.

Noé edificó un altar al Eterno. Tomó de todos los animales puros y de todas las aves puras y ofreció sacrificios en el altar.

El Eterno percibió un olor grato y dijo en su corazón: «No volveré a maldecir la tierra a causa del hombre, porque los pensamientos del corazón del hombre son malos desde su juventud, ni volveré más a destruir a todo ser viviente como he hecho ahora.

»Mientras la tierra permanezca no faltarán jamás semillas, siega, frío, calor, verano e invierno, y el día y la noche no cesarán nunca».

La profecía de San Malaquías

1. *Ex castro Tiberis* («Del castillo del Tíber»): Celestino II (1143-1144) nació en Città del Castello, a orillas del Tíber.

2. *Inimicus expulsus* («El enemigo expulsado»): Lucio II (1144-1145) fue expulsado de Roma.

3. *Ex magnitudine montis* («De la grandeza del monte»): Eugenio III (1145-1153) nació en Montemagno.

4. *Abbas suburranus* («El abad de Suburra»): Anastasio IV (1153-1154) era originario del barrio romano de Suburra.

5. *De rure albo* («Del campo blanco»): Adriano IV (1154-1159) era de origen campesino.

6. *Ex tetro carcere* («De tétrica cárcel»): Alejandro fue enviado a la prisión por el antipapa Víctor IV (1159-1164).

7. *Via Transtiberina* («De la vía Transtiberina»): el antipapa Pascual III (1164-1168) era originario del barrio romano del Trastevere.

8. *De Pannonia Tusciae* («De Panonia a Toscana»): Calixto III (1170-1177) —todavía antipapa— era de origen panonio (Hungría).

9. *Ex Ansere custode* («Gracias a la oca protectora»): Alejandro III (1159-1181). Como las ocas del Capitolio, salvó Roma y puso fin a los antipapas.

10. *Lux in ostio* («Luz en la puerta»): Lucio III (1181-1185). Nacido en Luca, Italia, oficiaba antes de su pontificado en la ciudad de Ostia, en la desembocadura del río Tíber (*ostia*, «puerta»).

11. *Sus in cribro* («La cerda contra la criba»): Urbano III (1185- 1187). Su nombre familiar era Crivelli.

12. *Ensis Laurentii* («La espada de Lorenzo»): Gregorio VIII (1187). Cardenal de San Lorenzo, en su escudo de armas figuraba la espada.

13. *De schola exiet* («Salido de la escuela»): Clemente III (1187-1191). Su nombre familiar era Scholari («De la escuela»).

14. *De rure bovensi* («De campo de bueyes»): Celestino III (1191-1198). Su nombre familiar era Bovo-Orsini.

15. *Comes signatus* («Conde de Signe»): Inocencio III (1198-1216). Era conde de Signi.

16. *Canonicus es latere* («Canónigo de Letrán»): Honorio III (1216-1227). Su pontificado siguió al concilio de Letrán.

17. *Avis ostiensis* («El ave de Ostia»): Gregorio IX (1227-1241) fue obispo de Ostia y había un águila en su escudo de armas.

18. *Leo sabinus* («El león sabino»): Celestino IV (1241). Fue obispo de Sabina y llevaba un león en su escudo de armas.

19. *Comes laurentius* («El conde de Lorenzo»): Inocencio IV (1243-1254). Era conde y residía en San Lorenzo.

20. *Signum ostiense* («El signo de Ostia»): Alejandro IV (1254-1261). Su nombre de familia era Segni y fue obispo de Ostia.

21. *Jerusalem campaniae* («Jerusalén en Champagne»): Urbano IV (1261-1264). Nació en Champagne y fue patriarca de Jerusalén.

22. *Draco depresus* («El dragón perdido o vencido»): Clemente IV (1265-1268). Sus armas mostraban a un águila que aprisionaba entre sus garras a un dragón.

23. *Anguineus vir* («El hombre de la culebra»): Gregorio X (1271-1276). Cruel y astuto, fue apodado «la serpiente».

24. *Concionator gallus* («El predicador galo»): Inocencio V (1276). Ocupó la cátedra de Teología de París antes de acceder al pontificado.

25. *Bonus comes* («El buen conde»): Adriano V (1276), conde de Lavagne.

26. *Piscator tuscus* («El pescador toscano»): Juan XXI (1276-1277). Obispo de Tusculum, era llamado «Pedro» como el pescador.

27. *Rosa composita* («La rosa compuesta»): Nicolás III (1277-1280). Llevaba la rosa en su escudo de armas.

28. *Ex telonio liliacei Martini* («Del recaudador de Martín de lis»): Martín IV (1281-1285). Fue tesorero de la iglesia de San Martín de Tours antes de acceder al pontificado.

29. *Ex osa leonina* («De la rosa del león»): Honorio IV (1285-1287). Llevaba el león y la rosa en su blasón.

30. *Picus inter escas* («El pico en la comida»): Nicolás IV (1288-1292). Su nombre de familia era Ascoli, que significa «alimento».

31. *Ex eremo celsus* («Elevado desde la soledad»): Celestino V (1294). Elegido papa, abdicó para volver a la vida de ermitaño.

32. *Ex undarum benedictione* («De la bendición de las olas»): Bonifacio VIII (1294-1303). El escudo de la familia representaba unas olas.

33. *Concionator patareus* («El predicador de Patara»): Benedicto XI (1303-1304). Se llamaba Nicolás como el santo originario de Patara.

34. *De fasciis Aquitanicis* («De los lazos de Aquitania»): Clemente V (1305-1314). Era originario de Aquitania.

35. *De surore osseo* («Del zapatero de Ossa»): Juan XXII (1316-1334). Su nombre de familia era efectivamente Heusse («Ossa»), pero contrariamente a lo que afirman algunos biógrafos de la época no era hijo de un zapatero. Es uno de los errores de la profecía de San Malaquías, que permite pensar que se trata de un apócrifo.

36. *Corvus schismaticus* («El cuervo cismático»): Nicolás V (1316-1333). Antipapa nacido en Corberia, su elección provocó el cisma en la cristiandad.

37. *Frigidus abbas* («El abad frío»): Benedicto XII (1334-1342). Fue abad de Fontfroide.

38. *De rosa Attrebatensi* («De la rosa de Arrás»): Clemente VI (1342-1352). Fue obispo de Arrás (Francia). Llevaba la rosa en su escudo.

39. *De montibus Pammachii* («El luchador de los montes»): Inocencio VI (1352-1362). Nació en el monte Limousin. En sus armas había seis montañas.

40. *Gallus vicecomes* («El aristócrata francés»): Urbano V (1362-1370). Era barón y francés.

41. *Novus de virgine forti* («Fortaleza de Sainte-Marie-Nouvelle): Gregorio XI (1370-1378). Fue cardenal de Sante-Marie-Nouvelle.

42. *De cruce apostolica* («De la cruz de los apóstoles»): Clemente VII (1378-1394). Antipapa que llevaba la cruz en su blasón.

43. *Luna cosmedina* («Luna de Constanza»): Benedicto XIII (1394-1424). Este antipapa fue cardenal de Santa María en Costanza (Italia), antes de su pontificado.

44. *Schisma Barcinonum* («El cisma de Barcelona»): Clemente VIII (1424-1429). Originario de Barcelona, fue antipapa.

45. *De inferno prægnante* («Preñado del infierno»): Urbano VI (1378-1389). Su nombre de familia era Prignano.

46. *Cubus de mixtione* («Un cubo fuera de su elemento»): Bonifacio IX (1389-1404). El escudo de armas de su familia representaba unos cubos entrelazados.

47. *De meliore sidere* («De la estrella mejor»): Inocencio VII (1404-1406). En su escudo de armas llevaba una estrella.

48. *Nauta de Ponte Nigro* («Marino del mar Negro»): Gregorio XII (1406-1415). Fue obispo de Negreponte.

49. *Flagellum solis* («El azote del sol»): Alejandro V (1409-1410). Este antipapa llevaba un sol en su escudo de armas.

50. *Cervus sirenæ* («El ciervo de la sirena»): Juan XXIII (1410-1419). Este antipapa era napolitano.

51. *Corona veli aurei* («La corona del velo de oro»): Martín V (1417-1431). Fue cardenal diácono de San Jorge del Velo de Oro.

52. *Lupa Cælestina* («Loba celestina»): Eugenio IV (1431-1447). Fue obispo de Siena, cuyas armas representan a una loba, pero no pertenecía a la Orden celestina como dijeron algunos biógrafos de la época. Es uno de los errores cometidos por este apócrifo.

53. *Amator crucis* («El amante de la cruz»): Félix V (1439-1449). Antipapa, su nombre era Amadeo, «Ama a Dios».

54. *De modicitate lunae* («La pequeña luna»): Nicolás V (1447-1455). De orígenes modestos, había nacido en Lunigiana.

55. *Bos pascens* («El buey que pace»): Calixto III (1455-1458). En su escudo de armas había un buey dorado paciendo.

56. *De capra et albergo* («De la cabra y el albergue»): Pío II (1458-1464). Antes de ser papa fue secretario de los cardenales Capranica y Albergati.

57. *De cervo et leone* («Del ciervo y el león»): Pablo II (1464-1471). Hizo edificar la iglesia de Cervie y llevaba un león en su escudo.

58. *Piscator minorita* («Pescador menor»): Sixto IV (1471-1484). Hace referencia a que fue hijo de un pescador y a que fue educado por los frailes minoritas.

59. *Praecursor Siciliæ* («El precursor de Sicilia»): Inocencio VIII (1481-1492). Vivió en la corte de Alfonso, rey de Sicilia.

60. *Bos albanus in portu* («El buey albano en el puerto»): Alejandro VI (1492-1503). Fue obispo de Porto y cardenal de Albano.

61. *De parvo homine* («Del hombre pequeño»): Pío III (1503). Su apellido familiar era Piccolomini (*piccolo* significa «pequeño», y *uomoni*, «hombres»).

62. *Fructus Jovis juvabit* («El fruto de Júpiter agradará»): Julio II (1503-1513). Comanditario de la basílica de San Pedro de Roma. Su escudo de armas contenía un roble, el árbol de Júpiter.

63. *De craticula Politiana* («De la parrilla de Politiano»): León X (1513-1521). Fue obispo de Politiano.

64. *Leo Florentius* («El león de Florencia»): Adriano VI (1522-1523). Pertenecía a la familia Florent, cuyo escudo de armas contenía un león.

65. *Flos pilae aegrae* («La flor de la columna enferma»): Clemente VII (1523-1534). Su escudo de armas incluía unas bolas, una de las cuales estaba adornada con una flor de lis.

66. *Hyacinthus medicorum* («El jacinto de los médicos»): Pablo III (1534-1549). En su escudo de armas había dos flores de lis azules.

67. *De corona montana* («De la corona del monte»): Julio III (1550-1555). Su apellido familiar era del Monte; en su escudo había una corona.

68. *Frumentum floccidum* («Del trigo marchito»): Marcelo II (9 de abril de 1555-1 de mayo de 1555). Llevaba una espiga de trigo en su escudo.

69. *De fide Petri* («De la fe de Pedro»): Pablo IV (1555-1559). Su apellido familiar era Carafa (*carafa* significa «fe» en italiano).

70. *Aesculapi pharmacum* («El fármaco de Esculapio»): Pío IV (1559-1565). Era médico de profesión.

71. *Angelus nemorosus* («El ángel de los bosques»): Pío V (1566-1572). De nombre Miguel, como el ángel, nació en Bosco («Bosque»), en Lombardía.

72. *Medium corpus pilarum* («El cuerpo en medio de las columnas»): Gregorio XIII (1572-1585). En su escudo de armas aparecía medio cuerpo de dragón.

73. *Axis in medietate signi* («El hacha en medio del signo»): Sixto V (1585-1590). Su escudo de armas contenía un hacha Cruzada por un león.

74. *De rore coeli* («El rocío del cielo»): Urbano VII (1590). Fue arzobispo de Rossano (*ros* significa «rocío»).

75. *De antiquitate urbis* («De la antigüedad de la ciudad»): Gregorio XIV, (1590-1591). Nació en Orvieto, que era *Urbs vetus* («Ciudad antigua»).

76. *Pia civitas in bello* («La villa piadosa en guerra»): Inocencio IX (1591). Originario de Bolonia, la villa que decidió entregarse a los Estados pontificios a causa de los horrores de la guerra.

77. *Crux romulea* («La cruz romana»): Clemente VIII (1592-1605). Su escudo de armas contenía la cruz.

78. *Undosus vir* («El varón parecido a las ondas»): León VI (1605). Su pontificado fue tan breve «como una ola» (veintiséis días).

79. *Gens perversa* («El pueblo perverso») Pablo V (1605-1621). En su escudo de armas no hay nada más que un dragón, una criatura.

80. *In tribulatione pacis* («En la tribulación de la paz»): Gregorio XV (1621-1623). Reconcilió al duque de Saboya (Italia) con el rey de España.

81. *Lilium et rosa* («El lirio y la rosa»): Urbano VIII (1623-1644). Nació en Florencia, cuyo símbolo es la rosa y una flor de lis (que es la flor del lirio).

82. *Jucunditas crucis* («La exaltación de la cruz»): Inocencio X (1644-1655). Al parecer, fue elegido papa al día siguiente al de la exaltación de la Santa Cruz.

83. *Montium custos* («El guardián de los montes»): Alejandro VII (1655-1667). En su escudo de armas había montañas.

84. *Sidus olorum* («La estrella de los cisnes»): Clemente IX (1667-1669). Parece ser que durante el cónclave ocupó la cámara de los Cisnes del Vaticano.

85. *De flumine magno* («Del gran río»): Clemente X (1670-1676). El río Tíber venía muy crecido el día de su nacimiento y produjo inundaciones.

86. *Bellua insatiabilis* («La bestia insaciable»): Inocencio XI (1676-1689). En su escudo de armas había un león.

87. *Pœnitentia gloriosa* («La penitencia gloriosa»): Alejandro VIII (1689-1691). Fue elegido el día de San Bruno, el ángel de la penitencia.

88. *Rastrum in porta* («El rastrillo en la puerta»): Inocencio XII (1691-1700). Era originario de la casa Pignatelli del Rastello (*rastello* significa «rastrillo» en italiano), un pueblo situado a las puertas de Nápoles.

89. *Flores circumdati* («Flores rodeadas»): Clemente XI (1700-1721). Llevaba una corona de flores en su escudo de armas.

90. *De bona religione* («De la buena religión»): Inocencio XIII (1721-1724). Era hijo de una de las más grandes familias de la cristiandad, los Conti.

91. *Miles in bello* («El soldado en la guerra»): Benedicto XIII (1724-1730). Fue soldado antes de ejercer su pontificado.

92. *Columna excelsa* («Columna excelsa»): Clemente XII (1730-1740). No existe ninguna correspondencia entre este papa y su divisa. Quizá se explique por su gran labor de construcción durante su papado.

93. *Animal rurale* («El animal rural»): Benedicto XIV (1740-1758). No existe una correlación clara entre este papa y su divisa.

94. *Rosa Umbriae* («La rosa de Umbria»): Clemente XIII (1758-1769). Fue gobernador de Rieti, ciudad de Umbría conocida por sus rosas.

95. *Visus velox* («La visión perforante»): Clemente XIV (1769-1774). Se dice que tenía un espíritu vivo y penetrante, sin mayor correlación.

96. *Peregrinus apostolicus* («El peregrino apostólico»): Pío VI (1775-1799). Hizo dos viajes al extranjero.

97. *Aquila rapax* («El águila rapaz»): Pío VII (1800-1823). Fue encarcelado por Napoleón Bonaparte.

98. *Canis et coluber* («El perro y la serpiente»): León XII (1823-1829). Su sentido casi canino de la vigilancia y su prudencia propia de los reptiles hicieron que se opusiera al poder creciente de sociedades secretas, como la masonería.

99. *Vir religiosus* («El varón religioso»): Pío VIII (1829-1830). Condenó la indiferencia de las sociedades modernas frente a la religión.

100. *De balneis Etruriæ* («De los baños de Etruria»): Gregorio XVI (1831-1846). Pertenecía a la Orden camaldulense, fundada por San Romualdo en Balnes de Etruria.

101. *Crux de cruce* («La cruz de la cruz»): Pío IX (1846-1878). Fue perseguido por los Saboya, que llevaban la cruz en su escudo de armas.

102. *Lumen in cælo* («Luz del cielo»): León XIII (1878-1903). En su escudo de armas aparecía un cometa en el cielo sobre un campo de azur.

103. *Ignis Ardens* («Fuego ardiente»): Pío X (1903-1914). No existe ninguna relación entre este papa y su divisa.

104. *Religio depopulata* («Religión devastada»): Benedicto XV (1914-1922). Su pontificado coincidió con la primera guerra mundial y la Revolución soviética de 1917.

105. *Fides intrepida* («La fe intrépida»): Pío XI (1922-1939). Dio muestras de tener una fe inmensa.

106. *Pastor Angelicus* («El pastor angélico»): Pío XII (1939-1958). Bajo su aire angélico hacía gala de ser extraordinariamente piadoso.

107. *Pastor et nauta* («Pastor y navegante»): Juan XXIII (1958-1963). Fue patriarca de Venecia, la ciudad de los navegantes.

108. *Flos florum* («Flor de las flores»): Pablo VI (1963-1978). En su escudo de armas llevaba flores de lis.

109. *De Mediate lunæ* («De la mitad de la luna»): Juan Pablo I (1978). Fue elegido con la luna en cuartos y murió a la luna siguiente.

110. *De Labore solis* («De la labor del sol»): Juan Pablo II (1978-2005). Infatigable viajero, dedicó toda su vida a aportar luz a todo el mundo.

111. *De Gloria olivæ* («De la gloria del olivo»): Benedicto XVI (2005-?). Las ramas del olivo son el símbolo de la Orden de San Benedicto.

Tras estas ciento once divisas proféticas atribuidas a San Malaquías, aún aparece una más, la ciento doce, seguida de una coletilla en tonos apocalípticos:

112. *Petrus Romanus* («Pedro, el romano»). La última divisa menciona directamente el nombre de este papa, que será el último si se cree la frase a la que va asociada: *In persecutione extrema sacrae romanae ecclesiae sedebit Petrus romanus, qui pascet oves in multis tribulationibus; quibus transactis, civitas septicollis diruetor; et judex tremendus judicabit populum suum,* que significa: «En la última persecución de la Santa Iglesia romana, la silla [pontificia] será ocupada por un romano llamado Pedro, que hará pastar a las ovejas en medio de grandes tribulaciones; después de mí, la ciudad de las siete colinas [Roma] será destruida, y un juez terrible juzgará a su pueblo».

Bibliografía

Abhedananda, Swami: *Journey into Kashmir and Tibet*, Ramakrishna Vedanta Math, 1987.

APL: «Interview de Roland Hureau», en *Actualité de l 'histoire*, HS núm. 27.

Augstein, Rudolf: *Jésus fils de l'homme*, Gallimard, 1975.

Ayek, M.: *Le Christ de l'islam*, Le Seuil, 1959.

Azia, Claude: «Judas, le premier martyr», en *L'Histoire*, núm. 83, diciembre de 1985.

— «Le procés de Jésus», en *l'Histoire*, núm. 103, septiembre de 1987.

Bachelard, Gaston: *La Terre et les rêveries du repos*, José Corti, 2004.

Battifol, Mons. P.: *L'enseignement de Jésus*, París, 1910.

— *Orpheus et l'Évangile*, París, 1912.

Baudouin, Bernard: *Les Apôtres,* Éditions De Vecchi, 2005.

Beigbeder, O.: *Lexique des symboles,* Zodiaque, 1969. (Trad. esp.: *Léxico de los símbolos*, Oikos-Tau Ediciones, 1971).

Beskow, Per: *Strange tales about Jesus: A survey of unfamiliar gospels*, Fortress Press, 1985.

Borges, Jorge Luis: «Trois versions de Judas», en *Fictions*, Folio, 1974. (Trad. esp.: *Tres versiones de Judas*).

Bornhoferr: *Qui est et qui était Jésus-Christ? Son histoire et son mystère*, Le Cerf, 1981.

Bornkamm, G.: *Qui est Jésus de Nazareth?*, Le Seuil, 1973. (Trad. esp.: *Jesús de Nazaret*, Sígueme, 2002).

Bossuet: *Élévations sur les mystéres*.

Bottero, J.: «Le pays sans retour», en C. Kappler, *Apocalypses*.

Boulanger, Louis: «Le scandale des manuscrits de la mer Morte», en *Actualité de l 'histoire*, núm. 23, 1997.

Boyart, Pierre-Philippe, Robert Riber, Charles Singer y Gérard Sindt: *Jesús l'accusé*, Desclée de Brouwer, 1986.

Briend, Jacques y Michel Quesnel: *La vie quotidienne aux temps bibliques*, Bayard, 2001.

Brown, Dan: *Da Vinci Code*, Jean-Claude Lattès, 2004. (Trad. esp.: *El código Da Vinci*, Books4pocket, 2007).

Bruckberge, R-L.: *L'histoire de Jésus-Christ*, Grasset, 1965.

Bultnann, R.: *Jesús, mythologie et mythologisation*, Le Seuil, 1968.

Burnet, Régis: *Marie-Madeleine: de la pécheresse repentie a l'épouse de Jésus*, Le Cerf, 2004. (Trad. esp.: *María Magdalena, siglo I al XXI: de pecadora arrepentida a esposa de Jesús: historia de la recepción de una figura*, Desclée de Brouwer, 2007).

Champeaux, G. de y S. Sterckx: *Introduction au monde des symboles*, Zodiaque, 2.ª éd., 1972. (Trad. esp.: *Introducción a los símbolos*, Encuentro Ediciones, 1992).

Chateaubriand, François-René: *Le Génie du christianisme*. (Trad. esp.: *El genio del cristianismo*, Ciudadela Libros, 2008).

Chavót, Pierre: *Le Dictionnaire de Dieu*, La Martinière, 2004.

Chevalier, Jean y Alain Gheerbrant: *Dictionnaire des symboles*, Laffont 1969. (ed. revisada, «Bouquins», 1982). (Trad. esp.: *Diccionario de los símbolos*, Herder, 2000).

Chouraqui, André: *Un pacte neuf*, Brepols, 1997.

Clare Prophet, Elizabeth: *The lost years of Jésus: on the discoveries of Notovitch, Abbenadanda, Roerich y Caspari*, Summit University Press; Livingston, 1984. (Trad. esp.: *Los años perdidos de Jesús*, ed. EDAF, 1996).

Coadic, Xavier: «Les vierges noires», en *Actualité de l'histoire*, núm. 71.

— *Présences du diablo*, Trajectoire, 2003.

Couasnon, Père: *Bible et Terre sainte*, núm. 149.

Doumergue, Christian: *Marie-Madeleine: la reine oublié*, Lacour, 2004.

Dumarcet, Lionel: *Torquemada*, Éditions De Vecchi, 1999.

Dupont-Sommer, A.: *Les écrits esséniens découverts prés de la mer Morte*, PUF, 1958.

Durkheim, E.: *Les formes élémentaires de la vie religieuse*, PUF, 2003.

Eliade, Mircea: *Aspects du mythe*, Gallimard, 1963.

— *De Zalmoxis à Gengis Khan*, Payot, 1970. (Trad. esp.: *De Zalmoxis a Gengis-Khan: religiones y folclore de Dacia y...*, Ediciones Cristiandad, 1985).

— *Histoire des croyances et des idées religieuses*, 3 vol., Payot, 1976-1983.

— *Le chamanisme et les techniques archaïques de l'extase*, Payot, 1951. (Trad. esp.: *El chamanismo y las técnicas arcaicas del éxtasis*, Fondo de Cultura Económica de España, 2001).

— *Le sacré et le profane*, Gallimard, 1965. (Trad. esp.: *Lo sagrado y lo profano*, Labor, 1988).

— *Le traité d'histoire des religions*, Payot, 1948. (Trad. esp.: *Tratado de historia de las religiones: morfología y dialéctica de lo sagrado*, Cristiandad, 2001).

— *Méphistophélès et l'androgyne*, Gallimard, 1981. (Trad. esp.: *Mefístoles y el andrógino*, Kairós, 2008).

Escaffre, Bernadette: http://www.megaphone.org/maisondelabible

Faber-Kaiser, Andreas: *Jésus a vécu au Cachemire. La tombe de Jésus a Srinagar*, Éditions De Vecchi, 1993. (Trad. esp.: *Jesús vivió en Cachemira*, ed. EDAF, 2005).

Feuerbach, Lewis: *L'essence du christianisme*, 1841.

Flavio, Josefo: *Antiquités judaïques*. (Trad. esp.: *Sobre la antigüedad de los judíos*, Alianza, 2006).

— *Bellum Judaicum*.

Fouard, Abbé C.: *La vie de Notre Seigneur Jésus-Christ*, 2 vol., Gabolda, 1919.

Freud, Sigmund: *Totem et tabou*, Payot, 1947. (Trad. esp.: *Tótem y tabú*, Alianza Editorial, 1997).

Fuss, D.: *Jésus*, Le Seuil, 1970.

Fustigière, A.-J.: *Les Actes apocryphes de Jean et de Thomas*, P. Cramer, 1983.

García-Martínez, F.: «Traditions apocalyptiques à Qumrân», en Claude Kappler, *Apocalypses et voyages dans l'au-delà*, Le Cerf, 1987.

Gibbon, Edward: *Histoire du déclin et de la chute de l'Empire romain*, Laffont, 2000. (Trad. esp.: *Historia y decadencia del Imperio romano*, Alba Editorial, 2003).

Goguel, Maurice: *Jean-Baptiste*, París, 1928.

— *Jésus de Nazareth, mythe ou histoire?*, París, 1935.

— *L'Évangile de Marc*, Leroux, 1909.

— *La vie de Jésus*, Payot, 1932 (nueva edición de 1950).

Goodspeed, Edgar: *Modern apocrypha*, Beacon Press, 1956.

— *Strange new gospels*, Chicago University Press, 1931.

Gosselin, François-Xavier: «Le Mont-Saint-Michel au péril de la mer: lieu de spiritualité sans comparaison», en *Actualité de l'histoire,* núm. 66.

Grant, M.: *Jésus,* Londres, 1977.

Grelot, Pierre: *L'espérance juive à l'heure de Jésus*, Desclée de Brouwer, 1970.

Guignebert, Charles: *Jésus*, Albin Michel, 1933 (nueva edición de 1969).

Guillaume, M.: *Luc, interprète des anciennes traditions sur la résurrection de Jésus*, Gabalda, 1979.

Guillet, J.: *Jésus devant sa vie et sa mort*, Aubier-Montaigne, 1971.

— *Thémes bibliques*, Aubier-Montaigne, 1950.

Guitton, Jean: *Jésus*, Grasset, 1956.

— *Le problème de Jésus*, 2 vol., Aubier, 1953.

Harnack, Adolf von: *L'essence du christianisme*, Van Dieren, 2004.

Hassnain, Fida y Lévi Dahan: *The fifth gospel*, Dastfir Publications, 1988.

Hazrat Mirza Ghulam Ahmad: *Jesus in India*, Islam International, 1989.

Heródoto: *Histoire*. (Trad. esp.: *Historia*, ed. Gredos, 2000).

Juan Pablo II: encíclica *Veritatis Splendor*, 1993.

Kashmiri, Aziz: *Christ in Kashmir*, Roshni Publications, 1973.

Kasser, Rodolphe: *L'Évangile de Judas*, Flammarion, 2006. (Trad. esp.: *El Evangelio de Judas: del códice Tchacos*, Círculo de Lectores, 2007).

— en La *croix*, 11 de abril de 2006.

Kersten, Holger: *Jesus lived in India, his unknown life before and after the crucifixion*, Element Books, 1994.

Krosney, Herbert: *L'Évangile perdu*, Flammarion, 2006. (Trad. esp.: *El evangelio perdido: la búsqueda del Evangelio de Judas Iscariote*, Círculo de Lectores, 2006).

Lebourg, Bernard: «Les mystères, héritage culturel du genre humain», en *Actualité de l'histoire*, julio, 2005.

Le Guillou, Philippe: *Jésus*, Pygmalion, 2003. (Trad. esp.: *Tras los pasos de Jesús*, Art Blume, 2007).

Leloup, Jean-Yves: *L'Évangile de Marie*, Albin Michel, 2000. (Trad. esp.: *El Evangelio de María: Myriam de Magdala*, ed. Herder, 2007).

— *Tout est pur pour celui qui est pur*, Albin Michel, 2005.

— *Un homme trahi: le roman de Judas*, Albin Michel, 2006.

León XIII: encíclica *Providentissimus Deus*, 1893.

Lormier, Dominique: *Les jésuites*, éditions De Vecchi, 2005.

— *Les templiers*, éditions De Vecchi, 2005.

— *Lieux de pèlerinage et grandes processions: du Moyen Âge a nos jours*, Trajectoire, 2007.

— *Lourdes la miraculeuse: 150 anniversaire*, Trajectoire, 2008.

Marchadour, Alain: en *La Croix*, 11 de abril de 2006.

Messadié, Gérald: *Jésus de Srinagar, l'homme qui devint Dieu*, Robert Laffont, 1995. (Trad. esp.: *El hombre que se convirtió en Dios*, Círculo de Lectores, 2005).

Messori, V.: *Hypothèses sur Jésus*, Mame, 2003. (Trad. esp.: *Hipótesis sobre Jesús*, Mensajero Ediciones, 2008).

Mijolla, Joseph de: *Histoire de la foi*, Centurión, 1990.

Müller, Max: «The alleged sojourn of Christ in India», en *The Nineteenth Century*, octubre de 1894.

National Geographic, *L'Évangile de Judas*, Flammarion, 2005. (Trad. esp.: *El Evangelio de Judas*).

Notovitch, Nicolas: *La vie inconnue de Jésus-Christ in Inde et au Tibet*, Pardès, 2005.

Olivier, Philippe: *Le pouvoir de la prière*, Éditions De Vecchi, 2001.

Pasquier, Anne: http://www.ftsr.ulaval.ca/bcnh/

Perrot, Charles: *Les manuscrits de la mer Morte, le point de vue archéologique dans la Bible et l'Orient*, 1955.

Picknett, Lynn y Clive Prince: *La révélation des templiers*, J'ai lu, 2004. (Trad. esp.: *La revelación de los templarios*, Círculo de Lectores, 2006).

Pío IX: carta apostólica *Ineffabilis Deus*, 1854.

Pío XII: constitución apostólica *Munificentissimus Deus*, 1950.

— encíclica *Divino Afflante Spiritu*, 1943.

Potin, Jacques: «Gethsémani», en *Le Monde de la Bible*, segundo trimestre de 1994.

Poupard (cardenal): (coordinador de la edición) *Dictionnaire des religions*, PUF, 1958.

Prieur, Jerome y Gérard Mordillat: *Jesús illustre et inconnu*, Desclée de Brouwer, 2003.

Renan, Ernest: *Histoire des origines du christianisme*.

— *Vie de Jésus*. (Trad. esp.: *Vida de Jesús*, Ediciones Ibéricas, 1999).

Riviére, Patrick: *El libro de las religiones monoteístas*, De Vecchi, 2005.

— *Le Graal: histoire et symboles,* éditions du Rocher, 2000.

Roux, Jean-Paul: *Jésus*, Fayard, 1989. (Trad. esp.: *Jesús de Nazaret*, Espasa-Calpe, 1994).

San Ireneo: *Aversus Hoereses.*

Schmitt, Éric-Emmanuel: *L'Évangile selon Pilate,* Albin Michel, 2000. (Trad. esp.: *El evangelio según Pilatos,* ed. EDAF, 2001).

Schweitzer, Albert: *The quest of historical Jesus,* completado por J.-M. Robinson. (trad. esp.: *Investigación sobre la vida de Jesús,* Comercial Editora de Publicaciones, C.B.).

Serboüe, Bernard: *Jésus-Christ à l'image des hommes,* Desclée de Brouwer, 2003.

Suetorio: *Vida de los doce césares,* Océano, 2000.

Tácito: *Los Anales,* Océano, 2000.

Touchagues, Laurent: *2000 ans d'histoire de l'Église,* R. Perrin, 2000.

Tours, Grégoire de: *Historia Francorum.*

Triglio, Père J., Père K. Brighenti y Père Lartigue, *Le catholicisme pour les nuls,* éditions First, 2005.

Trocmé, E.: *Jésus de Nazareth vu par les témoins de sa vie,* 1972.

Valode, Philippe: *Cinq siècles d'Inquisition: le bilan,* Trajectoire, 2007.

— *La Rome antique,* éditions De Vecchi, 2006.

— *Les Croisades. Les ordres de chevalerie et le sanglant chemin vers Jérusalem,* éditions De Vecchi, 2007.

— *Les énigmes des grandes civilisations,* Éditions First, 2006.

— *Les martyrs chrétiens à Rome,* Larousse, 2008.

Vermes, Geza y Emmanuelle Billoteau: *Enquête sur l'identité de Jésus. Nouvelles interprétations,* Bayard, 2003.

Veuillot, Louis: *Jésus-Christ,* 1876.

Otros títulos

Chicago Tribune, 30 de mayo de 1926.

Constitution dogmatique, *Lumen gentium,* 1964.

Jésus un homme dans son temps, Historia thématique, noviembre/diciembre, 2003.

La Croix, 18 de agosto de 2004.

La Sainte Bible pour les enfants, Gi.Ma.G. Éditions, 2005.

Le monde de la Bible, número especial de junio de 2001.

Índice